JN423329

전남대학교 지역개발연구소 사회적경제 기획도서 5

사회적경제, 일-복지 시대를 열다

Social Economy, Opening the Age of Work-Welfare

전남대학교 지역개발연구소 사회적경제 기획도서 5

사회적경제, 일-복지 시대를 열다

Social Economy, Opening the Age of Work-Welfare

2021년 2월 22일 인쇄
2021년 2월 26일 발행

저자 이찬영·최지혜·우명동

발행인 정성택
발행처 전남대학교출판문화원

등록 1981. 5. 21. 제53호
주소 61186 광주광역시 북구 용봉로 77
전화 062-530-0571~3
팩스 062-530-0579
홈페이지 http://www.cnup.co.kr
이메일 cnup0571@hanmail.net

값 11,000원

ISBN 978-89-6849-788-9 (93320)

이 저서는 2017년 정부(교육부)의 재원으로 한국연구재단(NRF-2017S1A5B8059731)과
2020학년도 전남대학교 학술도서출판지원사업(2020-2595)의 지원을 받아 수행된 연구임

전남대학교 지역개발연구소 사회적경제 기획도서 5

사회적경제, 일-복지 시대를 열다

Social Economy, Opening the Age of Work-Welfare

이찬영 · 최지혜 · 우명동 공저

전남대학교출판문화원

서문

우리는 지금 대변환의 시대에 직면해 있다. 2019년 12월에 발발한 COVID-19는 좀처럼 완화될 기미가 보이지 않는다. 팬데믹의 영향으로 2020년 세계는 대공황 이후 가장 심각한 일의 위기(crisis for the world of work)를 경험하였다. ILO(국제노동기구)가 최근 발표한 보고서(ILO Moniter: COVID-19 and the world of work. 7th ed.)에 따르면 지난해에는 2019년 4분기 대비 전세계 정규직 노동시간의 8.8%가 손실되었으며, 이는 2009년 글로벌 금융위기 때보다 약 4배 더 큰 것으로 나타났다. 이러한 충격은 특히 젊은 청년층, 여성, 저임금·저숙련 노동자인 취약계층에게 더 컸다. 'K-방역'을 앞세워 모범국 칭송을 받았던 한국도 일의 위기에서 예외는 아니었다. 2020년 취업자는 대면서비스업, 임시직, 자영업자 등을 중심으로 전년 대비 22만 명 감소하였는데, 2019년 취업자가 전년대비 30만 명 증가한 것을 고려하면 상황이 얼마나 심각한지를 가늠해 볼 수 있다. 코로나 확산세가 강해질 때에는 고용충격도 확대되는 양상을 보인다. 올해 백신 접종이 시작되면서 확산세가 약화될 것이라는 기대도 있지만, 아직도 도처에 위험요인이 도사리고 있다.

기술진보와 함께 인간의 노동을 필요로 하는 영역은 점차 줄어들고 있고, 디지털 전환이 COVID-19와 결합되면서 노동시장에 대격변을 일으키고 있다. 비대면 경제의 부상으로 일자리를 잃은 사람들은 오늘날 새롭게 등장한 취약계층이다. 불확실성이 어느 때보다 큰 상황에서 예상치 못한 외부 충격에 먼저 타격을 받는 쪽은 인간이며, 그 현장에서 취약계층은 최전선에 위치해 있다. 그렇기 때문에 현대 사회에서는 인간의 노동에 대해 과거와는 다르게 접근해야 할 필요가 있다. 포스트코로나 시대, 바이러스를 통제함과 동시에 지난해 잃어버린 많은 것을 회복하기 위해 주어진 과제가 막중하다. 특히 백신 공급이 시작되었기 때문에 이제는 '회복'에 중점을 두고 '일'의 위기가 던지는 메시지를 잘 해석해야 한다. 이러한 측면에서 우리는 사회적경제의 일(work)에 주목할 필요가 있다. 사회적경제는 '일' 즉, 노동의 가치를 인간이 제공한 노동의 대가로 보는 자본주의적 접근과는 다르게 평가한다. 일을 단순히 소득 획득 또는 실업해소의 도구로서의 '일자리(job)'로 보기 보다는, 사회적으로 배제되어 있던 취약계층이 잃어버렸던 사회적 관계를 회복하는 과정으로서의 '일(work)'로 이해한다.

본서는 최근 들어 관심이 고조되고 있는 한국의 사회적경제 영역의 법률 및 복지패러다임의 변화를 포함하여 사회적경제의 현황 및 위상을 살펴봄으로써 우리 사회가 새로운 복지패러다임을 준비해야 하는 시대에 와 있음을 인식하고, 사회적경제의 노동통합(work-integration) 기능이 작동하는 '일-복지'를 화두로 던지고자 한다. '일-복지'를 말하기 앞서 먼저 제1장에서는 '사회적경제'의 개념과 더불어 그 이념의 태동에서부터 현재에 이르기까지의 발자취를 간략하게 살펴본다. 이어서 '사회적경제' 개념과 상당 부분 그 기본적 가치를 공유하면서도 서로 다른 맥락에서 최근에 활발하게 논의되고 있는 '포용적성장' 개념을 소개하고, 이 개념이 등장한 원래 취지에 부합하기 위해서는 '포용적경제'라는 개념의 정립이 필요함을 밝힌다. 아울러 '포용적경제'와 본서의 핵심 주제인 '사회적경제'와의 관련성을 밝히면서, '사회적경제' 활동이 우리 사회의 지속가능성 제고와 관련해서 갖는 사회경제적 의미를 파악하는데 도움을 주고자 한다.

제2장은 사회적경제와 노동통합에 대한 주제를 담았다. 산업사회에서 노동과 복지는 떼려야 뗄 수 없는 관계가 되어버렸고, 복지를 논할 때에는 항상 실업 문제의 해결에 대한 논쟁이 수반된다. 사회적경제가 기능하는 노동통합은 기존의 적극적 노동시장정책 또는 근로연계복지와 엄연히 다르다. 왜냐하면 기존 의 복지 또는 고용정책은 취약계층의 소득 수단으로서의 일, 정확히는 일자리(job)를 정책 목표로 하지만, 사회적경제의 노동통합은 사회적으로 단절되어 있던 취약계층이 일(work)을 통해 관계를 회복하게 한다는 점에서 '통합'을 말할 수 있기 때문이다. 본 장에서는 한국의 복지패러다임 변화 가운데 사회적경제가 담당하는 선도 역할을 강조한다. 특히 이와 같은 사회적경제의 노동통합 기능은 유럽의 노동통합 사회적기업의 사례로부터 구체적이며 심도 있게 확인할 수 있다. 영국, 이탈리아, 프랑스의 노동통합 사회적기업의 특징들을 바탕으로 다차원적인 노동통합을 설명하면서 한국사회에의 적용가능성을 암묵적으로 점검해 본다.

제3장에서는 본서가 말하고자 하는 '일-복지'에 대해서 정의하며, 한국의 일-복지 현황과 실태를 살펴본다. 복지 정책의 타겟이 되는 취약계층은 특정 법률에 근거하여 소득 수준 등에 따라 규정되지만, 새로운 복지패러다임인 일-복지에서는 취약계층을 새롭게 정의할 필요가 있다. 왜냐하면 오늘날의 취약계층은 과거와 같이 소득수준이나 근로능력의 유무 등에만 걸쳐 나타나는 것이 아니기 때문이다. 더욱이 경제성장 과정에 불확실성이 수반되는 현대사회와 같은 환경에서 취약계층은 언제나 위험한 환경에 노출되어 있으며, 불확실성 때문에 발생하는 충격도 가장 먼저, 가장 강력하게 받을 수밖에 없다. 우리가 '일-복지' 시대를 준비해야하는 필연성이 여기에 있다. 한국의 일-복지 현황을 살펴보면서 우리 사회의 문제를 직시하고 새로운 '일-복

지' 정의를 통해 미래를 향한 발걸음을 재촉하게 될 것이다.

마지막으로 제4장은 지속가능한 사회적경제를 위한 제반 이슈들을 다룬다. 한국의 사회적경제의 특징은 정부 의존적인 양적 성장의 한계를 지니고 있다는 것이다. 그렇기 때문에 사회적경제의 지속가능성에 대한 우려가 많다. 따라서 한국 사회적기업의 정부의존적인 현황을 전반적으로 검토하고, 선행연구들을 바탕으로 사회적경제의 지속가능성에 대해 논의하기로 한다. 또한 사회적기업이 창출하는 무형의 사회적 가치를 인식하고 사회 구성원의 공감대를 얻기 위해 이를 표면화할 것이다. 사회의 변화는 가치의 발전과 새로운 가치 측정에 의해 비롯된 경우가 많다. 그런 점에서 사회적경제 역시 새로운 지표와 가치 척도 발굴에 관심을 가져야 한다. 실제적으로 취약계층이 사회적기업에 참여하여 얻게 되는 노동통합의 가치를 간접적으로 추정해 보았다. 이러한 노력은 일-복지 차원에서 사회적경제의 중요성을 확산하고 지속가능성을 확보하는데 단초를 제공할 것이다.

이 책이 출간되기까지 도움을 주신 많은 분들께 이 자리를 빌려 감사의 마음을 전한다. 그 중에서도 한국연구재단 대학중점연구소인 지역개발연구소의 사회적경제 연구팀의 격려와 응원이 집필 기간 동안 큰 힘이 되었다. 더하여 2020년 전남대학교 학술도서출판지원사업을 통해 이 책이 지역개발연구소의 사회적경제 기획도서로 출간하게 된 것에 감사의 뜻을 전한다.

집필진 일동

목차

서문 __5

제1장 사회적경제와 포용적경제

제2장 사회적경제와 노동통합

제3장 사회적경제와 일-복지

제4장 사회적경제의 지속가능성을 위한 제반 이슈

제1장

사회적경제와 포용적경제

최지혜·우명동

'사회적경제'는 해당 사회가 처한 여건에 따라 다양한 역사적 뿌리를 갖고 서로 다른 형태로 발전해오고 있다. 이런 맥락에서 본 장에서는 먼저 사회적경제 활동의 등장과 전개 과정, 각 과정마다 부침을 달리하면서 다양하게 제시되어온 이념적 근거 등을 살펴보면서 사회적경제와 관련되어 이어지는 다양한 논의의 배경을 제시하고자 한다.

한편 오늘날 이 개념과 상당부분 그 기본적 가치를 공유하고 있는 '포용적성장'이라는 개념이 폭넓게 논의되고 있는 것을 볼 수 있다. 이에 이어지는 절에서는 '포용적성장' 개념을 '포용적경제'라는 맥락에서 재해석하면서, 이 개념과 본서의 핵심 주제인 '사회적경제'와의 관계를 해명하는 절을 마련하였다. 이는 '사회적경제' 활동이 갖는 사회 전체적 의미를 재점검하여 그 실현을 앞당기는데 기여할 것이라는 취지에서이다.

1-1 사회적경제

최지혜

전세계적으로 '사회적경제(social economy)'는 사회 문제 해결과 사회 혁신 등의 중요한 수단 중 하나로 제시되고 있을뿐더러 일부 선진국가들에서는 활성화되어 있다. 그렇다면 사회적경제란 무엇일까? 자본의 수익보다 인간과 노동을 중요시하는, 즉 사회적 가치를 추구하는 기업 또는 그런 기업 대표의 기업가 정신을 말하는 것일까? 한국에서는 고용노동부로부터 일정 절차를 거쳐 인증을 받는 '사회적기업'을 쉽게 떠올린다. 하지만 사회적경제 조직으로 분류되는 협동조합, 마을기업 등을 고려한다면 자율적인 운영과 민주적인 의사결정 원리에 따라 구성원 공공의 목표를 실천하는 조직들과 그들의 경제활동을 사회적경제라고 말할 수 있다. 다른 측면에서는 국가나 시장 이외의 제3섹터 영역에서의 호혜와 연대적 활동을 사회적경제로 칭하기도 한다. 급진적으로는 자본주의 또는 신자유주의의 실패를 극복할 대안적인 경제 체제라고 보는 이들도 있다.

나열된 것과 같이 사회적경제를 어떠한 통일된 개념으로 정의하는 것이 어렵다. 그렇다 하더라도 이 절에서 전개될 사회적경제의 이념적 근원, 이론적 정립 과정, 새로운 등장의 역사를 보면서 조금이나마 사회적경제를 이해할 수 있을 것이다. 나아가 이를 통해 포용적경제를 해석하기 위한 준비를 갖추고자 한다.1)

1. 사회적경제의 등장과 이념적 근원

오늘날의 사회적경제의 개념과 가까운 용어는 프랑스에서 당시 사회적경제 관련 조직들의 연합체인 CNLAMCA(상호공제조합, 협동조합, 민간단체 전국연락위원회)가 스스로의 정체성을 가리킬 개념어를 찾는 과정에서 등장하였다. '사회적경제'라는 용어는 프랑스에서 등장하기도 하였지만 개념의 확산 또한 1970년대 프랑스를 중심으로 이뤄졌다.[2] 1977년 1월에, CNLAMCA가 개최한 컨퍼런스에서 프랑스의 사회학자인 앙리 데로쉬(Henri Desroche)는 사회적경제기업(Enterprise d'Economie Sociale, enterprises of social economy)이라는 이름을 제안하였다. 그런데 사실 이 때 등장한 사회적경제는 최초의 등장이 아닌 "재등장"으로 보아야 한다. 데로쉬는 19세기의 역사적 경험들을 바탕으로 사회적경제기업을 제안하였는데, 이미 19세기 초반에 사회적경제학자로 불릴만한 사회학자, 경제학자 등의 학문과 그 이념으로부터 사회적경제의 개념이 제시되고 전파되었기 때문이다. 따라서 사회적경제 이념의 뿌리를 찾기 위해 사회적경제 개념의 '최초 등장'의 시대적 배경을 살필 필요가 있다.

'사회적경제' 개념 등장의 시초는 프랑스 혁명과 산업혁명 이후의 시대로 거슬러 올라간다. 당시의 시대적인 환경에 대처하는 견해에 따라 서로 조금씩 다르게 형성된 주요 이념들은 유럽 각국의 상황에 맞춰 다양한 조합을 이뤄 '사회적경제'를 발전시킨다. 프랑스에서는 결사체 사회주의(associationniste socialism)[3]와 연대주의의 영향이 컸

---

1) 이 절은 엄형식(2008), 김신양 외(2016), Monzón & Chaves(2012), Chaves & Monzón(2016)의 내용을 참고하여 작성하였다.

2) 한편 사회적경제조직 중 하나인 협동조합은 영국을 중심으로 확산되었다.

3) 결사체(association)는 프랑스에서 자주 사용된 용어로, 당시 자본주의 발전에 따

으며, 가톨릭 신념이 우세한 이탈리아나 독일에서는 기독교 사회주의가 주요 흐름을 잡았다. 또 자유주의 진영에서는 정치경제학의 영역에 도덕적 접근을 시도하거나 일반이론화를 위한 시도를 행하기도 한다. 이외에도 영국의 박애주의나 아나키즘의 개척 이념인 공제주의에서도 사회적경제의 개념을 찾을 수 있다.

1789년 프랑스 혁명 이후, 프롤레타리아트화에 대항하기 위해 노동자들과 장인들은 상호부조, 자선활동, 정치적 저항운동을 위해 자발적으로 결사체를 조직하기 시작했는데, 이는 생시몽(Saint-Simon)과 샤를 푸리에(Charles Fourier) 등을 중심으로 협동조합으로 발전하였다. 생시몽이 제안한 노동자와 자본가를 구분하지 않는 새로운 산업사회의 산업자계급, 푸리에가 고안한 '팔랑스테르(phalanstère)'라는 유토피아 공동체(공동체가 모여 살며 상부상조하는 주택단지), 오웬[4]이 만든 인도주의에 입각한 산업공동체인 '뉴래너크(New Lanark)[5]' 등은

른 사회 불안에 대응하기 위해 수평적이며 자발적인 협력관계를 갖는 조직을 만들고 활성화시키는 운동을 association운동이라고 불렀다고 한다(김기태, 2015, p.88). 사회적경제 영역에서는 이러한 협력관계를 협동조합의 전 단계로 보는 경향이 있어서 association운동을 중심으로 발전한 이념을 '결사체 사회주의'라는 용어로 통용하는 것으로 보인다. 김기태(2015, p.29)는 association이란 개개인이 자유의지에 기초하여 공동의 목적을 실현하기 위해 노력과 재력을 결합하는 형식으로, 어떤 사회를 만드는 행위 또는 그로 인해 만들어진 사회를 의미한다고 하였다. 그런 점에서 오늘날 일반적으로 '협회'라고 불리는 개념과는 다른 개념이다.

4) 로버트 오웬(Robert Owen), 프랑스가 아닌 영국 출신으로 생시몽, 푸리에와 함께 3대 공상적 사회주의자로 불린다.

5) 팔랑스테르와 달리 실존하는 곳으로 18세기 영국 스코틀랜드 스트래스클라이드주 클라이드강 부근에 수력발전을 위해 세운 방적공장과 근로자 숙소를 중심으로 형성된 마을이다. 오웬은 장인이 세운 공장을 매입하여 공동경영자와 함께 인도주의에 입각한 이상적인 공장 경영을 시도하였다. 뉴래너크는 2001년 유네스코 세계문화유산에 지정되었다(네이버 두산백과, http://www.doopedia.co.kr, 검색일 2020.01.20.).

산업자본주의가 가져온 불평등과 빈곤의 문제 해결을 위한 질서와 기초단위를 제공했다는 점에서 선구적 역할을 한 것으로 평가된다. 생시몽과 푸리에의 영향을 받은 일부 사상가로부터 '불가분의 자산(노동자는 기여에 관계없이 필요한 만큼 자산을 분배 받음)'이나 형제애의 원리에 입각한 계획경제 등이 제시되면서 결사체 사회주의가 전파되지만, 19세기 후반 강화된 맑스주의[6]의 국제노동운동 진영에서 결사체 사회주의는 낭만적이며 공상적인 이데올로기로 취급된다.[7] 이렇게 세력이 약화된 결사체 사회주의는 샤를 지드(Charles Gide)를 중심으로 하는 Nîmes학파의 연대주의[8] 이념으로 전이한다.

지드는 로치데일공정선구자(Rochdale Pioneers)협동조합의 경험에서 영감을 받아 '모든 개인은 조합원이다'라는 전제 하에 소비자의 주권을 주장하였다. 로체데일공정선구자협동조합은 1844년 영국의 방직노동자 집단의 주도로 결성된 것으로, 소비자들에 대한 보호, 조합원을 위한 공제제도 등의 실험을 시도하며 다양한 사상가들이 추구했던 규칙과 원칙이 반영된 소비자 협동조합의 성공모델로 꼽힌다

6) 칼 마르크스(Karl Heinrich Marx)를 중심으로 확산된 자본주의에 대한 분석 방법 또는 이념.

7) 마르크스는 자본주의적 생산방식(임금노동자의 노동에 의해 생산물이 생산되고 그 생산물을 자본가가 소유)에서보다 노동과 생산수단이 분리되지 않고 결합된 생산방식에서 노동자의 삶의 개선과 노동생산성의 향상이 있다고 보았다. 마르크스가 결사체 사회주의자들을 공상적 사회주의자라고 부른 이유는 그들의 주장(자영농민이 지배하는 소규모 생산사회 주창)을 자본주의 사회 이전의 역사로 되돌아가려는 반동적(reactionary)인 것이라고 보았기 때문이다(김수행, 2014, pp.158-162 참고).

8) 샤를 지드 등은 생산과 소비의 경제 영역에서 사회적 연대와 협동의 중요성을 강조하였으며, 프랑스 고등교육기관인 콜레주 드 프랑스(Collège de France)에서 「연대(La Solidarité)」라는 과목을 강의하기도 하였다(권영근 외, 2011, p.29). Nîmes학파라는 이름은 당시 관련 연구를 위한 협회가 프랑스 남부 지역에 있는 마을인 Nîmes에서 창설된 데 비롯한 것으로 보인다(위키피디아, https://fr.wikipedia.org/wiki/%C3%89cole_de_N%C3%AEmes, 검색일 2021.02.15.).

(Jeantet(편혜원 역, 2019, pp.30-33), 2016). 지드는 협동조합을 사회통합과 사회 변혁의 핵심적인 수단으로 보며 '협동조합 공화국'이라는 기치를 내세웠다. 연대주의 흐름 이전에 프랑스 협동조합운동의 주류는 생산자 협동조합이었으나, 19세기 말부터 소비조합 사상이 생겨났고, Nîmes학파를 중심으로 한 소비조합 운동은 생산자에 대립하는 일반 소비자의 범주에서 소비자 독점이라는 힘으로 독점자본의 압력에 저항하는 소시민적 노선으로 발전하였다(윤형근, 2013, p.171; 권영근 외, 2011, pp.29-30). 결사체 사회주의가 급진적이었다면 연대주의는 점진적 방식의 운동이었다. 그러나 결사체 사회주의의 연장선상이라는 구상의 한계로 현실 적용이 어려웠고 지드는 사회적경제의 개념을 전체 사회의 일부를 설명하는 보완적인 개념으로 보는 것으로 입장을 전환한다.[9)]

가톨릭 사회 교리에 따라 기독교 사회주의[10)] 진영에서 바라보는 인간사회는 인간 존재의 물질적·정신적 측면이 조합된 것으로서 다양한 유대관계에 의해 연결되어 있는 공동체이다. 이 공동체의 기본 단위는 가족 또는 가족 내 개인이며, 노동 분업을 기반으로 구성된 협동조합이나 결사체 같은 조직체가 매개가 되어 개인과 가족을 사회에 결속시키는 것으로 보았다. 기독교 사회주의자들은 조직체의 결핍은 국가가 보충하며, 개인과 가족의 결핍은 조직체가 보충하는 것으로 보고 보충성(subsidiarity)을 통해 사회연대를 실현하고자 했다. 독일의 대표적인 학자인 라이파이젠(Friedrich Wilhelm Raiffeisen)은 빈농을 중심으로 상호공제신용협동조합을 설립하였는데, 이는 협동조합은행

9) 사유재산과 자유의 권리를 희생하지 않고 연대에 기초하여 상호부조를 발전시켜감으로써 자본주의 사회를 개량해 나간다고 보았다(권영근 외, 2011, p.29).
10) 19세기 후반에서 20세기 초반까지 개신교를 중심으로 빈부격차와 같은 산업사회의 문제를 기독교적 실천으로 해결하고자 일어난 사회운동.

의 토대가 되었으며 현재 독일의 협동조합은행인 라이파이젠 은행으로 성장한다.[11)]

프랑스에서는 1820년대부터 40여 년간 사회적경제학파로 통칭될 만한 이질적인 이념들이 발전했는데, 대부분 자유주의 학자인 토머스 맬서스(Thomas Robert Malthus)와 시스몽디(Jean Charles Léonard de Sismondi)의 영향을 받은 것이었다. 이들의 이념은 시장실패 문제와 경제를 사회·문화와 함께 다루긴 하였지만 당시 자유주의 경제학은 견고해지고 있던 자본주의 체제와 자유방임주의(laissez-faire), 또는 자유주의 경제 영역에 갇혀 있었기 때문에 초창기의 '사회적경제[12)]'에 대한 학문적 접근은 이론적인 수준에서 크게 벗어나지 않았다(Monzón & Chaves, 2012, p.16).

19세기 후반 맑스주의가 우세하면서 결사체 사회주의의 세력이 약화되는 시기에 자유주의 진영에서는 샤를 뒤누와이에, 존 스튜어트 밀(John Stuart Mill)과 레옹 왈라스(Leon Walras) 등을 중심으로 이론의 일반화가 시도되면서 사회적경제는 크게 발전한다.[13)] 이들 자유주의 경제학자들에게 결사체는 정치경제학[14)]이 해결할 수 없는 윤리

---

11) 자세한 내용은 박준기(2014)를 참고하기 바람.

12) 자유주의 진영에서 사회적경제라는 용어는 1830년, 프랑스의 경제학자인 샤를 뒤누와이에(Charles Dunoyer)가 경제학에 도덕적인 접근을 권고했던 『새로운 사회적경제 개론(Nouveau traité d'économie sociale)』을 발표하면서 최초로 사용된 것으로 알려져 있다(Monzón & Chaves, 2012, p.17).

13) 몇몇 자유주의자들은 결사체나 협동조합을 합리적 자본주의로 이행하기 위한 단계로만 보았지만, 이들은 결사체나 협동조합이 사회적 평화와 노동력의 안정을 가져오며 '참여'로 향하는 길이라고 간주하였다. 이들 자유의자들은 자본주의의 남용은 수정하되 자본주의 자체를 개고하는 것을 넘어 자선 및 선두 활동을 상호 구제단체로 이행하는데 기여했다는 점에서 사회적경제의 진정한 토대를 마련해주었다고 평가된다(Jeantet(2016(편혜원 역, 2019), p.22).

14) 여기서 정치경제학은 '경제학'의 초창기 이름인 '정치경제학'으로, 당시 경제학계의 관심이 국부의 증대와 자본 축적에 집중되어 있었던 상황이었음을 감안하

적·사회적 문제에서 보편적 역할을 수행하는 조직이었으며, 자유주의에 있어서 개인의 경제 이익 추구를 원활하게 할 실용적인 것이었다. 밀은 노동 결사체를 기업주와 노동자 간의 전통적 관계를 대체하며, 노동자들이 기업 운영에 참여함으로써 그 결과를 고용주와 나눠 생산력을 높이는 합리적인 경제 시스템으로 보았다. 왈라스는 사회적경제를 분배의 문제를 관장하는 이론(『사회적 부의 분배 이론(1896)』)으로 간주하였는데(김신양 외, 2012, p.19), 사회적경제가 자본주의 속에서 도덕경제의 역할을 함으로써 사회적 갈등을 해결하는데 크게 기여할 수 있다고 보고 생산 과정의 노동 안으로 민주주의를 도입해야한다고 주장했다. 왈라스에 의해서 사회적경제는 경제학의 한 부문으로서 뿐만 아니라 오늘날의 사회적경제 조직(협동조합, 공제조합, 협회(민간단체)) 안에서 사회적 실천의 한 영역으로 자리매김 하였다고 평가된다(Monzón & Chaves, 2012, p.16). 이와 같이 다양한 이데올로기들은 유럽 각국에서 다양한 조합 속에서 발전하여 오늘날 사회적경제의 국가별 또는 영역별 특징의 근원이 되었다.

2. 사회적경제의 이론화

19세기 후반 지드와 왈라스는 사회적경제를 결사체 사회주의과 같이 자본주의에 대한 총체적이며 급진적인 대안이 아닌 이미 지배적인 경제 체제로 자리 잡은 자본주의 체제의 결점을 보완하는 개념으로 전환시킨다. 그렇기 때문에 이들의 사회적경제 이론은 결사체 사회주의와 오늘날의 사회적경제를 매개하는 것으로 여겨진다.

왈라스는 경제학을 과학으로 정립하려는 계획으로 경제학을 세 영

면 자유주의 진영에서의 사회적경제의 발전을 이해할 수 있다.

역으로 구분하는데, 경제학의 가장 하위 단위는 실용경제학, 가장 높은 위치에 있는 순수경제학, 그 중간에 위치한 사회적경제학으로 구분하였다. 순수경제학은 이해(interest)의 논리만을 충족시키는 영역으로 경제적 행위를 지배하는 자연법칙에 대한 추상적인 학문이다. 실용경제학은 구체적인 경제 문제를 다루며 자연법칙의 적용과 특히 '생산'의 문제를 다루는 영역이다. 사회적경제학은 순수경제학에서 포함하는 이해 논리에 더해 정의(justice) 논리를 포함시키며, 경제의 규범적·윤리적 영역을 담당하며 '분배'에 초점을 둔다. 그런데 왈라스는 소비, 생산, 신용에 관련된 경제활동을 하는 민간단체인 협동조합을 생산시스템의 한 요소로 보고 실용경제학의 영역으로 분류하였다. 그는 협동조합은 생산메커니즘에 민주주의가 도입된 것으로서 개인이 생산에 접근하는 경로를 밝혀주는 것이기 때문에 국가의 개입이 결정적 요소가 된다고 하였다(엄형식, 2008, pp.46-47).

지드는 1905년에 작성한 파리 만국박람회의 사회적경제 전시관에 대한 보고서에서 사회적경제의 세 가지 범주를 제안한다. 지드가 말하는 사회적경제의 세 범주는 노동조건과 삶의 질을 개선하는 역할을 하는 것으로서, 사회적 공헌의 역할을 하는 '고용주', 협동조합, 상호공제조합, 노동조합 등의 '결사체', 사회적 입법 등을 수행하는 '공공규제'이다. 그리고 그는 왈라스의 영향을 받아 경제학을 순수경제학과 사회적경제학으로 구분하였는데, 순수경제학은 개별적 이해에 따른 부의 생산에 대한 과학 또는 인간과 사물의 관계에 대한 과학이며, 사회적경제학은 부의 분배 및 사회적 정의에 관한 과학이며 인간들 사이의 관계에 대한 과학이라고 하였다. 왈라스와 지드의 이론의 큰 차이점은 협동조합을 보는 시각에 있다. 왈라스는 협동조합의 '생산' 기능에 초점을 두었으며, 지드는 협동조합의 '분배' 기능을 강조하였다(엄형식, 2008, p.48).

3. 사회적경제의 확산과 동면기

왈라스와 지드가 사회적경제의 이론적 정립을 시도한 이후에 사회적경제는 정치경제학에 도덕적 요소를 붙인 학문이 아니라 다른 방식으로 기능하는 경제 활동이나 그 조직들이라는 개념으로 변화하면서 발전하기 시작하였다. 1920년대에 결사체 사회주의자인 마르셀 모스(Marcel Mauss)가 다양한 협동조합과 상호공제조합, 노동자 정당 등의 연계를 위해 노력하면서 이는 20세기 후반의 사회적경제 관련 조직들을 재구성하는 역할을 하였다(엄형식, 2008, p.48).

ILO(국제노동기구) 협력의장이었던 포케(Georges Fauquet)는 지드의 '협동조합 공화국'을 비판하면서 협동조합의 부문에 대한 개념을 도입함으로써 사회적경제를 범주화 했다. 이때 제시된 협동조합의 기준은 ①재정적 이익이 아닌 서비스를 제공하는 목적의 조직이어야 하며 ②구성원들은 협동조합에 결합된 조합원이며 동시에 협동조합을 이용하는 이용자로서 이중적 지위를 가지며, ③1인 1표의 민주적 조직 운영, ④조합원들에게 협동조합 교육 지시였다. 이러한 기준은 2차 세계대전 이후 프랑스의 협동조합에 대한 일반법 제정의 토대를 마련하는데 기여했다. 또한 협동조합의 범주화뿐만 아니라 사회적경제 개념의 토대가 되는 다른 부문들의 개념적·실질적 형성을 이끌어냈다는 점에서 중요한 전환점을 제공했다고 평가받는다(엄형식, 2008, p.49).[15]

협동조합과 공존했던 또 다른 조직인 상호공제조합은 복지국가가 발전하면서 각국의 복지국가 체제와 강력하게 결합하여 다양하게 변이되었으며, 여러 국가의 사회보장체제의 수행자나 보충적 제도로서의 역할을 수행하였다. 복지국가의 등장과 함께 전통적인 사회적경제

15) 포케의 역할에 대한 자세한 설명은 Demoustier & Rousselière(2004)를 참고하기 바람.

는 여러 형태로 변이되면서 자취를 감춘다.

4. 사회적경제의 재등장과 새로운 사회적경제

1970년대 초 오일쇼크 이후 복지국가가 위기를 겪기 시작하면서 사회적경제는 다시 수면 위로 떠오르게 된다. 프랑스의 적극적인 활동을 중심으로 사회적경제는 빠르게 확산되는데 사회적경제 조직들이 조직의 힘을 강화하고 대정부 협상력을 제고하기 위한 연대를 모색하면서 각종 협회와 위원회들이 결성된다. 본절의 초반에 언급했던 CNLAMAC(상호공제조합, 협동조합, 민간단체 전국 연락위원회)는 이 시기에 결성되었으며, 정체성 확립을 위한 컨퍼런스에서 데로쉬가 제안한 '사회적경제기업'에서 '사회적경제'는 재등장하면서 이후에 1980년 프랑스의 「사회적경제 헌장」에서 데로쉬의 사회적경제 개념이 재차 확인 되었다. 사실 사회적경제의 전파는 전통적인 조직들의 주도로 이뤄졌지만, 1980년대 이후 서유럽 경제위기로 인한 실업과 사회적 배제에 대항하는 새로운 민간운동이 사회적경제 개념과 맞물리면서 광범위하게 주목을 받기 시작하면서 확산되었다고 할 수 있다.

1981년 사회당 정부에서는 사회적경제를 위한 부처간 위원회(DIES; Délégation interministérielle à l'économie sociale)를 설립하였으며, 최초로 사회적경제에 대한 제도적 개념 규정이 이뤄졌다. 규정된 사회적경제 조직들은 협동조합, 상호공제조합, 교육 및 서비스 등의 생산활동을 주로 하는 민간단체로서 오늘날의 사회적경제의 개념을 형성한다(엄형식, 2008, p.51). 한편으로 프랑스에서는 제도화된 사회적경제가 시장경제에 깊숙이 편입되었다고 비판하면서 '연대적 경제(Économie sociale)'라는 사회 운동이 발전하는데, 연대적 경제는 경제활동을 통한 노동통합(IAE; insertion par l'activité economique), 대안금융, 지역화폐, 공정무역 등을 실천하였다. 연대적 경제의 기원은 1970년대 대안경제운동(또는 대안 세계화 운동)에 있다. 초기에는 실험적인 형태였던 대안경제운동이 스스로의 경험을 통해 국가나 시장, 기존의 사회적경제와 분리되어서는 실천될 수 없다는 사실이 받아들여지면서 '대안'이라는 표현은 '연대와 자치'로 구체화 된다. 연대적 경제에서 '지역'은 자신들의 신념을 실현할 수 있는 장이다. '지역'에서는 국가의 제도와 근린의 사회적자원을 복합적으로 활용할 수 있으며 시장에서 판매 행위가 가능하며 지역에 새로운 일자리를 창출할 수 있다. 국가에서는 연대적 경제 조직들이 실천하는 '경제활동을 통한 노동통합'의 가치를 인정하고 단기공공근로 개념인 '지역주도 고용', '공공근로', '연대고용계약', '연장고용계약'등을 제공하기도 하였다. 그러나 연대적 경제가 국가에 귀속적이라는 비판이 제기되었으며, 1998년에는 프랑스 녹색당 출신으로 유럽의회 의원이었던 알랭 리피에츠(Alain Lipietz)가 제시한 전통적 사회적경제와 새로운 사회적경제를 분리하지 않고 새로운 사회적 흐름이 강조되는 '사회연대경제(l'économie sociale et solidaire)'가 보편적으로 수용된다.16)

프랑스 내에서는 사회적경제와 연대적 경제가 다소 갈등적인 성격으로 발전한 반면, 1980년대 후반 프랑스 외부로 사회적경제 개념이 전파되면서 다른 국가에서는 프랑스의 사회적경제 개념을 받아들이면서 동시에 연대적 경제와 같은 새로운 흐름과 이에 자극받은 전통적 사회적경제를 모두 포괄하는 개념의 사회적경제를 받아들인다.

벨기에의 왈룬 지방은 1970년대 중반 이후 경기침체와 실업 문제를 겪으면서 협동조합운동의 영향을 받는데, 1988년 '왈룬사회적경제

---

16) 자세한 내용은 엄형식(2008, pp.56-62) 참고.

위원회(CWES; Conseil wallon de l'Economie sociale)'를 결성하고 자크 드푸르니(Jacques defourny)에게 사회적경제에 대한 개념 정의를 의뢰하였다. 그리고 1980년에 드푸르니가 정의한 사회적경제 개념을 채택하는데, 그것은 '구성원이나 공공을 위한 목표, 경영을 위한 자율성, 민주적인 의사결정과정, 수익 배분에 있어서 자본보다 사람과 노동을 중시라는 네 가지 원칙을 따르는 협동조합, 상호공제조합, 민간단체에 의해 수용되는 경제활동'이다. 드푸르니의 사회적경제 개념은 스페인과 캐나다 퀘벡 등의 개념 정의에 영향을 준다.[17)]

1989년 당시 유럽공동체 의장으로 있던 자크 들로르(Jacques Delors)를 중심으로 유럽위원회도 사회적경제에 대한 개념을 정의하였는데 '공동의 욕구를 가진 사람들에 의해, 그리고 그들을 위해 만들어진 기업들로 구성된 이해당사자 경제(stakeholder economy)의 일부로서, 중요한 경제 행위자인 협동조합, 상호공제조합, 민간단체, 재단을 포함한다'고 하였다(Roelants, 2002: 엄형식, 2008, p.52에서 재인용).

이후 1997년 룩셈부르크에서 열린 EU의 고용정상회담(Job Summit)의에서 사회적경제기업이 지역 발전과 일자리 창출에서 차지하는 역할이 공인되면서(Chaves & Monzón, 2016, p.10) 이후 고용, 사회정책, EU의 확대, 지역개발, 공공조달, 노동자 소유, 노동조직, 개발원조에 관련된 핵심적인 정책 목표에 포함되고 있다.[18)] 이처럼 사회적경제의 개념이 갖는 유용성이 확인되면서 유럽 각국에서는 사회적경제 개념이 수용되고 제도화되었다. 사회적경제의 개념이 확산되는 과정에서

17) 엄형식(2008, p.121)은 드푸르니의 개념 정의가 상대적으로 유연한 기준을 제시함으로써 가장 포괄적인 성격을 가지고 있다고 본다

18) 유럽경제사회위원회(EESC)는 '유럽 경제사회개발의 핵심 동인으로서 사회적경제의 진흥(The promotion of the social economy as a key driver of economic and social development in Europe)'에 관한 결의안을 채택하였다(Chaves & Monzón, 2016, p.10).

일부 국가에서는 변이된 형태로 수용되기도 하였다. 스웨덴은 NGO에 가까운 특성으로, 사회적시장경제 개념이 이미 보편화된 독일의 경우에는 하위 노동시장을 의미할 때 사용하는 개념으로 사용되기도 하였다.

1990년 중반 이후부터는 유럽 이외의 지역에서 사회적경제 개념이 확산되기 시작한다. 대표적인 지역으로 캐나다의 퀘벡에서는 전통적인 사회적경제와 새로운 사회운동·지역운동을 일자리창출과 사회서비스 확충 및 개혁의 중요 수단으로 받아들이며, 왈룬지방의 개념에 더해 '참여'와 '책임'의 원칙을 추가하여 사회적경제의 개념을 정의한다. 이외에 Defourny & Develtere(2000)는 제3세계의 전통적인 상호부조 조직이나 NGO등 비공식부문도 사회적경제에 포괄시켰으며, 2000년대 이후에는 라틴아메리카나 아프리카, 대안세계화 운동을 중심으로 성장하고 있는 연대적 경제에 대한 담론과 결합되는 형태를 보이기도 하였다(Bajo, 2002; 엄형식, 2008, p.55에서 재인용). 또한 OECD나 ILO 등 국제기구에서도 사회적경제가 중요한 개념으로 정착되기 시작하였다.

5. 한국의 사회적경제

오늘날 한국의 사회적경제는 서구의 새로운 사회적경제에서 추구하는 가치나 운영 조직의 특성이 유사하다는 점에서 맥락이 같지만, 전통적인 사회적경제의 태동에는 한국의 사회적경제만이 가지는 특수성이 있다. 서구의 전통적인 사회적경제는 자본가들에 의해 근대화된 사회에서 경제 주체의 차별이나 착취 등을 해결하고자 하는 상호주의에서 발발했지만, 한국은 일제 강점기에 일제에 의한 근대화 과정에서 사회적경제 조직이 최초로 생겨났다. 그러나 1907년 일제가 조선의 영농에게 융자 혜택을 주기 위해 최초로 등장한 '지방금융조합'과 함께 일제 강점기의 사회적경제 조직들, 특히 당시의 조합들은 관제적 성격 때문에 협동조합의 효시로 인정하는 데에는 연구자마다 차이가 있다. 실제 일제는 제도를 개정하여 지방금융조합의 경제 사업을 배제함으로써 조선의 농촌을 지배하고 일본 부농을 위한 신용사업으로 활용하였다. 분명한 것은 관제조합 성격의 조직들이 일제의 식민 도구로 활용되어 농민의 불만이 고조되면서 민간 영역의 협동조합이 확산되었다는 점이다. 그 가운데 비교적 조직적이면서 지속적으로 민간협동조합 운동이 전개한 역할을 한 주체로, 신간회 설립 직후 출범한 '협동조합운동사'와 YMCA(조선기독교청년연합회), 농민공생조합이 있다. 그러나 자연발생적으로 생겨난 다양한 협동조합들의 대부분은 식민지 체제 하에서 빠르게 소멸하거나 체제 속에 자발적 또는 강제적으로 흡수되었다.

한국의 사회적경제(민간협동조합)는 해방 이후부터 1960년대 이전까지 전환기를 맞는다. 전통적으로 민간 영역에서 발생하고 운영되어 왔던 조직들이 전후 이념적 대립의 상황과 군사 정권 초기에 국가 주도로 재조직화 된다. 당시 사회주의 세력이 축출되면서 자주적인 협동조합 운동을 전개했던 사회운동 조직은 무력화되었고, 그로 인해 협동조합 재조직의 주도권은 국가에게 돌아가면서 새로운 법에 의한 농협, 수협, 산림조합 등 관제협동조합으로 개편된다. 이러한 관제 조직들이 국가 경제개발의 주요한 수단으로서 활용되던 시기에 민간 영역에서 다시 협동조합 조직의 움직임이 일어난다. 캐나다 안티고니시 운동[19]이 전파되며 1960년에 최초의 신용협동조합인 '성가협동조합'이 부산에 설립되었고, 이후 서울에 가톨릭 중앙신용협동조합이 설립

19) 1920~1930년대 캐나다의 안티고니시 마을에서 시작된 것으로, 대공황 이후 생계수단을 잃은 주민들 중심으로 설립된 경제조직들이 토론과 협동조합을 통해 경제난을 극복하여 세계로 전파된 운동.

되면서 신협 운동은 전국으로 퍼져나간다. 한국 신협의 주요 등장 요인은 가톨릭의 전후 구호사업이 전후 긴급구호사업(식량 및 의약품 공급)에서 전후복구체제(자립 방안 모색)로 변화했기 때문이라고 해석된다. 변화 당시 민중들의 최대 요구는 파괴된 농촌의 복구와 적절한 생계수단 확보를 위한 자본의 조달인 반면, 외국의 원조는 일반 국민들에게 실질적인 도움이 되지 않았기 때문에 신용협동조합은 민중의 큰 호응과 기대를 받았다. 신협의 주체는 주로 3-40대의 젊은 농민 또는 영세농민, 소상공인, 여성들이었는데, 전통적 농업사회에서 산업화로 변화하는 과정에서 소외되는 계층이었으며, 신협은 이러한 계층의 자립과 생활의 재생이 가능하게 하는 사업을 통해 성공적으로 영역을 확대했으며, 후에 한국적인 소비협동조합인 생협(생활협동조합)의 태동에 영향을 미친다.

1970~1980년대 경제개발 시기에 국가에 의해 재조직된 협동조합은 새마을운동과 함께 빠르게 성장하지만, 지역 기득권층의 비리와 부패로 파산 등 부작용이 표출되기도 하였다. 이러한 시기에 원주에서는 천주교 원주 교구 중심으로 1970년대 초부터 신협 운동과 소비조합 운동이 전개되어 왔는데, 석탄산업의 쇠퇴와 농업의 침체로 잠시 소멸했다가 1980년대 중반부터 농촌의 소비조합 운동(농산물직거래 등)은 다시 전국적 확산에 기여한다. 산업화로 인해 농민의 생활형편이 어려워진 것과 동시에 산업화로 인한 오염으로 소비자는 안전한 먹거리를 원했고 농민은 안심하고 농사짓기를 바랐다. 생협의 확산에 주 역할을 한 조직으로는 안양 소비자협동조합(현 바른두레생협), 원주 소비자협동조합(현 원주한살림생협), 한살림농산(현 한살림생협) 등으로 이들은 친환경농산물 매개 제휴형 생활협동조합을 도입하였다. 과거의 협동조합의 주체는 노동자, 농민인 남성 중심이었으나 생협에서는 처음으로 소비자인 여성이 주체로 등장 하였으며, 과거에 협동조합의

목적이 인간의 경제적 문제 해결이었으나 생협에서는 생태계 전체를 포괄하고 있다. 서구 소비조합이 시장을 매개체로 생산과 소비가 대결구조에 있는 반면 한국의 소비조합 형태의 생협은 직거래라는 대면관계를 기초로 생산과 소비를 잇는 협의체를 마련했다는데 큰 의의가 있다. 생협은 전국적으로 확산되었을 뿐만 아니라 친화경농산물 직거래 등 생활 및 소비 영역 이외에의 부문에도 전파되었는데, 대학 내 복지 담당 생협(최초, 1988년, 서강대 소비자협동조합)이나 의료생협(최초, 1994년, 안성 의료생협)을 출현시켰다. 의료생협의 경우에는 영리추구형 의료생협이 생겨나는 문제가 발생하자 추후 소비자생활협동조합법 기반으로 사회적협동조합[20]으로 법인격을 변경하고 설립 인가 요건이 강화되었다.

1980년대 후반 민주화 이후로는 협동조합 법이 개정되면서 운영방식 등이 조합원을 위하는 방향으로 변경되었고 1989년 이후에는 사회 변화를 바라는 민간단체들이 급증하였다. 1990년대 후반, IMF 외환위기로 인해 한국 사회는 새로운 환경에 직면하게 된다. 전통적 협동조합은 경쟁 구도에서 살아남기 위해서 경영 방식의 변화가 필요했고, 상대적으로 협동조합의 전통적인 가치와 철학은 약화되었다. 당시 한국의 가장 큰 사회 문제는 실업으로 인한 새로운 형태의 빈곤(근로 빈곤-저임금, 비정규직, 장기 실업, 근로취약-생활여건, 장애, 나이 등의 이유로 노동시장에서 소외)과 사회적 배제가 발생했다는 것이다. 기존의 사회적경제 조직들과 새로운 환경 변화에 대응하며 사회 운동을 전개하던 민간 영역의 조직들은 이러한 사회 문제에 적극 대응하였다. 그 중 오늘날 자활기업의 뿌리로 볼 수 있는 노동자협동조합을 조

20) 일반협동조합과 달리 사회적협동조합은 조합원의 필요에 의한 목적이 아닌 공익적 목적으로 설립되어야하며 비영리 법인, 기획재정부(관계부처) 인가, 배당금지 등으로 강력한 공익성을 갖고 있다.

직하고자 하는 움직임이 1990년 전후로 노동운동과 빈민운동을 통해 전개되어 왔고, 스페인의 몬드라곤 협동조합[21] 사례에 자극 받아 노동자 조합을 통해 지역사회의 주민공동체를 만들고자 했다. 이러한 운동을 생산공동체 운동으로 칭하는데, 여러 여건과 현실에 부딪혀 생산공동체 운동은 성공하지 못했고, 지도자들 중 일부는 정부의 공적 지원에 관심을 갖고 국책연구기관과의 소통을 시도했다. 정부에서도 새로운 복지정책 마련이 필요했고 민간-정부의 협력으로 1996년 자활지원센터 시범사업이 시작된다. 그리고 이 자활지원센터(2007년 지역자활센터로 명칭 변경)에 의해 만들어진 자활공동체가 빈곤층의 자활의 통로가 되었고 국민기초생활보장법 이후 민간 주도의 자활공동체가 정부 주도의 자활공동체로 변모한다. 한편, 실업 문제 해결이 사회의 가장 중요한 관심사가 되면서 민간의 실업 극복 운동은 시민단체와 종교기관을 중심으로 활발하게 이뤄졌는데, 외환위기 초반 '구호 활동'에서 '일자리창출 활동'으로 관심이 이동한다. 당시 일자리 창출 활동은 크게 정부가 한시적 일자리 창출을 위해 운영한 공공근로를 시민 단체가 위탁받는 공공근로민간위탁사업과 일정 재정 지원을 해주면서 활동 기회를 제공하는 실업극복국민운동위원회(현 '함께일하는재단')의 제안공모사업으로 나뉜다. 대부분의 근로 아이템은 특별한 기술이 없어도 투입이 가능한 지역사회에 필요한 서비스가 많았고,

21) 세계 최대 노동자 협동조합으로, 2차세계대전 이후 폐허가 된 바스크의 시골마을에 스스로 일자리를 만들어 가난을 극복하자는 취지에서 호세 마리아라는 신부를 중심으로 주민들이 함께 기술학교와 공장을 설립하여 대규모로 성장한 그룹이다. 지역 주민들은 몬드라곤 그룹 산하의 금융 기관에서 대출을 받고 그룹 산하의 소비협동조합에서 소비를 하며, 복지기구의 혜택을 받기도 한다. 또 몬드라곤 그룹의 재정 지원을 받는 기술대학을 졸업한 뒤 몬드라곤 그룹에 취직한다. 몬드라곤은 조합원을 해고하지 않는 운영방침을 가지고 있는데, 조합이 어려워져서 인원 감축이 필요할 경우 고용 여력이 다른 조합으로 옮기게 한다.

숲가꾸기사업, 무료간병인파견사업, 집수리사업, 남은음식물재활용사업 등으로 이미 시범사업으로 진행되었던 자활지원센터의 자활공동체 아이템이기도 하였다.[22]

그러다가 2000년 12월, 국회와 성공회대에서 개최된「빈곤과 실업 극복을 위한 국제포럼」에서의 부제를 '자활사업 활성화와 사회적일자리 창출'로 잡고, 제3섹터형 일자리 창출의 대상을 빈곤층과 실업자 등 취약계층으로 하면서 이러한 일자리를 '사회적일자리'라고 규정한다. 2003년 사회적일자리시범사업이 시행되고 이듬해에 본사업화 되면서 노동부를 중심으로 사회적기업 정책이 본격화된다. 2007년에는 사회적기업육성법이 제정되었고, 이후 사회적기업 지원 정책으로 볼 수 있는 안전행정부의 마을기업 지원정책과 농림축산식품부의 농촌공동체회사 등이 생겨난다. 또 과거에 특정 산업 분야에서 요건을 갖춰야 설립이 허용되었던 협동조합이 2012년 협동조합기본법 제정을 통해 진입 장벽이 완화되었고 사회적기업의 성장에도 효과를 줄 것이라 기대를 받기도 한다. 이처럼 한국은 IMF 외환위기 이후 맞은 새로운 사회 변화 속에서 오늘날의 사회적경제 조직들이 생겨났으며, 현재까지 조직 차원의 제도화만 이뤄졌던 사회적경제가 가지는 가치와 의미를 정립하기 위한 제도권의 움직임도 이뤄지고 있다.

과거부터 현재까지의 한국의 사회적경제를 종합적으로 고찰한 내용에 기초하여 오늘날 한국의 사회적경제의 등장 배경을 한 마디로 정리한다면, '실업과 사회적 배제로부터 오는 취약계층의 소외'이다. 즉 일과 사회적배제는 서로 밀접하게 연결되어 있다. 앞서 한국의 사회적경제가 탄생해서 오늘날까지 지나온 길들을 살펴보면서, 사회적경제가 지니는 여러 기능 중에서도 지역의 공동체를 중심으로 소외된

---

22) 자세한 내용은 김신양 외(2016, pp.162-166)를 참고.

취약 계층을 사회적 관계로 다시 회복시킨다는 점에 주목할 필요가 있다. 4차산업혁명 시대에는 인간의 노동력을 기계가 대체하는 동시에 초고령화와 인구절벽의 상황이 함께 도래할 것이며, 그렇기 때문에 노동 소외의 해결과 사회통합이 더욱더 중요해질 것이다. 이러한 차원에서 지역사회 내 관계의 회복과 지속가능성을 담보하는 '포용적 경제'는 우리가 새롭게 맞이해야 할 표준이 될 수 있다.

1-2 포용적성장과 포용적경제

우명동

본 절에서는 먼저 '포용적성장' 개념을 비판적으로 재인식한다. 이어서 '경제' 개념이나 '포용적성장' 개념이 등장하게 된 역사적, 사회경제적 배경에 비추어 볼 때 '포용적성장' 보다는 '포용적경제'라는 개념을 사용하는 것이 더 적절함을 밝힌다. 나아가 이러한 의미의 '포용적경제'와 전술한 '사회적경제'와의 관계를 그 역사적, 사회경제적 배경과 경제체제의 관점에서 비교·검토하면서 그 개념상 관련성을 밝힌다. 마지막으로 현실에서 두 경제상태를 구체화시키는 추진 주체와 그 역할에 대해서 검토하고자 한다.[23)]

1. '포용적성장' 개념과 비판

1) '포용적성장'의 개념

포용적성장은 이 용어에 포함되어 있는 '포용'과 '성장'이라는 두 가치의 상충으로 인해 그 구체적인 정의는 논자나 기관에 따라 크고 작은 차이를 보이고 있다.[24)] 그 간에 제시되고 있는 정의는 크게 보

23) 이 절의 내용 중 특히 포용적성장 관련 부분은 주로 우명동(2019c)의 내용에 바탕을 두고 보완·가필한 것임을 밝혀둔다.

24) UNDP의 지속가능발전기금기구의 이사(director)로 있는 Durán은 이러한 혼란

면 '성장'에 중점을 두고 내려진 정의와 '포용'에 중점을 두고 내려진 정의로 나누어 볼 수 있다. 여기서는 먼저 이 두 관점에서 제시되고 있는 '포용적성장'의 개념을 검토한다.

가. '성장' 중시 개념 정의

먼저 IMF와 World Bank 등에서는 '성장'과 '분배'의 관계에 초점을 맞추어 정의하고 있는 것을 볼 수 있다. 먼저 IMF에서는 "경제성장을 그 추세와 분배의 관점에서 파악한 개념"(IMF, 2014, p.16), "균등성 개선에 기여하는 성장"(IMF, 2017, p.5)으로 정의하고 있다. 한편 World Bank도 "경제성장의 추세와 분배상태"를 의미하는 것으로 파악하고 있으며(Anand et al., 2013, p.1), World Bank의 '성장 및 발전위원회'는 공평이나 기회균등과 같은 포용성은 지속가능한 성장전략을 구축하기 위한 필수적 요인이라고 밝히고 있는 것을 볼 수 있다(World Bank, 2008, p.60). 이 견해는 '포용적성장' 개념을 정의함에 있어서 성장과 분배의 선순환 관계를 중시하되, 아래 견해들에 비해 '성장'에 초점을 맞추어 정의되고 있음을 확인할 수 있다.

나. '포용' 중시 개념 정의

한편 세계경제포럼(WEF: World Economic Forum), OECD, 영국 왕립사회개혁촉진협회(RSA: Royal Society for the Encouragement for Arts, Manufactures and Commerce) 등에서는 위의 견해와는 달리 참여의 '기회' 내지 '기여'를 중심으로 한 '포용'에 중점을 두는 견해를 보이고 있다. 구체적으로 WEF에서는 "모든 경제분야에서 '근로자들'의

스러운 상황을 두고 "우리가 만약 다섯명의 경제학자에게 포용적성장의 정의를 물으면 아마도 여섯 가지 답을 얻게 될 것이다"라고 표현함으로써 이 개념의 정의의 다의성 내지 모호성을 적나라하게 지적하고 있는 것을 볼 수 있다 (Durán, 2015, p.1).

대부분에게 생산적인 '고용기회'를 주고 빈곤을 줄여주면서 오랜 기간 동안 지속가능한 산출물의 성장"(WEF, 2015, p.1)이라고 정의하고 있으며, OECD는 "'모든 사회구성원들'에게 '기회'를 제공하고 성장의 성과를 화폐적 차원이나 비화폐적 차원 모두에서 공정하게 분배하는 경제성장"(OECD, 2015, p.10)이라고 정의하고 있는 것을 볼 수 있다. 같은 맥락에서 RSA는 "보다 많은 사람들과 '보다 많은 지역들'이 경제성과에 '기여'하고 또 그 혜택을 받을 수 있게 하는 성장"(RSA, 2016, p.5L)이라고 정의하고 있다(따옴표는 필자가 더한 것임). 이들 정의를 보면 다 같이 성장의 맥락을 견지하면서도 경제활동에의 참여의 '기회' 내지 '기여'를 중시하고 있음을 알 수 있다. 구체적으로 WEF는 '근로자들'에 대한 고용기회, OECD는 '모든 사회구성원들'의 경제활동 참여 기회로 보다 포괄적으로 참여 기회를 중시하고 있는 것을 볼 수 있으며, RSA는 여기서 한 걸음 더 나아가 '보다 많은 지역'으로 까지 확장시키고 있는 것을 볼 수 있다.

2) '포용적성장' 개념에 대한 비판

위의 포용적성징 개념 정의에시 볼 수 있듯이 포용적성장 개념은 오늘날 자본주의 경제체제 운영과정에서 나타나는 경제적 성과와 기회의 불균등의 문제를 깊이 인식하고, 보다 근본적으로 그러한 문제에 대처해나갈 정책의 필요성을 강구하고자 한다는 점에서 폭넓게 수용되고 있다. 그러나 현실적으로는 위와 같은 문제의식에 부응한 전략을 구상하는데 성공적이지 못하고 있다는 평가를 받고 있다.

가. '성장' 중시 개념에 대한 비판

무엇보다 IMF나 World Bank 등에서 규정짓고 있는 '포용적성장' 개념은 먼저 성장을 추구하고 그로부터 얻어진 성과를 보다 많은 사람들에게로 나누어주자는 '사후적인 개념'으로 활용되고 있음을 알 수 있다.[25] 말하자면 이들의 정의에서 제시되는 분배의 공평성은 어디까지나 분배 왜곡으로 동력을 잃고 있는 성장추세를 회복하자는데 그 뜻을 두고 있다는 점을 유념할 필요가 있다(Anand et al., 2013, p.1; IMF, 2014, p.16; IMF, 2017, p.5). 이에 대해 Burch 등은 포용적성장은 시장주의들의 경제성장에 대한 전형적인 접근에 어떠한 변화를 주고자 하기보다는 경제성장의 결과가 아무리 불공정하게 나타나더라도 궁극적으로 경제성장에 어떠한 성과가 나타날 것인지에 더 관심을 갖는 개념이라는 점을 강조하고 있는 것을 볼 수 있다(Burch & McInroy, 2018, p.4).

더 나아가 이와 같은 '성장'에 중점을 두는 '포용적성장' 개념은 자본주의 체제 내에 뿌리 깊게 자리잡고 있는 사회적, 경제적 불공정의 문제를 위장하기 위한 전통적 시장주의에 대한 '변장술'에 지나지 않는다는 비판을 받기도 한다(Burch & McInroy, 2018, pp.2, 4). 이와 유사한 맥락에서 이들 기관이 '포용적성장' 개념을 주창하고 나오는 것을 두고 사실상 이들 기관은 '포용적성장'이라는 개념을 수용함으로써 '성장'을 중시하는 자본주의 체제의 부정적 특성을 상당 부분 '은폐'하기 위해 주창되고 있는 개념이라는 비판을 받기도 한다는 사실을 유념할 필요가 있다(Burch & McInroy, 2018, p.5).

나. '포용' 중시 개념에 대한 비판

이에 비해 앞의 정의 중 후자의 경우는 '성장'보다는 경제활동에의

---

25) 이러한 상황에 대해 "철학자들이나 학자들 또는 정책결정자들은 사회구조가 혼탁해지거나 위험이 사회를 갈라놓을 정도로 사회적 긴장이 고조되는 경우에는 으레 자원을 새롭게 '재분배'하는 방안을 강구하곤 해왔다"(Ninacs, 2002, p.1)고 하면서, '분배'로 대변되는 '포용'적 성장 개념의 등장 배경을 설명하는 견해가 있으니 참고하기 바란다.

참여 '기회' 내지 '기여'와 같은 '포용성'에 더 방점을 두고 있음을 알 수 있다. 이러한 후자의 개념 정의는 '포용적성장'을 바라보는 데 있어서 "지금 우리에게 필요한 것은 현재 성장하고 나중에 분배하자는 경제모형으로부터 성장과 사회개혁을 동전의 양면과 같이 파악하는 인식의 전환"(RSA, 2017, p.8)에서 나온 견해로 볼 수 있다. 이들 견해의 핵심을 보면, '성장'을 먼저 앞세울 것이 아니라 '성장'과 '포용'을 같이 추구하여야 하며, 그러기 위해서는 경제활동과정에 노동자와 사회구성원들의 '참여'를 중요한 요인으로 제시하고 있다는 사실을 알 수 있다.

그러나 이와 같은 후자의 견해에도 왜 자본주의적 성장과정에서 노동자가 배제되고, 보다 많은 사회구성원들이 경제활동과정에서 배제되게 된 것인지에 대한 보다 근본적인 성찰이 빠져있다는 사실을 유념할 필요가 있다. 말하자면 기존의 경제운영의 기본틀은 그대로 수용한 상태에서 어떻게 하면 배제된 사람들을 포용해낼 것인가 하는 방식으로 접근하고 있다는 사실을 알 수 있다. 이렇게 되면 끊임없이 성장을 추구하고, 그 과정에서 배제된 노동자나 계층들을 성장과정에 다시 투입하는 인위적 노력이 지속되어야 한다. 그래서는 체제의 지속성을 보장하기 어렵다. 더구나 오늘날과 같은 초고도기술사회에서 우리 인류는 물질적 삶의 수준이라는 관점에서 볼 때 전 인류가 생활하는데 부족함이 없는 물적 풍요를 경험하고 있음은 주지의 사실이다. 상황이 이러한데도 후자의 견해에도 여전히 '성장' 자체가 중요한 요인으로 자리잡고 있다는 점에서는 앞의 견해와 크게 다르다고 보기 어렵다.

2. 비판에 대한 극복으로서 ‘포용적경제’

위에서 지적한 바와 같이 ‘포용적성장’ 개념을 정의하는 과정에서 ‘포용적성장’ 개념이 갖는 ‘포용’과 ‘성장’이라는 서로 다른 가치의 상충으로 인해 개념 정의부터 적지 않는 견해 차이가 표출되어 왔음을 알 수 있다. 이와 같은 개념 정의상의 혼란은 현실적으로 구체적인 정책방향 설정이나 정책수단의 선택에서 혼선을 야기시키기 마련이다. 무릇 정책적 개념은 그 개념 정의 자체가 분명해야 정책목표가 뚜렷하게 설정될 수 있고, 나아가 그에 상응한 정책수단이 선택될 수 있다. 포용적성장의 ‘개념’ 자체를 재고해야 할 필요성은 바로 이러한 연유에서 비롯된다. 여기서는 이러한 맥락에서 먼저 ‘포용적성장’ 개념에 대한 비판적 극복을 위한 노력의 일환으로 ‘포용적경제’라는 개념을 사용하자는 주장이 폭넓게 제기되고 있음을 보이고자 한다.[26)]

영국의 주도적인 도시지역연합체의 하나인 광역맨체스터 연합체(Greater Manchester)에서 행해진 연구들에서는 대부분의 이해관계자들이 ‘포용적성장’이 갖는 위와 같은 문제점을 극복하기 위해서는 ‘포용적성장’ 개념 대신에 ‘포용적경제’ 개념을 선호한다는 사실을 보여주고 있다. 구체적으로 그들은 ‘포용적경제’를 단순히 성장에 초점

26) 물론 모두가 다 이런 주장을 하는 것은 아님을 유념하기 바란다. 대표적으로 Lee 같은 이는 ‘포용적성장’은 어느 한 곳에 초점을 맞추지 않는 한 제대로 실제 생활과정에 영향을 주기가 어렵다면서, ‘포용적성장’ 정책이 현실에서 유용한 의미를 갖기 위해서는 먼저 개념을 명확히 할 필요가 있다고 지적하고 있는 것을 볼 수 있다(Lee, 2018, p.7L). 그러나 그는 이 개념이 이처럼 모호하다는 사실은 인정하면서도 본문의 맥락과는 달리 여전히 관련된 다른 개념에 비해 전반적으로 정책목표가 보다 선명한 개념이라는 견해를 피력하고 있다. 구체적으로 그는 이 개념은 분배의 중요성을 강조하는 개념으로서, 개념상의 모호성은 오히려 정치적으로 수용 가능하고 여러 이해관계자들에 의해서 사용될 수 있어서 현실적으로 도움이 되는 개념이라고 주장하고 있는 것을 볼 수 있다(Lee, 2018, pp.8R-9L).

을 맞추지 않고 보다 폭넓게 사회적 목적에 봉사하는 경제로 보고 있다. 뿐만 아니라 영국 빈곤문제 해결을 위한 독립된 연구재단인 JRF(Joseph Rowntree Foundation) 주관하에 Sheffield Hallam 대학에서 행해진 포용적성장에 관한 연구에서도 같은 입장을 보이고 있다(RSA, 2016, p.4L). 한편 전 세계적인 차원에서 인류의 복지증진을 위한 임무 수행의 일환으로 '포용적경제' 촉진을 위한 활동을 특별히 지원해온 미국의 Rockefeller 재단은 '포용적경제'를 "보다 많은 사람들이 번영을 공유하는 경제, 특히 자신의 생존과 발달과정에서 가장 큰 장애를 겪고 있는 사람들에게 보다 많은 기회가 주어지는 경제"로 정의하고 있는 것을 볼 수 있다. 아울러 이 재단은 이러한 '포용적경제'의 특성을 '공평', '참여', '성장', '지속성', '안정성'을 들고 있으면서도, 그 유기적 상관성을 강조함으로써 궁극적으로 누구도 배제되지 않는 가운데 지속가능한 경제시스템을 그리고 있는 것을 알 수 있다(Benner & Pastor, 2016, pp.3, 13).

한편 개별연구가들로는 Burch 등이 아예 '포용적성장' 개념은 원래 시장자유주의자들이 자본주의적 성장 과정에서 하나의 틀로 자리 잡아오고 있는 사회적, 경제적 불공정 상태를 은폐하기 위한 단순한 위장술에 불과하다면서 '포용적경제'라는 용어를 사용할 것을 주장하고 있는 것을 볼 수 있다(Burch & McInroy, 2018, p.2). 이러한 인식에서 이들은 '포용적경제'를 "본질적으로 시장자유주의를 거부하고 사회적 목적에 부응하는 경제로서, 경제를 재조직하여 소유권을 보다 광범하게 부여함으로써 사회적, 경제적 정의와 환경의 지속성, 그리고 모두의 번영을 위해 기능하게 되는 경제"로 정의하고 있는 것을 볼 수 있다(Burch & McInroy, 2018, p.6).

한마디로 '포용적경제' 개념 사용을 주장하고 있는 위의 여러 견해 속에는 앞에서 보인 '포용적성장' 개념 정의 중 후자, 즉 '포용'을 강조하는 개념과 맥을 같이 하고 있는 것으로 볼 수 있다. 그럼에도 불구하고 '포용적경제' 개념은 그 후자의 개념도 배제 극복을 중시하고는 있으나 그러한 배제가 나타나게 된 근본적 원인 극복의 문제까지는 다루고 있지 않고 있다는 반성에서 등장한 개념이라는 사실을 유념할 필요가 있다. 말하자면 '포용적경제' 개념은 오늘날 자본주의경제에서 '배제' 극복을 통한 성장의 장기적인 동력 회복이라는 차원이 아니라, 그러한 상황이 심화되게 된 보다 근본적 원인에 초점을 맞추고 있는 개념이라는 점을 유념할 필요가 있다.

지금까지의 제 논의의 핵심 논점을 종합하여 여기서는 '포용적경제'를 "현 단계 우리들의 경제생활과정에서 더욱 심각해지고 있는 '배제' 현상을 극복하여 '사회의 지속성'을 확보함으로써 모든 구성원들의 생존과 발달이 보장되는 경제활동"이라 정의하고자 한다. 이제 이하에서는 '포용적성장' 개념이 '포용적경제' 개념으로 대체되어야 할 필요성 내지 근거를 보다 구체적으로 제시해보고자 한다. 먼저 '경제'의 '개념'에 대한 재인식을 통해서 확인하고, 이어서 오늘날 '포용적성장' 개념이 등장하게 된 역사적, 사회경제적 배경을 통해서 제시해보고자 한다.

1) '경제' 개념에 대한 재인식과 '포용적경제' 개념의 필요성

먼저 '포용적경제' 개념은 사실상 '경제' 개념에 대한 인식의 보다 근원적인 차이에서 유래되는 것이라는 사실을 유념할 필요가 있다. 일찍이 Polanyi는 '경제' 개념을 '형식적 경제'와 '실체적 경제'로 나누어 파악하였다.[27] 이제 이와 같은 '경제' 개념에 대한 서로 다른 인식

27) Polanyi의 이와 같은 '경제' 개념의 구분에 대해서는 Polanyi(1957, pp.243-250)를 참고.

의 입장에서 '포용적성장' 개념 성립의 가능성을 검토해보고자 한다.

가. '형식적 경제' 개념과 '포용적성장'

먼저 '형식적 경제(formal economy)'는 "불충분한 수단들을 서로 다른 용도로 사용할 때 필연적으로 제기되는 선택행위"를 의미하는 것으로 정의하고 있다. 이 견해는 우리가 흔히 접하는 근대경제학적 문헌에서 제시되는 '희소성'을 전제로 한 '선택행위'를 경제행위로 파악하는 입장에 해당된다.[28] 이렇게 경제행위를 유한한 수단으로 무한한 욕구를 충족시키기 위한 선택행위로 본다는 것은 결국 경제행위를 '수단과 목적' 사이의 관계로 인식한다는 것을 의미하며, 그것은 바로 비용과 편익 사이의 관계로 경제행위를 인식한다는 것을 의미한다. 이러한 인식의 입장에서 보면 경제행위의 개념, 즉 선택행위는 늘 단순한 선택행위가 아니라 보다 적은 자원으로 보다 많은 물건을 만들어서 보다 많은 욕구를 충족시켜주는 행위를 일컫는 것으로 이해된다. 결국 이 입장에서는 '경제행위'는 늘 '합리적 선택행위'로 인식하게 되며, 그것은 적은 비용으로 보다 많은 편익을 얻어낸다는 소위 효율 중심의 선택행위만을 경제행위로 인식한다는 것을 의미한다(우명농, 2019a, pp.33-37).

이렇게 경제행위를 인식하게 되면, '경제'는 곧 더 나은, 더 많은 축적으로서 '성장'을 의미하게 되며, 성장을 멈추면 경제생활은 멈추게 되는 것으로 파악한다는 사실을 의미한다. 이런 입장에서는 배제가 일상화된 자본주의적 성장 과정에서 '포용적성장'을 주장하더라도, 그것은 당연히 잃어가는 성장의 동력을 살리기 위해 '포용'이 필요하다는 차원에서 '포용적성장'의 개념이 주창되게 되는 것은 매우 사연

28) 이와 같은 정의는 우리가 흔히 접하는 소위 신고전파종합의 주류경제학에서 정의하는 내용임은 주지의 사실이다.

스러운 논리적 귀결이라는 것을 알 수 있다.

나. '실체적 경제' 개념과 '포용적경제'

한편 Polanyi는 "인간이 자연 및 사회적 환경과 상호작용하면서 물질적 욕구를 충족시키는 과정"을 '실체적 경제(substantive economy)'라 일컬으면서 전술한 '형식적 경제' 개념과 차별성을 부각시키고 있다. 말하자면 그는 '경제행위'를 당위적인 '합리적 선택행위'로 파악한 것이 아니라 "실제 생활과정에서 행해지는(경험되는) 물질적 생활 자체"로 파악하고 있다는 것이다. 그런데 실제 현실에서 경험하는 물질적 삶의 현상이라는 것은 인간과 인간이 직면하고 있는 여러 환경들 사이의 상호작용에 대한 '제도화된 과정(instituted process)'[29]으로 나타나기 마련이다. 이러한 의미에서 '경제행위'는 보다 일반적으로 제도경제학적 논자들에 의하면 "사회생활에 참가하고 있는 구성원들의 생활상의 필요 또는 욕구를 충족시켜주기 위해 재화 또는 용역이 공급되는 행위(그 사회적 방식)"[30]이라 정의되고 있다. 이러한 맥락에서 보면, 결국 우리가 '경제행위' 내지 '경제문제'를 다루는 경우 중요한 것은 어떻게 하면 값싸게 보다 많은 물건을 만들어낼 것인가 하는 문제가 아니라, 특정 사회구성원들이 살고 있는 현실 사회에서 인간과 인간 사이의 관계, 그리고 인간과 자연 사이의 관계가 어떻게 맺어지면서 그들의 물질적 삶이 유지되고 나아지고 있는지 여부가 중요하게 인식되게 된다(우명동, 2019a, pp.39-44).

이러한 인식에서 보면, 오늘날 초고도기술 사회에서 심화되고 있는 자본주의의 위기적 상황을 극복하기 위해 등장한 '포용적성장'이라는

29) 이와 관련한 보다 자세한 내용은 Polanyi(1957, p.248)를 참고.

30) Gruchy를 비롯한 현대 대표적인 제도주의 경제학자들의 견해를 참고할 것 (Gruchy, 1987, pp.21, 23(Whalen, 1992, p.62)).

개념은 '성장'을 추구하는 (비용과 편익의 관계에서 파악된) '경제' 개념이 아니라 사회구성원들의 삶 자체를 다루는 '실체적 경제' 개념을 담아내는 '포용적경제'라는 개념이 더 타당하다는 사실을 알 수 있다. 한마디로 우리는 현실적으로 광범하게 사용되고 있는 '포용적성장'이라는 개념이 등장하게 된 보다 근원적인 문제를 담아내려면 그 개념 정의상 '포용적경제' 라는 개념을 사용하는 것이 더 바람직하다는 사실을 알 수 있다. 이는 전술한 바와 같이 '포용적성장' 개념을 사용할 경우 포용과 성장이라는 두 가치의 상충으로 인해 현실에서의 적용과정에서는 왜곡이 더 깊어질 수 있다는 점을 고려해보면 더욱 그러하다는 사실을 알 수 있다.

아울러 포용적경제 개념이 더 적절함은 포용적성장 개념이 등장하게 된 역사적, 사회경제적 배경 속에서도 확인될 수 있다. 이하에서 이러한 사실을 확인해보고자 한다.

2) 역사적, 사회경제적 배경을 통해서 본 '포용적경제' 개념의 필요성

무릇 '포용적성장' 개념이 등장하여 세계적으로 관심을 불러오고 있는 것은 단순히 성장에 뒤처진 계층들에 기본적인 삶을 보장해주지는 뜻이 아니다. 유사한 맥락에서 분배가 성장을 불러온다는 차원의 얘기도 아니다.[31] 오늘날 세계는 극소전자혁명(microelectronic revolution)으로 생산과정의 자동화가 가속화되어 오는 과정에서 생산과정이 더욱 정교해지면서 급기야 로봇이나 인공지능(AI)이 생산을 지배하는 초고도기술사회, 소위 제4차산업혁명 시대로 접어들어 있다. 생산력은 비약적으로 높아졌다. 오늘날 우리네 생산체계는 이미 전 인류가

31) 앞에서 본 것처럼 OECD나 RSA의 경우와는 달리 IMF나 World Bank 등에서는 이러한 견해를 취하고 있는 것을 볼 수 있다.

먹고 살고도 남을 만큼의 재화나 용역이 만들어지는 세계가 되어 있다. 그것도 인공지능 기능을 장착한 로봇이 각 소비자에게 맞춤식의 물건을 만들어내는 상황이 전개되고 있다. 분명히 우리 인류에게 큰 삶의 진전으로 바라볼 수 있는 상황이다.

그러나 문제는 로봇과 인공지능이 그토록 생산력이 높고 편리한 물건을 만들어내는 과정에서 점점 사람이 필요 없어지는 단계로 다가가고 있다는 점이다. 그것도 아주 빨리 그러한 방향으로 나아가고 있다는 사실이다. 이미 우리 주변에서도 자주 목격되는 일이다. 생산활동은 이루어지는데 생산과정에서 노동은 점점 더 그 필요성을 잃어가고 있다. 결국 전체적으로 성장은 있어도 노동자들의 소득은 줄어들고, 결국 광범한 노동자들의 소득이 바탕이 되어 만들어지는 소비는 줄어들고 있다. 생산자는 있는데 소비자는 점점 줄어들고 있다. 그리고 또 다른 한편에서는 생산에 필요한 고도기술이 장착된 자본의 단위당 비용이 커가면서 생산과정을 담당하는 기업도 점점 자본력이 큰 대기업으로의 집중현상이 심화되고 있다. 그러니 지역별로도 그러한 생산과정을 반영하여 특정 지역은 커가는데 나머지 지역은 그 존립 기반을 잃어가고 있다. 요즈음 세간에 듣기도 놀랍게 '지역소멸'이라는 얘기가 회자되고 있는 것도 이런 현상의 하나로 볼 수 있다. 이러한 추세가 갈수록 빨라지고 있다.

한마디로 사회를 구성하는 제 계층들의 관계가 단절되고 있다. '관계'가 단절된다는 것은 제 관계를 전제로 하는 한 사회의 '지속가능성'이 무너져가고 있다는 것을 말한다. 개별적으로 볼 때 이러한 '관계'의 단절 현상과 그 조정의 과정은 사회 전체적으로 보면 끊임없이 주기적 경기변동의 빈도를 늘리고 그 깊이를 더 깊게 하는 모습을 띠고 나타난다.[32] 세계 각국이 '포용적성장'의 문제를 심각하게 들고 나온 것도 전 세계적으로 바로 이러한 위급한 상황이 전개되고 있다는 것을 읽은데 기인한 것으로 판단된다. 무너져가는 '관계'를 다시 복원하지 않으면 우리 사회질서가 무너지게 생겼다. 이와 같이 생산과정에서의 생산방식의 변화가 가져다 준 절박한 사회의 지속성 회복에 대한 요구가 '포용적성장'으로 나타나고 있는 것이다.

이러한 상황과 관련하여 '포용적성장' 개념은 사회적 정의나 빈곤과의 싸움 등과 달리 그 개념의 기원이 분명하지 못하다고 보는 논자들도 있다(Burch & McInroy, 2018, p.5). 그러나 위와 같은 맥락에서 보면 '포용적성장' 개념은 오늘날과 같은 초고도기술사회에서 점점 그 속도를 더해가는 제 계층들 사이의 관계의 단절을 복원시킨다는 긴박한 사회적 요구를 반영한 개념이라는 사실을 알 수 있으며, 이런 점에서 보면 보다 강건한 역사적, 사회경제적 배경 속에서 등장한 개념임을 알 수 있다. 요컨대, '포용적성장' 개념은 오늘날 사회구성원들의 절박한 물질적 생활의 지속성 자체를 다루는 개념이라는 점에서 '포용적경제' 개념으로 자리매김하는 것이 이 개념이 등장하게 된 역사적, 사회경제적 배경에 더 부합한다는 사실을 인식할 수 있다.

---

32) 오늘날 주기적 경기변동이 더 빈번하고 깊어지고 있는 것도 바로 이러한 연유에서 기인하는 것으로 볼 수 있다. 그 과정에서 금융당국은 파생상품 등 각종 새로운 금융기법을 동원하여 생산활동을 통한 잉여에 바탕을 두지 않는 각종 가계의 소득으로부터 소비를 부추겨보기도 하지만 결국에는 힘에 부쳐 급기야 경제의 주기적 진폭을 점점 더 빈번하고도 깊게 만들고 있다. 그러한 조정의 과정에서 일시적으로는 '관계'가 다시 살아나는 듯 보이지만 궁극적으로는 더욱 더 취약해지는 결과를 낳고 있는 현상을 볼 수 있다.

1-3 사회적경제와 포용적경제의 관련성과 추진 주체

우명동

이제 지금까지의 논의에 바탕을 두고 '사회적경제'와 '포용적경제'의 관련성을 먼저 개념과 범위의 유사성과 차별성에서 시작하여 역사적, 사회경제적 배경, 그리고 경제체제 등의 관점에서 살펴봄으로써, 양 개념에 대한 이해도를 제고시키고자 한다. 이어서 '사회적경제'와 '포용적경제'를 현실에서 추진하고자 하는 경우 주요 추진 주체와 그들의 역할을 살펴봄으로써 현실적 실행가능성을 점검해보고자 한다.

1. '사회적경제'와 '포용적경제'의 관련성

1) 개념과 범위의 유사성과 차별성

가. 개념의 유사성

우리는 앞에서 '포용적경제' 개념을 설명하면서 다 같이 '경제'라 하더라도 '형식적' 차원과 '실체적' 차원으로 나누어 서로 다르게 이해될 수 있음을 보인 바 있다. 재론하면 '형식적' 차원에서의 경제활동은 목적과 수단과의 관계에서 행해지는 '선택행위'를 일컫는 것으로서, 효용극대화를 추구하는 소비자의 소비활동과 이윤극대화를 추구하는 기업의 생산활동을 전제로 하는 활동을 일컫는 것이었다. 이에 비해 '실체적' 차원의 경제활동은 특정 사회구성원들이 해당 사회에서 실제로 행하는 다양한 물질적 생활 그 자체를 일컫는 개념을 지칭하는 것이었다.

이런 맥락에서 '포용적성장' 개념은 그 개념이 등장하게 된 배경을 반영하지 못한 채 '형식적' 차원의 개념 정의에 머무르고 있다는 점을 밝히면서, '실체적' 차원의 개념을 담아낼 수 있는 '포용적경제' 개념이 필요함을 밝힌 바 있다. 말하자면 이 개념 등장의 원래 취지에 부합하기 위해서는 개념부터 '형식적 경제' 개념에 바탕을 둔 '포용적성장'이 아니라 '실체적 경제' 개념으로 접근하여 '포용적경제'로 대체하는 것이 바람직함을 밝힌 바 있다.

이제 같은 맥락에서 '사회적경제' 개념이 갖는 성격을 확인하기 위해 (앞 장에서 본) '사회적경제' 개념을 다시 한 번 살펴보고자 한다. 다양하게 제시되는 많은 논의들을 종합해보면, '사회적경제' 활동은 단순한 경제적 목적이 아니라 '사회적', '환경적', '문화적' 목적 등을 추구하는 활동으로서, 사회구성원들이 서로 '협력적' 또는 '연대적' 관계를 맺으면서 '자조적'으로 행하는 물질적 욕구충족활동을 의미하는 것으로 요약할 수 있다.[33] 이어 구체적으로 이들이 말하는 이와 같은 목적은 현실적으로 사회구성원들이 '실제 생활과정에서' '필요로 하는' '생활사료의 공급' 등으로 제시되고 있음을 볼 수 있다.[34] 이런 맥락에서 보면 '사회적경제' 활동도 이윤을 목적으로 하는 활동이 아니라,[35] 앞에서 본 '포용적경제' 개념과 그 맥을 같이 하는 '실체적'

33) TFSSE, 2014, p.2; UN Inter-Agency Task Force on Social and Solidarity Economy의 홈페이지(https://unsse.org); CSERP, p.3 등의 내용을 참고.

34) 사회적경제가 보다 활발하게 자리잡고 있는 캐나다의 사회적경제 연구기관인 CSERP(p.3), 캐나다 토론토 대학 도시공동체연구센터의 Quarter et al.(2003, p.3) 등을 참고하기 바란다. 따옴표는 그들의 논점을 강조하기 위해 필자가 첨부한 것임을 참고하기 바란다.

35) 이와 관련하여 설령 '사회적경제' 조직이 영업적 목적을 갖는 경우에도 그것이

차원의 경제 개념에 해당하는 것으로 볼 수 있다.

나. 포괄범위의 차별성

그런데 이처럼 사회적경제가 이윤이라는 획일적인 가치를 추구하는 것이 아니라 사회구성원들의 '생활에 필요한' 욕구를 충족시킨다는 사회적 가치 충족을 목적으로 하는 만큼 주어진 사회에 시대에 따라 다양한 형태와 수준으로 나타날 수 있다는 사실을 유념할 필요가 있다(우명동, 2019a, p.77). 무엇보다 사회, 즉 공동체의 필요에 따라 현실적으로 '사회적경제'는 전통적으로 협동조합, 상호부조를 비롯하여, 사회적기업, 나아가 자조적 활동집단, 비공식 노동자 집단, 사회적 서비스 공급활동을 담당하는 비영리 민간단체, 지역화폐 및 기타 대체 금융기법 등 다양한 형태로 나타난다.[36] 그런데 이러한 서로 다른 형태들은 각 사회의 특성 내지 해당 사회의 경제발전단계 등에 따른 해당 사회구성원들의 생활상의 욕구를 충족하는 방식의 차이에서 기인하는 것으로 볼 수 있다. 이렇게 보면 결국 사회적경제의 구체적인 형태나 수준 등은 특정 지역이 처한 사회적, 시대적 성격에 따라 서로 다르게 나타난다는 사실을 알 수 있다. 그러나 어느 경우에도 '사회적경제'는 사회구성원들의 생활상의 욕구 문제를 다루는 개념으로서, 그 '기저(bottom line)'에는 그들의 '기본적인 물질적 생활상의 욕구'를 충족시키기 위한 활동이라는 사실이 내재되어 있다는 사실을 인식해둘 필요가 있다.[37]

사회적 목적을 압도하게 되면, 이미 그 조직은 '사회적경제'로 분류되지 못한다는 점을 유념하기 바란다(Quarter et al., 2003, p.3을 참고).

36) 사회적경제의 다양한 형태에 대해서는 전게 Utting(https://unsse.org); TFSSE, 2014, p.2; Quarter et al., 2003, pp.1-2; Vicker et al., 2017, pp.9-10 등을 참고.

37) 조혜경, 2018, p.7에서도 '사회적경제'를 "인간의 기본필요와 욕구"를 충족하는 경제활동임을 지적하고 있는 것을 참고.

이에 비해 앞에서 본 '포용적경제' 개념은 기본적인 물질적 생활의 보장한다는 차원을 넘어 경제활동 전반을 대상으로 하는 것이었다는 점에서 차이가 있다. 말하자면 '포용적경제' 개념은 무한한 이윤추구를 대상으로 하는 오늘날 경제활동 과정에서 단절되어 가는 제 계층들 사이의 관계를 복원함으로써 전체적으로 한 사회의 경제질서 전반의 지속성을 보장한다는 보다 광범한 범위를 대상으로 하고 있음을 유념할 필요가 있다.

2) 역사적, 사회경제적 배경 면에서의 차이

가. '사회적경제'의 배경

'사회적경제' 개념은 그 역사적 뿌리가 깊은 개념이다.[38] 자본주의 발전과정에서 나타난 '사회적경제' 관련 흐름을 개관해보자. 일반적으로 '사회적경제'는 1844년 Rochdale Pioneers가 만든 소비자 협동조합에서 그 원형을 찾는다. 이 협동조합은 18세기 중엽 시작된 산업혁명 이후 대량생산으로 인해 많은 사람들이 빈곤층으로 전락함에 따라 1844년 소비자 협동조합을 만들어 지역주민들에게 양질의 식품을 저렴하게 제공한 것이 시초가 되었다.[39] 이들은 '집합적 행동'을 통해 주민들의 민주적 연대를 만들고 그들 스스로 기본적인 생활상의 욕구를 충족시키기 위한 역량 강화를 강조하고 있다는 점에서 큰 의미를 갖는 것이었다.

이와 같은 사회적 취약계층을 중심으로 주민의 연대에 의해 생활상의 애로를 극복하기 위한 노력은 20세기 초중반이 되면서 공공당국

38) 이하 사회적경제의 역사에 대한 개관은 Utting, 2015, pp.12-13: 장종익, 2020, pp.28-30 등을 참고.

39) 유병선(2016)에서 소개되고 있는 내용을 참고.

에 의한 사회적 보호와 시장규제로 대체되는 양상을 보였다. 이 과정에서 주민들에 의한 기존의 협동 형태의 활동은 오히려 밀려나는 경향을 보였다. 말하자면 '케인지언 복지국가체제'가 등장하면서 정부에 의한 기본적인 사회적 서비스의 공급 형태로 바뀌면서 사회적 균열의 일부를 메우는 역할을 담당하였다. 그러나 이와 같은 복지국가체제하에서의 기본적인 사회적 서비스의 공급은 그와 같은 계층이 발생하게 된 원인을 치유하는데 기여한 것이 아니라 밖으로 나타나는 결과적 문제를 일시적으로 풀어가는 기능을 수행하는데 초점이 맞추어지고 있었다.

이와 같은 사회적경제의 역사적 흐름은 20세기 후반 소위 생산방법상 나타난 극소전자혁명으로 추동된 세계화에 맞선 '대안 세계화 운동(alter-globalisation movement)'과 다수의 사회적경제 조직의 실천 운동으로 대체되기 시작하였다.[40] 이렇게 새롭게 등장한 '사회적경제'는 종전의 '사회적경제의 전통'으로부터 발전한 것으로 협력적 민주주의 부활로 간주되었다. 오늘날 확산되고 있는 이와 같은 새로운 '사회적경제' 활동은 협동, 상호주의, 비영리라는 사회적경제의 전통적인 원리를 넘어서서 비시장적 경제활동 부문에서 풀뿌리민주주의 조직으로까지 관심분야가 확장되어오고 있다. 이렇게 보면 초기의 사회적경제에 비해 20세기 후반기 이래의 사회적경제 활동은 단순하게 취약계층의 기본적인 생활상의 욕구 충족을 위한 자조적 활동이라는 차원을 넘어서서 고삐 풀린 시장질서에 대한 사회 기저층의 보다 광범하고 근원적인 자기보호 활동의 일환으로까지 발전해오고 있다는 것을 알 수 있다.

40) 이들은 이러한 운동을 Polanyi(1944(홍기빈 역, 2009), pp.408-410)가 지적하고 있는 자기조정시장 기제가 가져온 사회적 갈등에 대한 자생적 반대운동의 일환으로 파악하고 있다.

나. '포용적경제'의 배경

'사회적경제' 개념과 달리 앞에서 살펴본 바와 같이 '포용적성장' 내지 '포용적경제' 개념은 비교적 최근, 초고도기술사회에서 그 연원을 두고 있다. 원래 자본주의사회에서 제 계층들 사이의 관계 단절이라는 상황은 자본주의 출범 자체에 그 뿌리를 두고 있다. 그러나 그동안은 새로운 기술발전이 새로운 산업과 일자리를 만들어내면서 사회 제 계층들 사이의 관계와 갈등이 크고 작은 기복을 수반하면서도 큰 문제없이 해소되어 왔다. 그러나 자본주의적 경제운영과정에서 끝없는 축적욕구에 추동되어 초고도기술사회로 넘어오면서 그동안과는 크게 다른 상황이 노정되게 되었다. 고도의 자본력과 높은 기술수준을 요구하는 초고도기술사회에서는 우리 사회 제 계층들 사이의 관계 단절이 더욱 극단적으로 일상화되는 단계에 이르게 되었다.[41] '포용적경제' 개념은 현 단계 자본주의 발전과정에서 바로 이와 같이 극단적으로 단절되어 가는 사회 제 계층, 제 지역 간의 관계를 회복하여 우리 사회의 지속성을 확보하고자 하는 절박한 역사적 과제로 등장하게 된 것임을 유념할 필요가 있다.

---

41) 물론 4차산업혁명이라 일컬어지는 초고도기술사회에의 일자리 변화추세를 놓고는 많은 엇갈리는 관찰과 주장들이 제시되고 있는 것은 사실이다. 그러나 많은 경우 현상적으로나 논리적으로 초고도기술사회에서 생산방식의 변화로 일자리가 크게 줄어들고 있다는 비관적 견해를 제시하고 있다. 물론 낙관적인 견해를 제시하는 경우도 없지 않다. 그러나 이 경우도 새로운 일자리는 최상위 기능 및 기술 친화적인 일자리가 중심이 되어 고용감소와 불평등 확대가 예상된다는 사실은 수용하면서, 이에 대한 다양한 당위적 대응방안을 제시하는데 초점을 맞추고 있는 것을 볼 수 있다(고상원 외, 2017; 과실연, 2017 등 참고). 이와 관련하여 한국노동연구원이 고도기술발전에 따른 일자리 문제를 연구한 한 연구에서 "인간이 더 많은 선택지를 갖게 될지, 아니면 '바닥을 향한 질주'를 하게 될지는 우리가 만들어가는 '제도', 그리고 이를 통한 노동자들의 협상력 수준에 달려있다"면서 4차산업혁명과 일자리 관계를 결론짓고 있는 것도 이러한 사실을 반영하고 있는 것으로 판단된다(장지연 외, 2017, p.187).

이미 일찍부터 Marx는 자본주의의 성립·발전 과정을 분석하면서 자본주의가 성숙단계로 가게 되면서 이러한 상황이 나타날 수밖에 없는 필연성을 갈파하고 있었다.[42] 그런데 자본주의 체제가 오늘날과 같은 고도기술사회로 오면서 그 동안 잠재해있던 위기적 상황이 현실에서 적나라하게 표출되기에 이른 것이다. 이렇게 보면 '포용적 성장' 논의에서 제기되는 "제 관계 복원의 문제", 즉 "우리 사회의 지속가능성 확립의 문제"는 결국 초고도기술사회에 다다른 오늘날 자본주의사회에 와서 체제 유지 내지 새로운 체제에 대한 전망이라는 역사적 과제로 주어지게 된 것이라는 사실을 알 수 있다. 이렇게 보면 '포용적성장' 개념은 그 역사적 배경이 보다 오래된 '사회적경제'와 역사적, 사회경제적 배경을 달리하고 있다는 점을 유념해둘 필요가 있다.

3) 경제체제 관점에서의 차이

가. 사회적경제와 경제체제

우리가 앞에서 사회적경제가 사회적 목적을 갖고 있다고 했던 것은 해당 사회구성원들이 자신들의 협동과 연대를 통해 그들 스스로 기본적인 생활수준을 지속적으로 확보하고자 한다는 것을 의미하는 것으로 볼 수 있다. 그런 맥락에서 보면 '사회적경제'란 특정 사회구성원들의 기본적인 물질적 생활이 어떻게 유지되고 발달되는지를 다룸으로써, 그것을 바탕으로 해서 전체적으로 해당 사회구성원들의 물질적 생활의 틀이 사회적으로 어떻게 구려지는지를 규정짓는 기본적인 질서의 하나로 볼 수 있다.

42) 이러한 내용이 Marx 사적(史的) 유물론의 변증법적 변화의 역사적 귀결임은 주지하는 바와 같다.

우리는 흔히 "인간의 경제생활의 제 부문, 즉 생산, 교환, 분배, 소비행위를 질서지우고 통합하는 양식" 내지 한 사회의 "경제문제를 해결하는 틀"을 '경제체제'라 일컫는다.[43] 이러한 경제체제의 맥락에서 보면, '사회적경제' 개념은 자본주의적 틀을 취하는 사회이든 그렇지 않은 사회이든 그 사회의 경제운영 과정에서 배제되거나 소외된 계층들이 있는 사회이면 경제체제의 유형을 초월하여 성립될 수 있는 개념임을 알 수 있다. 말하자면 어느 사회이든 소외된 계층들로 하여금 어떻게 하면 자신들의 생활을 보호하고 유지해낼 수 있을 것인지에 대한 문제해결의 일환으로 등장한 개념이라 할 수 있다. 이처럼 '사회적경제' 개념은 전술한 바와 같이 시대를 초월하는 개념일 뿐 아니라, 특정 경제체제 내지 이념을 초월하여 경제활동을 사회적 차원에서 재인식하고 그러한 사고를 더욱 발전시켜나가는 과정에서 스스로 만들어진 개념임을 알 수 있다.[44]

나. 포용적경제와 경제체제

그런데 '포용적경제' 개념은 '사회적경제' 개념과 달리 자본주의 역사발전 단계상 특수성을 띠고 등장한 개념이라 점을 다시 한 번 상기힐 필요가 있다. 앞에서 지적한 바와 같이 '포용적경제' 개념은 생산기술이 고도로 발달된 현 단계 자본주의사회에서 생산방식의 변화로

---

43) '경제체제'의 개념도 구체적으로는 '경제' 개념을 어떻게 규정짓는지에 따라 서로 다르게 정의되기도 하나, 한 사회의 경제문제를 해결하는 틀이라는 점에서는 그 궤를 같이 한다는 점을 유념하기 바란다(우명동, 2019a, pp.106-120을 참고).

44) 이러한 사실의 지적과 더불어 Ninacs(2002)는 '사회적경제' 개념은 전형적으로 사회민주주의의 산물도 아니며 그렇다고 개입주의적 이념의 산물도 아니다. 오히려 이 개념은 경제적 내지 사회적 차원에서 민주주의를 실현하는 하나의 모델로 추구되어 왔다고 하고 있는 것을 참고하기 바란다(Ninacs, 2002, p.13을 참고).

인해서 등장하게 된 개념이다. 말하자면, 생산과정에서 자본과 노동이 단절되고, 생산과 소비가 단절되며, 대기업과 중소기업이 단절되고, 더 나아가 지역과 지역이 단절되는 단계에 이르러 기존의 경제운영틀로 우리사회의 물질적 생활이 지속적으로 유지·발전될 수 있는지의 문제에 대답하는 과정에서 등장한 개념이다.

우리는 앞에서 '경제체제'를 한마디로 한 사회에서의 경제문제를 해결하는 틀을 일컫는다 하였다. 이와 같은 경제체제의 맥락에서 보면, '포용적성장' 내지 '포용적경제' 개념은 체제를 초월한 '사회적경제' 개념과는 달리, 특정 단계의 경제질서를 다루는 개념임을 알 수 있다. 말하자면 '포용적경제' 개념은 초고도기술단계 경제사회가 당면한 경제문제를 해결하는 틀로서 오늘날 '경제체제'에 관한 문제로 볼 수 있다. 구체적으로 '포용적경제' 개념은 현 단계의 경제체제가 지속성을 확보하기 위해서는 오늘날 여러 나라에서 회자되는 기본소득제도를 수용하여야 할 것인지, 아니면 로봇이나 인공지능과 같은 주요 생산수단을 사회적으로 관리하여야 할 것인지 어떻게 관리하여야 할 것인지 등의 문제를 다루는 개념임을 유념할 필요가 있다.

4) 기능과 운영 면의 상관성

가. 기능 면에서의 상호보완성

무릇 한 사회의 '지속성을 확립'하는 일은 어느 경우에도 사회구성원들의 '최저한의 생활조건'이 전제되지 않고서는 불가능하다. 이러한 맥락에서 볼 때 오늘날과 같은 초고도기술사회에서 우리 사회의 '지속성을 확립'하는 일도 큰 틀에서 '경제체제'의 문제로서 '포용적성장' 내지 '포용적경제' 체제의 문제에 해당되겠지만, 그러한 틀의 지속성을 확립하기 위한 기본적인 '최저한의 생활조건'을 확립하는 일은 '사회적경제'의 역할이라 할 수 있다. 이렇게 보면 이 두 개념은 서로 역사적 배경은 달리하더라도 현 단계에서는 서로가 서로를 필요로 하는 상호 보완적 개념임을 알 수 있다.[45)]

이러한 논의와 관련하여 현실적으로 '포용적경제'의 대표적인 정책 수단으로 폭넓게 논의되고 있는 '기본소득제도'가 갖는 의미를 되새겨보는 것은 두 개념의 관계를 이해하는데 도움이 될 것으로 판단된다. '기본소득 제도' 또한 한편으로 최저한의 생활조건을 확립해가면서 궁극적으로 하나의 경제질서로서 특정 사회 내의 제 계층 사이의 관계의 지속성을 확립하고자 하는 의도를 담고 있는 제도라 할 수 있다. 그리고 여기서 논의하고 있는 '사회적경제' 개념 또한 사회구성원들의 기본적인 생활을 유지하기 위해 제시되는 다양한 방안 중의 하나이면서도 한 사회의 지속성을 확보하기 위해서는 반드시 필요한 개념이라 할 수 있다. 이렇게 보면 궁극적으로 이 두 정책적 개념은 "사회구성원들의 기본적인 생활수준을 보장"해가면서, 오늘날 위기적 국면에 노정되어 있는 우리 "사회의 지속성을 확보"하고자 한다는 점에서 맥을 같이 하는 개념이라 할 수 있을 것이다.

한편 '기본소득'은 사회 각 계층들 사이의 관계의 지속성 확보를 통해 사회의 지속성을 확보하는 것을 목적으로 한다는 점에서, 그 수준은 사회와 시대에 따라서는 최저생활수준이 아니라 더 높은 수준이 논의될 수도 있다. 마찬가지로 '사회적경제' 개념도 앞에서 본 바와 같이 원래 취약계층의 최저생활보장을 목적으로 출발한 개념이기는 해도 오늘날 보다 근원적으로 사회구성원들의 민주적 역량의 확보를

45) 우리 정부가 "사회적 경제가 포용(적) 성장의 주역"으로 인식하고 있는 것도 같은 맥락이라 판단된다(관계부처 합동, 2018. 2. 8., p.2).

이와 관련하여 Vicker 등은 특히 사회적경제가 포용적성장에 미치는 영향이라는 관점에서 사회적경제와 포용적성장의 관계를 집중적으로 다루고 있으니 참고하기 바란다(Vicker et al., 2017, pp.11, 13-24).

위한 다양한 활동으로까지 전개되고 있다는 점에서 본래의 목적과 궤를 같이하면서도 그 유형과 수준을 넓혀가고 있다. 이렇게 보면 이 두 정책적 개념은 서로 기능 면에서 공유하는 면이 있을 수 있으며, 그 구분이 불분명해질 수 있는 여지가 없지 아니하다. 그럼에도 불구하고 두 개념이 성립된 역사적 배경 면에서 보면 일정 부분 차이가 있음을 알 수 있다. 말하자면 '사회적경제'는 보다 긴 역사적 배경을 갖고 체제를 초월하여 사회구성원들의 기본적인 생활수준을 유지하기 위한 자조적인 활동으로 출발한 개념인데 비해, 포용적경제의 주요 정책수단의 하나로서 '기본소득'은 사회 제 계층들 사이에 맺어진 제 관계 단절의 극복이 시급한 과제로 등장한 현 단계에서 그러한 관계를 다시금 복원시키고 발전시켜주기 위한 목적으로 등장한 개념이라는 점에서 여전히 차이가 있음을 알 수 있다. 이런 맥락에서 보면 두 경제활동은 여전히 서로가 서로를 필요로 하는 상호보완적인 활동이라는 점을 유념할 필요가 있다.

나. 운영 면에서의 상호보완성

앞에서 우리는 '포용적경제'는 고도기술사회에서 더욱 더 단절되어 가는 사회 제 계층들 사이의 여러 관계를 회복시켜 해당 사회가 지속성을 회복해가는 활동이라 하였다. 그러다 보니 포용적경제는 고삐풀린 시장경제의 작용으로 인해 단절되어진 제 관계의 회복이라는 점에서 원칙적으로 '공적 개입'을 전제로 하는 '공공부문'의 활동이라 할 수 있다. 이와 같은 포용적경제 실현을 위한 정책수단에는 전술한 기본소득제도 이외에도 사회 전반의 제 계층들 간의 관계를 복원해내는 다양한 정책수단들이 더불어 수행되어야 한다. 이 과정에서 중요한 것은 민간부문에서 단절된 제 관계의 회복과 지속성의 확보에 있는 만큼 공공부문이 그러한 정책들을 만들어내더라도 민간이 더불어 참여하여 자신들의 창의력 발휘의 기회로 활용하는 자발적 활동이 수반되지 않으면 포용적경제의 실현을 앞당기기 어렵다는 점이다. 결국 포용적경제를 활성화시키는 일은 그 운영 면에서도 정부의 공적 활동과 구성원들의 자발적인 참여와 협력이 한데 어우러질 때 더 잘 이루어낼 수 있다는 점을 유념할 필요가 있다.

한편 '사회적경제'는 사회구성원들이 스스로의 협력과 연대를 통해 이루어내는 자조적 활동이라 하였던 만큼 어디까지나 '민간부문'의 활동영역에 속한다는 것을 알 수 있다. 그러나 이러한 '사회적경제'도 오늘날과 같이 시장경제가 극단적으로 발달한 사회에서 현실적으로 작동될 수 있기 위해서는 공공부문의 직간접적인 지원이 수반될 필요가 있는 것 또한 사실이다.

이런 맥락에서 보면 '포용적경제'나 '사회적경제'는 전술한 기능 면에서와 유사하게 그 구분이 흐려질 수 있는 점이 없지 아니하다. 그러나 그것은 오히려 추구하는 사회적 지향점을 공유하고 있는 데서 오는 것으로 볼 수 있다. 물론 전자는 정부의 공적 활동을 전제로 하는데 비해 후자는 민간의 자조적 활동에서 출발하였다 하더라도, 두 활동 모두 사회구성워들의 기본생활이 보장되는 가운데서 제 계층들 사이의 관계가 지속되는 사회를 목표로 하는 활동인 만큼 운영 면에서도 민간부문과 공공부문이 서로 어우러질 때 그 실현을 앞당길 수 있는 상호보완적 활동이라는 점을 유념할 필요가 있다.

2. '사회적경제'와 '포용적경제'의 추진 주체와 역할

이제 지금까지 살펴본 사회적경제와 포용적경제의 특성을 염두에 두고, 그와 같은 체제를 구축하기 위한 제 주체와 그 활동에 대해 검토해보고자 한다.

1) 지역 중심 접근의 필요성

우리는 앞에서 '사회적경제' 개념은 한 사회구성원들의 기본적인 생활에 필요한 '사회적', '문화적', 그리고 '환경적' 목적 등에 부응하는 경제활동을 일컫는 개념임을 보았다. 그런데 이러한 목적들은 특정 지역사회의 사회경제적 특성, 또는 해당 사회구성원의 생활상의 관습이나 전통에 따라 달라지는 성격을 갖고 있다. 이런 맥락에서 보면 '사회적경제' 개념은 특정 공간적 범위에 따라 그 형태나 특성을 달리하면서 지역을 중심으로 형성되고 변화해가는 '지역 특성 반영적(region specific) 개념'이라는 것을 알 수 있다.

한편 앞에서 검토해온 바와 같이 '포용적성장' 내지 '포용적경제' 개념은 한 사회 내에 존재하는 여러 계층들 사이의 '제 관계의 복원'을 통한 특정 '사회의 지속성 확보'를 중심과제로 삼고 있음을 보았다. 그런데 이와 같은 '관계'라는 것도 '특정 공간적 범위 내에서' 더불어 살아가는 사회구성원들 내지 그들 사이에 맺어지는 제 집단들 사이에서 형성되고 변화되어가는 속성을 갖고 있다. 결국 '포용적성장' 내지 '포용적경제' 개념도 구성원들이 더불어 삶을 꾸려가고 있는 공간, 즉 '지역의 특성'에 따라 서로 다른 특성을 띠고 나타나는 '지역 특성 반영적 개념'이라는 사실을 유념할 필요가 있다.

이렇게 사회구성원들의 기본적인 삶을 지속적으로 유지시켜나가고 하는 '사회적경제' 개념이나 보다 큰 틀로서 '포용적성장' 내지 '포용적경제' 체제라는 개념은 모두 매우 구체적이고 현실적인 '지역 특정 반영적 개념'이라는 것을 인식하는 것이 중요하다.

2) 공공부문 역할의 중요성

그런데 앞에서 살펴본 바와 같이 사회구성원들의 기본적인 삶을 유지시켜가면서 전반적으로 특정 사회체제를 유지·발전시켜나가는 일은 사익극대화 활동이 전제되어 있는 시장질서 그 자체에서는 스스로 답을 찾을 수 없다. 공공부문의 역할이 필요한 이유이다.

특히 '포용적경제'는 그 필요성이 부각되게 된 배경 자체가 우리 생활을 지배하고 있는 무한한 사적 이익추구 논리와 그를 뒷받침하는 시장 일변도의 경제운영 방식이 낳은 문제에서 비롯된 것이기 때문에 그러하다. 이 말은 결국 현존하는 경제질서 자체에 일정한 변화를 주는 '공공부문'의 개입에 의해 그 방향을 조절해주는 방법이 선행되어야 한다는 것을 의미한다. 그것도 일시적이고 부분적이 아니라 항상적이고 전반적인 경제활동의 변화를 유도해낼 수 있을 때만 실현가능하고 활성화되는 성질을 갖고 있다 할 것이다.

이에 비해 '사회적경제'는 사회구성원들 사이의 '자조적인' 협동과 연대를 통해 만들어지는 기본적인 욕구충족활동을 의미한다는 점에서 '포용적경제'와는 차별성이 보인다. 그러나 그 경우에도 사회적 취약자들의 협동과 연대가 이익추구가 일상화된 현실에서 보다 수월하게 만들어지고 활성화될 수 있게 제도적 내지 법적인 지원이 뒷받침되어야 한다는 점에서 보면 여전히 공공부문의 역할이 중요하다는 점에서는 '포용적성장' 체제의 구축과 크게 다르지 아니하다고 볼 수 있다.[46] 물론 어느 경우이든 공공부문이 구체적으로 어떻게 작동될 것

---

46) 오광성(2017)은 정부의 사회적 경제기업에 대한 '지원 확대'가 사회적 경제와 포용적 성장의 동력이 되리라 믿는다는 견해를 보이고 있는 것을 참고하기 바란다(오광성, 2017, p.86R 참고).

아울러 김용구 외(2019)는 공공부문이 사회적경제조직의 활성화를 위해 사회적 가치 확산을 위한 역할을 수행할 필요가 있다는 점을 비롯하여 공공부문의 자원을 사회적경제조직에 개방하고 상생·협력하여야 한다는 점, 공공부문이 사회적기업제품에 대한 우선적 구매를 확대해나가야 한다는 점 등을 보다 구체적으로 열거해서 설명하고 있는 것을 볼 수 있다. 이와 관련한 보다 자세한 내용은 김용구 외(2019, pp.187-192)를 참고.

인지는 주어진 사회에 따라 달리질 것이나, 공공부문의 역할을 필요로 한다는 사실만큼은 부정하기 어렵다 할 것이다.

가. 정부 간 역할 분담

이제 이렇게 일단 '공공부문'의 역할이 중요하다는 사실을 받아들이고, 아울러 앞에서 지적하였듯이 이 두 개념이 모두 지역특성 반영적인 성격을 갖는다는 점을 동시에 고려해보면, '사회적경제'와 '포용적경제'의 틀을 구축하는 과정에 특히 '지방정부'의 역할이 중요한 의미를 갖게 된다는 점을 알 수 있다. 그것은 이 두 개념 모두 지역친화적 경제시스템 구축의 일환으로 접근해야 하며, 따라서 지방정부가 핵심적 역할을 해야 하기 때문이다. 구체적으로 지역사회의 오래된 인적, 자연적 조건과 그 역사적 특성을 알아야 취약한 지역주민들의 생활상의 기본적인 욕구가 무엇인지를 알아서 그들 사이의 상호부조나 협력 활동을 지원해낼 수 있기 때문이다. 뿐만 아니라 지역사회 구성원들이 맺고 있는 '관계'의 취약한 고리를 파악해내어 그것을 복원하고 강화시킬 수 있는 일을 보다 효율적으로 지원해낼 수 할 수 있는 것은 '지방정부'이기 때문이다.

그렇다고 해도 물론 이러한 '사회적경제'와 '포용적경제' 체제를 구축하는 역할을 지방정부가 전적으로 맡아서 수행할 성질의 것은 아니다. 지방정부가 해야 할 일은 지방정부가 맡아서 수행해야 하지만, 중앙정부도 중앙정부가 해야 할 일을 수행해주어야 한다. 말하자면 '사회적경제'와 '포용적경제' 틀을 구축하는 과정에 국가 전체적으로 요구되는 표준적인 생활수준의 보장이나 이에 상응하는 공적 서비스의 공급은 중앙정부가 맡아야 한다. 그런 가운데서도 지역의 인적, 물적 자원이 갖는 특성에 부응한 활동을 지원하여 사회적경제와 포용적경제 활동을 지원하는 일은 지방정부가 맡는 방식이 되어야 한다.

이와 관련하여 부연해두고자 하는 것은 나라마다 지방정부나 지역사회가 처한 사정이 달라서 동일한 기능이라 하더라도 중앙정부와의 사이에서 규범적이고 선험적으로 기능이나 재원을 획일적으로 배분하는 것은 바람직하지 않을 수 있다는 점을 유념해둘 필요가 있다는 점이다.[47] 예를 들어 해당 공적 기능 자체로 볼 때 당연히 지방정부의 사무로 보이는 경우에도 그 나라가 처한 상황에 따라서는 획일적으로 지방정부의 사무로 배분해내는 것이 바람직하지 않을 수도 있다. 특히 우리나라와 같이 지난 날 의도적인 불균형 성장정책으로 지역간 격차가 심화되어 있는 나라에서는 일정한 공적 기능수행 권한을 지방정부에 주면서 그에 상응하게 획일적으로 세원을 배분하는 정책을 추진하는 경우 취약한 지방은 재정적으로 더욱 취약해져서 해당 기능을 수행해내지 못하는 사태에 직면할 우려가 있음을 유념할 필요가 있다. 그러한 경우는 능력이 있는 지방과 취약한 지방을 재정적으로 차등적으로 다루어 궁극적으로 특정 지방사무가 지방의 의지에 따라 배분될 수 있는 구도를 만들어내는 것이 중요하다.[48]

아울러 지방에 따라서는 지역사회의 토호세력들이 뿌리깊게 자리잡고 지방사무의 수행과정을 '포획'해버리는 경우가 있다는 사실도 염두에 둘 필요가 있다. 이런 경우에는 설령 고유한 지방정부의 사무

47) 소위 전통적인 재정연방주의론자들은 효율성이나 공평성과 같은 획일적이고 표준적인 기준에 의해 중앙정부와 지방정부 사이에 기능과 재원을 배분할 것을 주장하고 있다. 그러나 이에 대한 비판론자들은 한 사회가 갖고 있는 역사적, 정치적, 사회경제적 특성 등을 고려하여 정부 간에 기능과 재원을 배분할 것을 주장하고 있는 것을 참고하기 바란다. 기존 재정연방주의론자들의 견해와 그에 대한 비판적 논자들의 견해에 대한 보다 자세한 논의는 우명동(2019b, pp.115-150)을 참고.

48) 이것이 곧바로 흔히 일컫는 '차등적 분권'이 필요한 이유라 할 것이다. 이 경우에도 지역의 사정이 적절하게 반영될 수 있는 메커니즘을 만들어내는 것이 중요하다는 점을 거듭 유념해둘 필요가 있다.

라도 중앙정부의 역할이 크게 요구될 수도 있음은 물론이다. 이 경우도 다 같이 지방정부의 사무로 배분하더라도 주어진 기능이 제대로 수행되고 있는지 감시·감독하는 메커니즘이 요구될 수도 있다. 그러나 어느 경우에도 중요한 것은 지역의 인적, 물적 자원의 특성이 경제활동 과정에 유기적으로 활성화될 수 있는 방향으로 공적 지원이 이루어질 수 있도록 공적 사무와 재원이 정부 간에 배분되어야 한다는 점은 간과해서는 안 될 것이다.[49)]

요컨대 전국 차원에서 큰 틀을 정하고 유도하는 역할은 중앙정부가 수행하고, 지역 특성 반영적인 구체적인 정책을 수행하는 역할은 지방정부가 담당하는 것이 바람직하다 할 것이다. 이는 '사회적경제'와 '포용적경제' 상태 실현을 위한 공공부문의 역할 수행에서도 사실이라 할 수 있다. 한마디로 '사회적경제'를 통해 기본적인 생활상의 욕구를 충족시켜가는 가운데서 하나의 경제운영 틀로서 '포용적경제' 틀이 제대로 자리매김할 수 있기 위해서는 공공부문의 역할이 중요하며, 그러한 공공부문의 역할은 중앙정부와 지방정부가 각자 고유한 역할을 나누어 수행할 때 비로소 제대로 달성될 수 있다는 사실을 유념하는 것이 중요하다.

나. 정부 역할의 특성

이와 같이 '사회적경제'와 '포용적경제'를 달성하기 위해서 정부 역할이 중요하다고 해도 정부가 어떤 특정한 경제상태를 직접 구상하고 추진해나가는 방식이어서는 안 된다는 사실을 유념할 필요가 있다.

---

49) 이와 관련하여 Bardhan(2002, p.195), Lee(2018, p.8) 등의 논자들도 지역 차원의 성장과 배제 극복과 같은 문제해결에 중앙정부의 적절한 역할 수행을 강조하고 있는 것을 볼 수 있는 바, 이들이 중앙정부의 역할을 강조하는 것도 위와 같은 맥락이라는 점을 참고하기 바란다.

요컨대 중앙정부나 지방정부 모두 지역사회가 만들고자 하는 사회상태를 보다 수월하게 만들어낼 수 있도록 '지원하는 역할'을 수행하는 것이 중요하다.

이와 같은 정부 역할수행에 대한 요구는 많은 논자들에 의해 주장되어 왔다. 이에 대해 대표적인 지역문제 연구가인 Amin은 지역문제를 지원하는 중앙정부의 역할과 관련하여, 중앙정부가 지역문제의 우선순위라든가 프로젝트를 직접 지시하는 방식이 아니라 지역사회의 지속가능체제 구축노력을 촉진하는 역할을 수행할 것을 주장한 적이 있다. 그는 이를 '촉진역할(facilitating role)'이라 불렀다. 한편 또 다른 지역문제 전문가인 네덜란드의 Helmsing 같은 이는 중앙정부나 지방정부 모두 직접 간섭하거나 직접 공공서비스를 공급하는 대신에 실행주체들이 가장 효과적으로 수행할 수 있는 틀을 만들고 관리해 나갈 수 있도록 지원하는 것이 중요하다는 점을 강조하고 있다. 그는 이를 '지원역할(enabling role)'이라 불렀다. 구체적으로 그는 중앙정부는 시장, 지방정부, 지역공동체가 수행하고자 하는 일을 지원하는 전략을 발전시켜나가야 하며, 지방정부 또한 지역시장과 지역공동체와 관계에서 같은 맥락의 전략을 만들고 시행해나갈 것을 주문하고 있는 것을 볼 수 있다.[50)]

위와 같은 촉진 또는 지원역할의 중요성은 특정 경제상태를 개선하고자 하는 일상적인 정부 개입에서도 요구됨은 물론이다. 그러나 특히 지역사회와 그 사회구성원들의 특성에 따라 그 모습을 달리하는 '사회적경제'와 '포용적경제'와 같은 '지역특성 반영적'인 경제상태를 달성하고자 하는 경우에는 더욱 그러하다는 점을 인식하는 것이 중요

---

50) Amin, 1999, pp.374-376; Helmsing, 2002, pp.320-321(우명동, 2011, pp.129-130)을 참고.

하다.

다. 지방재정의 중요성

여기서 한 걸음 더 나아가 지방정부가 지역사회구성원들 스스로의 협동과 유대강화를 통해 기본적인 생활상의 욕구를 충족시켜나가는 활동을 지원해주기 위해서는 그 활동의 물적 기초로서 '지방재정활동'이 뒷받침되어야 한다. 나아가 여기서 한걸음 더 나아가 지역사회구성원들이나 여러 계층들 사이의 제 '관계'를 확인하고 단절되어가는 관계의 회복을 위한 다양한 활동을 수행해내기 위해서도 같은 맥락에서 '지방재정활동'이 뒷받침되어야 한다. 한마디로 '사회적경제'와 '포용적성장'을 지원하는 공공부문의 역할은 '지방정부' 중심으로 수행되어야 하며, 그러한 지방정부의 활동은 '지방재정'에 의해 뒷받침되어야 한다.

그런데 이 단계에서 우리는 더욱 중요한 맥락을 짚고 넘어가야 한다. 그것은 지방재정활동이라 하여 모두 이와 같은 일을 수행해낼 수 있는 것은 아니라는 점이다. 이러한 사실은 지방재정활동이 갖는 성격에 대한 이해로부터 확인할 수 있다. 무릇 '지방재정'은 '지방정부의 경제활동'이라 정의된다. 그런데 우리가 이와 같은 지방정부의 경제활동에 관심을 갖는 것은 그 자체가 경제활동의 일종이면서 더 나아가 관할 지역주민들의 경제활동에 영향을 주고 또 받기도 한다는 점 때문이다. 이렇게 볼 때, 지방재정활동의 성격을 이해하기 위해서는 지방재정이 '지방정부'의 활동이라는 점과 '지역경제'에 영향을 주고 받는 활동이라는 두 측면을 이해하는 것이 중요하다는 사실을 알 수 있다. 먼저 '지방정부'의 활동이라는 점을 보면, '지방정부'는 홀로 독자적으로 존재하는 기구가 아니라 중앙정부와 일정한 '관계'를 맺으면서 활동을 수행하는 기구이다. 결국 지방재정활동의 성격은 지방정부가 중앙정부와 어떠한 '관계'를 맺으면서 행해지고 있는지에 따라 그 성격이 달라진다는 것을 알 수 있다. 다음으로 '지역경제'에 영향을 주고 받는 활동이라는 점을 보면, 지방재정활동의 성격은 지방정부가 '지역경제' 내지는 '지역사회'와 어떠한 '관계'를 맺으면서 행해지는지에 따라 그 성격을 달리한다는 점을 알 수 있다.

이렇게 보면 지방재정이 지방정부에 배분된 기능을 제대로 뒷받침해줄 수 있는지 여부도 결국 지방재정이 갖는 이와 같은 두 '관계'의 측면에서 파악해야 할 것이다. 먼저 지방재정활동이 그와 같은 활동을 수행해낼 수 있기 위해서는 한편으로 지방정부가 중앙정부와의 관계 속에서 상대적으로 독립성 내지 자율성을 확보하고 있을 것이 요구된다. 그것은 그렇게 중앙정부로부터 독립성을 확보한 지방정부이어야 비로소 관할 지역사회의 제 관계들을 파악하고 지역친화적인 정책을 구사해낼 수 있는 여지를 가질 수 있을 것이기 때문이다.

다른 한편 지방정부가 지역주민들의 경제생활 과정에서 제기되는 공적 수요를 정확히 파악하고 지역사회의 의지에 상응하게 재원을 조달하여 그러한 지역사회의 요구에 부응해 나갈 수 있어야 한다. 구체적으로 지방정부가 지역사회의 의지를 확인하고 반영시켜가는 메커니즘을 갖추는 절차가 선행되어야 한다. 특히 지방정부가 자율적인 재정활동을 수행해나가는 과정에서는 전술한 바와 같이 지역사회의 특정 계층, 즉 지역 토호세력에 의해 포획(local captured) 당하지 않을 수 있는 제도적 틀을 구비하는 것이 중요하다는 사실을 유념할 필요가 있다. 이를 위해서는 무엇보다 지방재정활동이 지역사회에 의해 자율 규제되는 메커니즘을 갖추는 것이 필요하다. 요컨대, 진정 지역사회구성원들의 기본적인 생활상의 욕구충족과정을 지원하거나, 그들 사이에 맺어진 여러 계층 사이에 내재해있는 제 관계를 보다 강건하게 하기 위해서는 지방재정활동이 지역주민들 내지 지역사회에 의해 자율적으로 규율되는 지방재정운영체계를 갖추는 것이 긴요하다. 이러한 메커니즘이 주어질 때 비로소 지역주민들이 스스로 책임지는 지방재정활동이 자리 잡을 수 있을 것이며, 궁극적으로 주민과 지역사회가 바람직한 사회를 스스로 일구어내는 틀이 갖추어지게 될 것이다.

3) 지역사회 참여의 중요성

우리는 앞에서 '사회적경제'와 '포용적경제'를 달성한다는 것은 현존하는 경제질서 자체의 변화를 요구하는 것이기 때문에 공공부문이 그 역할을 선제적으로 수행해나가야 할 필요가 있다고 하였다. 그리고 공공부문이 그러한 역할을 수행함에 있어서도 직접 바람직한 틀을 만들어가려 할 것이 아니라 유도하고 지원하는 역할을 수행하는 것이 중요하다고 하였다. 바로 이 단계에서 공공부문이 어떠한 사회질서를 유도하고 지원할 것인가 하는 점을 분명히 해둘 필요가 있다.

우리는 앞에서 '사회적경제'는 특정 사회구성원들의 기본적인 욕구충족 활동을 그 최저한의 틀로 한다고 하였다. 그리고 그 형태나 수준은 바로 주어진 사회에 따라 그 모습을 달리한다는 점도 지적하였다. 결국 그 형태나 수준은 해당 사회구성원들에 의해서 규명될 수 있는 성질이라는 것을 다시 한 번 인식할 필요가 있다. 한편 '포용적경제'는 현 단계 경제질서가 만들어낸 제 관계의 단절을 복원하여 특정 사회의 지속성을 확립할 필요성에서 비롯된 개념이라고 하였다. 그런데 주어진 사회에 따라 관계 단절의 양상이 달라지고 따라서 그 사회가 지속성을 회복하는 계기 또한 서로 다르게 주어질 것은 당연하다 하겠다. 결국 이러한 상태 또한 해당 사회구성원들의 의지를 통해서만 확인되고 추진되어질 수 있다는 사실을 유념할 필요가 있다.

요컨대 특정 사회구성원들의 기본적 생활이 유지되고, 나아가 사회 각 계층들 사이에서 맺어지는 제 관계가 더욱 긴밀해짐으로써 지속가능한 사회를 일구어 가기 위해서는 무엇보다 해당 사회구성원들이 스스로 생활상의 문제를 파악하고 그것을 극복하여 새로운 사회를 만들어가고자 하는 자발적인 '참여 의지'를 갖는 것이 중요하다. 나아가 이러한 참여 의지는 그들 스스로의 문제를 스스로 떠 맡으려는 '책임감'과 결부될 때 비로소 '사회적경제'와 '포용적경제'가 그리는 새로운 사회를 앞당기게 될 것이라는 사실을 인식하는 것이 중요하다.

참고문헌

고상원, 권규호, 김대일, 이정민, 홍석철, 홍재화 (2017. 2.). “[2-1]4차산업혁명의 고용효과”. [중장기전략 세미나] 4차 산업혁명 대응을 위한 중장기 정책방향. 한국개발연구원.

과실연 (2017. 12.). “4차 산업혁명시대 과학기술과 일자리: 과제와 전략”. 2017 다산컨퍼런스 공식기록보고서. (사)바른과학기술사회 실현을 위한 국민연합.

관계부처 합동 (2018. 2.). “사회적 금융 활성화 방안”. 국정현안점검조정회의.

권영근, 권승구, 채광석 (2011). 『지역 및 계층 간 소통과 연대 촉진 정책을 위한 시민사회단체의 역량강화 방안 -사회적 경제 NGO(소비자 생활협동조합)에 대한 실태조사를 중심으로-』. 국무조정실 발간자료.

김기태 (2015). “협동조합 연대조직의 설립과 운영을 위한 노트 [1]”. 『협동조합네트워크』, 69, pp.85-105.

김수행 (2014). 『자본론 공부: 김수행 교수가 들려주는 자본 이야기』. 돌베개.

김신양, 신명호, 김기섭, 김정원, 황덕순, 박승옥, 노대명 (2016). 『한국 사회적경제의 역사』. 한울아카데미.

김용구, 정영수 (2019). 『포용적 성장과 사회적 경제』. 다인아트.

박준기 (2014). “독일 협동조합 금융”. 『세계농업』, 167, pp.3-20.

엄형식 (2008). 『한국의 사회적 경제와 사회적 기업 - 유럽 경험과의 비교와 시사점』. 정책연구원 총서 02. (재)실업극복국민재단 함께 일하는 사회 정책연구원.

오광성 (2017). “사회적 경제를 포용적 성장의 동력으로”. 『나라경제』, 2017년 12월호.

우명동 (2011). “지속가능지역경제발전과 정부 간 재정관계”. 『재정정책논집』, 13(4), pp.111-151.

우명동 (2019a). 『경제와 사회』. 해남.

우명동 (2019b). 『재정연방주의와 정부 간 재정관계』. 성신여자대학교 출판부.

우명동 (2019c). “포용적 성장과 지방재정: 사회의 지속가능성과 정부 간 재정관계를 중심으로”. 『한국지방재정논집』, 24(1), pp.1-31.

유병선 (2016). 『고장난 자본주의에서 행복을 작당하는 법: 여덟 가지 키워드로 읽는 사회적 경제 이야기』. 위즈덤 하우스.

윤형근 (2013). 『협동조합의 오래된 미래 선구자들』. 그물코.

장종익 (2020). “포용적 성장과 사회적 경제”. 『월간 공공정책』, 172, pp.27-30.

장지연, 김근주, 박은정, 이승윤, 이철승, 정슬기 (2017). 『디지털 기술발전에 따른 새로운 일자리 유형과 정책적 대응』. 연구보고서 2017-05. 한국노동연구원.

조혜경 (2018). “사회적 경제와 기본소득: 사회정의를 향한 제3의 길”. 『새로운 삶의 구상, 사회적 경제』, 2018 경기도 사회적 경제 국제컨퍼런스, 경기도 따복공동체지원센터, 기본소득한국네트워커, 경기연구원.

Amin, A (1999). “An Institutionalist Perspective on Regional Economic Development”. *International Journal of Urban and Regional Research*, 23(2), pp.365-378.

Anand, R., Mishra, S., & Peris, S. J. (2013). “Inclusive Growth Revisited: Measurement and Determinants”. *Economic Premise*, No. 122, The World Bank, pp.1-7.

Bajo, C. (2002). “How the Concept of Social Economy is Extending to Other Regions than Europe”. in Roelants, B. (ed.). *Preparatory Dossier*. Praha Social Economy 2002.

Bardhan, P. (2002). “Decentralization of Governance and Development”. *Journal of Economic Perspectives*, 16(4), pp.185-205.

Benner, C. & Pastor, M. (2016). “Inclusive Economy Indicators: Framework & Indicator Recommendations”. The Rockefeller Foundation.

Burch, D. & McInroy, N. (2018). “We need an Inclusive Economy not Inclusive Growth”. Policy Provocation, CLES(Center for Local Economic Strategies).

Chaves, R. & Monzón, J. L. (2016). *Recent evolutions of the Social Economy in the European Union*, CIRIEC International, European Economic and Social Committee, European Union.

CSERP (n.d.). "Building and Strengthening Communities through the Social Economy". A Publication of CSERP(Canadian Social Economy Research Partnerships).
(http://socialeconomyhub.ca/sites/socialeconomyhub.ca/files/socialeconomybookletenfinal.pdf).

Defourny, J. & Develtere, P. (2010). "The social economy: the worldwide making of a third sector". in Defourny, J., Develtere, P., & Fonteneau, B. (eds.). *Social economy. North and South*. KU Leuven-HIVA, Université de Liege, Centre d'Economie Sociale.

Demoustier, D. & Rousselière, D. (2004). "Social Economy as Social Science and Practice: Historical Perspectives on France". *Eleventh World Congress of Social Economics "Social economics : a paradigmfor a global society", Albertville, 8-11 Juin 2004*, 2004, pp.1-41. halshs-00102532.

Durán, P. (2015). "What does inclusive economic growth actually mean in practice?". Sustainable Development Goals Fund, UNDP.
(https://www.undp.org/content/undp/en/home/blog/2015/7/31/What-does-inclusive-economic-growth-actually-mean-in-practice-.html).

Gruchy, A. G. (1987). *The Reconstruction of Economics: an analysis of the fundamentals of Institutional economics*. Greenwood Press.

Helmsing, A. H. J. (2002). "Decentralisation, Enablement and Local Governance in Low-Income Countries". *Environment and Planning C: Government and Policy*, 20(3), pp.317-340.

IMF (2014). "India: Defining and Explaining Inclusive Growth and Poverty Reduction". *IMF Working Paper*, WP/14/63, Asia and Pacific Department, IMF.

IMF (2017). "Inclusive Growth Framework". *IMF Working Paper*, WP/17/127, Middle East and Central Asia Department, IMF.

Jeantet, T. (2019). *Économie sociale: la solidarité au défi de l'efficacité.* (3rd ed.). la Documentation française, 2016(편혜원 옮김, 『프랑스의 사회적경제』, 알마).

Lee, N. (2018). "Inclusive Growth in cities: a sympathetic critique". *Regional Studies*, 53(3), pp.424-434. DOI: 10.1080/00343404.2018.1476753.

Monzón, J. L. & Chaves, R. (2012). *The social economy in the European Union*, CIRIEC International, European Economic and Social Committee, European Union.

Ninacs, W. A. (2002). "A Review of the Theory and Practice of Social Economy in Canada". *SRDC Working Paper Series* 02-02, Social Research and Demonstration Corporation.

OECD (2015). *Policy Shaping and Policy Making: The Governance of Inclusive Growth.*

Polanyi, K. (1957). "The Economy as Instituted Process". in Polanyi, K., Arenberg, C. M., & Pearson, H. W. (eds.). *Trade and Market in the Early Empires.* The Free Press, pp.243-270.

Polanyi, K. (2009). *The Great Transformation: The Political and Economic Origins of Our Time.* Beacon Press, 1944(홍기빈 옮김, 『거대한 전환』, 길).

Quarter, J., Mook, L., & Richmond, B. J. (2003). "What is the Social Economy?". Centre for Urban and Community Studies, University of Toronto, *Research Bulletin*, 13.

Roelants, B. (2002). *Praha Social Economy 2002, Enlarging the Social Economy.* Preparatory Dossier, CECOP.

RSA (2016). *Inclusive Growth for dynamic, resilient local economies.* Inclusive Growth Commission, Roundtable Writeup, Royal Society for the Encou- ragement of Arts, Manufactures and Commerce.

RSA (2017). *Inclusive Growth Commission: Making our Economy Work for Everyone.* Inclusive Growth Commission, Royal Society for the Encourag- ment of Arts, Manufactures and Commerce.

TFSSE (2014). "Social and Solidarity Economy and the Challenge of Sustainable Development". *Executive Summary of a TFSSE Position Paper*, UN Inter-Agency Task Force on Social and Solidarity Economy. (http://www.unrisd.org/ssetaskforce-positionpaper).

Utting, P. (2015). "Realizing the 2030 Agenda through Social and Solidarity Economy". the draft position statement commissioned by the UNTFSSE, UN. (https://ccednet-rcdec.ca/sites/ccednet-rcdec.ca/files/realizing_the_2030_development_agenda_through_social_and_solidarity_economy.pdf).

Vickers, I., Westall, A., Spear, R., Brennan, G., & Syrett, S. (2017). "Cities, the social economy and inclusive growth: a practive review". Joseph Rowntree Foundation. (https://www.jrf.org.uk/report/cities-social-economy-and-inclusive-growth).

WEF (2015). *The Inclusive Growth and Development Report 2015*, World Economic Forum.

Whalen, C. J. (1992). "Schools of Thought and Theories of the State: Reflections of an Institutional Economist". in Dugger, W. M. & Waller, W. T. Jr. (eds.). *The Stratified State.* M. E. Sharpe, pp.55-86.

World Bank (2008). *The Growth Report: Strategies for Sustained Growth and Inclusive Development.* Commission on Growth and Development, World Bank.

제2장

사회적경제와 노동통합

이찬영·최지혜

외환위기 이후 몇몇 사회적경제조직들은 관련 제도에 편입되어 왔지만, 사회적경제 및 사회적 가치의 개념에 대해 정의하는 상위법은 부재 중인 상황이다. 본 장에서는 현재 국회에 계류 중인 사회적경제 3법의 주요 골자를 건토하고 한국이 지향하는 사회적경제를 파악하고자 한다. 그에 더해 노동에 대한 접근에 따라 기존의 복지제도와 구분되는 새로운 복지 패러다임을 제시한다. 여기에는 사회적경제의 '노동통합' 기능이 중심으로 작동한다. 실제적으로, 유럽 선진국에서 운영된 노동통합 사회적기업을 현황과 제도, 목적과 대상, 일자리와 훈련, 재정과 지원 측면에서 다차원적으로 분석함으로써 노동통합 기능을 심도 있게 살펴볼 것이다.

2-1 한국 사회적경제의 제도화와 복지패러다임

한국의 사회적경제가 짧지 않은 역사 속에 서구 사회와는 다르게 독특한 형태로 발전해 왔지만, 아직 국가 차원의 법 또는 제도로 사회적경제를 규정하고 있지는 않다. 그렇다고 제도권에서 사회적경제의 생태계 조성이나 법적 토대 마련을 등한시한 것은 아니다. 해방 이래로 각종 협동조합 관련 법, 국민기초생활보장법(1999), 사회적기업육성법(2007), 협동조합기본법(2012) 등이 제정·개정되고 관련 계획들이 추진되어 왔기 때문이다. 다만 이 다양한 법률들은 사회적경제 중 일부 영역이나 특정 조직체에 적용되는 것이 일반적이기 때문에 현 시점의 법률로서 '사회적경제' 전체를 규정할 수는 없다. 반갑게도 현재 한국의 입법부에서는 사회적경제 3법이라 불리는 '사회적경제 기본법', '판로지원 특별법', '사회적 가치 실현 기본법'이 논의 중에 있다. 이 사회적경제 3법을 들여다보면 사회적경제와 기본원칙, 사회적 가치 등의 내용을 파악할 수 있다.

서구에서 전통적인 사회적경제가 출현한 배경은 산업사회와 자본주의의 등장에 따라 열악해진 노동자들의 처우를 개선하기 위한 움직임에 있다. 한국도 일제강점기에 농민이자 노동자들이 소작농으로 전락하거나 피폐해진 농촌 문제를 해결하고자 조합을 결성하기 시작하였다. 서구의 사회적경제는 복지국가의 태동과 발전 속에서 잠시 자취를 감추었다가 1970년대 경기 침체와 복지국가의 위기 속에서 실업과 사회적 배제를 해결하기 위한 대안으로 새롭게 재등장한다. 한국의 사회적경제는 해방 이후 1960년대에 기존의 조직들이 관제형으로 개편되는 모습을 띠었으며, 다른 한편으로는 민간 영역에서 새로운 조직이 형성되었다. 특히 농업사회에서 산업사회로 변화하면서 영세농민이나 소상공인, 여성 등 소외되는 계층들을 중심으로 확산되었다. 즉 서구의 '새로운 사회적경제'나 한국의 '새로운 사회적경제' 모두 '실업과 사회적 배제로부터 발생하는 소외'에 초점을 두고 있다.

1970-80년대의 경제개발과 산업고도화로 인한 경제성장의 이면에는 도시 빈민층과 실업자, 취업취약계층이 늘어나고 있었고, 이러한 문제는 계속 쌓이다가 1990년대 말에 폭발적으로 표출되었다. 산업사회에서 소외된 취약계층들에게 요구되는 것들을 국가 차원의 복지 제도만으로 해결하지 못하는 한계가 따랐다. 이에 기존의 민간 영역에서 사회적경제의 기능을 수행해 왔던 조직들과 전문가들은 취약계층의 사회적배제 문제를 해결하기 위해 노력하였다. 동시에 정부는 복지 체제의 전환을 필요로 하여 민간 영역의 전문가들과의 공동 논의를 확대해 가면서 한국의 사회적경제는 급부상한다. 그런 점에서 한국의 복지 체제와 새로운 사회적경제는 '취약계층의 사회적 배제 또는 소외 해결'이라는 공통된 목적을 가지고 진화해 왔다고 할 수 있다. 따라서 이 절에서는 법률 및 제도적인 차원에서 한국의 사회적경제의 현황을 검토하고, 동시에 한국 복지 패러다임 변화의 과정을 살펴보면서 미래의 복지 패러다임을 논하고자 한다.

1. 한국 사회적경제의 제도화

한국의 사회적경제 관련 법률들은 1990년대 이후 사회적경제 담론 및 정책과 함께 생겨나기 시작했다. 농협, 수협, 산림조합, 신협 등 관제조합 성격의 조직들에 관한 법률들은 일찍이 제정되어 해당 조직들은 현재까지 제도적 틀 안에서 운영되고 있지만, 연구자에 따라서 관제조합의 성격을 갖는 조직들을 사회적경제의 범주 외로 보거나 전통적 사회적경제 또는 구사회적경제의 범주에 놓는다. 김성기 외(2014)는 역사적 맥락을 통해 관제조합 성격의 조직을 구사회적경제, 한국형 소비자협동조합인 생활협동조합의 등장 이후를 신사회적경제로 분류하고 있다. 그리고 신사회적경제는 사실상 한국에서 사회적경제가 본격적으로 조직화되는 과정이라고 말한다(김성기 외, 2014, p.104). 본 절에서는 이러한 신사회적경제의 제도화 과정을 다루고자 한다.

한살림, 두레, iCOOP생협 등을 중심으로 1980년 이후 빠르게 성장한 생활협동조합(생협)은 1999년 소비자생활협동조합법의 제정으로 법적 테두리 안으로 들어왔으며, 이미 생협 운동 이전에 지역공동체에 기반을 두고 전개를 활발히 했던 협동조합 운동은 2012년 협동조합기본법 제정을 거쳐 법적 조직 형태를 갖추게 된다. 동법은 협동조합을 조합의 목적에 따라 (일반)협동조합과 사회적협동조합으로 정의하고 있기 때문에 조직 형태만 보고 '사회적'이라는 특성을 바로 알아차릴 수 있다. 소비자생활협동조합법이 제정되던 해에 한국의 복지 체계는 큰 제도적인 변화를 겪게 된다. 1999년 국민기초생활보장법이 제정되면서 취약계층의 '보호' 수준에 머물러 있던 한국의 복지 체계는 '자활'에 더욱 초점을 두기 시작한다. 동 법에 근거하여 수급자 또는 차상위자가 자활을 목적으로 설립한 사업체인 '자활공동체'는 2012년 법 개정을 거쳐 오늘날의 '자활기업'으로 명칭이 변경되었다. 국민기초생활보장법이 제정된 이듬해인 2000년 12월, 장기실업 대책과 빈곤문제 해결을 위한 고용 및 복지 대책으로 국회와 성공회대학교에서 「빈곤과 실업극복을 위한 국제포럼」이 개최되었다. 포럼의 주목적은 사회적 일자리 개발의 필요성과 의의 전파, 지도층 및 정책 입안자 대상 사회적 일자리 개발의 효과 입증, 서구 경험에 대한 인식 공유, 시민사회단체 관계자에게 정보·지식을 제공하여 제 3섹터를 통한 실업문제 해결의 관심 고조, 장기 실직자들의 자활 의욕과 자신감 고취를 통한 사회통합의 계기 마련이었다(성공회대학교 외, 2000, p.2). 현재 한국의 '사회적기업'의 효시는 바로 이 국제포럼에서 논의되었던 '사회적 일자리'이다. 국제포럼에서 서구의 '사회적기업'을 우리 사회에 적용하기 위한 방안으로 '사회적 일자리'가 논의되었기 때문이다. 포럼 이후 사회적기업은 언론보도, 연구활동, 시민사회의 실천, 기업의 사회공헌활동과의 연계, 정부차원의 정책 마련 등으로 확장된다(김신양 외, 2016, pp.168-170). '사회적기업'은 (고용)노동부의 2003년 사회적일자리창출시범사업 이후 2007년 사회적기업육성법 제정을 통해 법률로서 정의되었다. 동 법에 따라 고용노동부의 사회적기업 육성을 위한 각종 정책이 시행되면서 관련 정책들이 연이어 나타났다. 2008년 금융위기 대응을 위한 공공근로사업인 희망근로사업이 안정적 일자리 정책으로 전환되면서 '커뮤니티비즈니스' 추진, 2010년 하반기부터는 '자립형 지역공동체 사업', 2011년에는 '마을기업'으로 사업명이 변경되었고(김신양 외, 2016. p.195), 2013년 도시재생활성화및지원에관한특별법 제정으로 '마을기업'도 제도 속에 편입된다. 통상적으로 사회적경제 조직 또는 사회적경제기업으로 불리는 조직으로는 사회적기업, 협동조합, 마을기업, 자활기업이 있다. 이 4대 조직의 근거 법령과 관련 내용을 요약하면 〈표 2-1-1〉과 같다.

일부 자치단체에서도 시·도를 중심으로 전담조직을 설치하거나 조례를 제정하는 등 사회적경제 활성화를 위한 추진체계를 구축하고 있다.[1] 자치단체장의 의지나 지역 주민의 관심에 따라 지역 간 편차가

표 2-1-1. 한국의 사회적경제 조직 근거법령과 내용

구분	자활기업	사회적기업	협동조합	마을기업
소관부처	보건복지부	고용노동부	기획재정부	행정안전부
근거법령 (제정연도)	국민기초생활보장법 (1999)	사회적기업육성법 (2007)	협동조합기본법 (2012)	도시재생활성화및 지원에관한특별법 (2013)
주 참여자[1]	근거법령에 따른 수급자	근거법령에 따른 취약계층 및 일반인	이해당사자 + 이해관계자	지역주민
정책 목표	수급자의 자활	취약계층 고용 + 사회서비스 제공	법인격 도입을 통한 협동조합의 시장경제 문제점 보완	지역공동체 활성화
지원내용	인건비, 초기사업자금 융자, 자활급여 등	인건비, 사회보험료, 사업개발비, 세제혜택 등	협동조합 상담 컨설팅, 교육 및 홍보	시설비, 경영컨설팅 등
중간지원조직	자활복지개발원, 지역·광역자활센터	사회적기업진흥원, 권역별 통합지원기관	사회적기업진흥원	권역별 통합지원기관

주: 1) 조직 운영자가 아닌 근로자, 조합원 등
2) 이외 농림수산식품부 소관 농어촌공동체회사도 있음.
자료: 김성기 외, 2014, p.111의 〈표 3-6〉에서 발췌하여 재구성함.

존재하기는 하나, 정부 및 관계부처의 사회적경제 활성화 정책에 따라 향후 관련 조직이 더욱 확대될 것으로 예상된다.

앞서 살펴본 바와 같이 사회적경제 조직들의 발달 과정에서 관련 법률들이 등장하였지만 한국의 '사회적경제'가 법으로서 규정된 것은 아니다. '사회적경제'라는 용어가 처음 법률적으로 논의된 때는 「사회

1) 2019년 6월 기준으로 17개 시·도 중 사회적경제 전담 조직이 설치돼 있는 자치단체(課 명칭)는 12곳(70.1%)에 해당하며, 2019년 8월 기준 자치단체별 사회적경제 관련 조례가 설치된 시·도는 16곳, 운영 중인 시·군·구는 143곳에 달한다(행정안전부 및 관계부처합동, 2019).

적경제 기본법안」이 발의된 2014년이다. 이를 시작으로 '사회적경제'의 정의와 기본 원칙, 조직 등을 법률 조항으로 다루는 법안들이 발의되거나 기존의 법률들이 개정되었다. 발의 법안들은 장기간 계류 중에 있지만 정치적으로나 사회적으로나 각광 받고 있다. 그 중에서도 '사회적경제 기본법', '판로지원 특별법', '사회적 가치 실현 기본법'은 일명 사회적경제 3법으로 불리며 현재 제도화 단계에 있다.

국회 심사 진행 중에 있는 사회적경제 3법은 「사회적경제기업제품 구매촉진 및 판로지원에 관한 특별법(이하 판로지원 특별법)」 1건, 「공공기관의 사회적 가치 실현에 관한 기본법(이하 사회적 가치 실현 기본법)」 2건, 「사회적경제 기본법」 3건으로 총 6건이다. 이 중 동일 정당에서 발의한 법안은 내용이 유사하므로 통합하여 재분류 하면 4건으로 구분할 수 있는데, 발의안의 주요 골자는 〈표 2-1-2〉와 같다. 「사회적경제 기본법」은 정당에 따라 일부 내용이 상이하므로, (A)안과 (B)안으로 구분하였으며, 「사회적 가치 실현 기본법」은 동일 정당에서 발의된 안이 2건이므로 가장 최근에 발의된 법안을 기준으로 정리하였다. 이상 사회적경제 3법 발의안은 법 조항에 '사회적경제'의 정의와 기본원칙을 넣었으며, 법안에 따라 '사회적 가치'와 '사회적경제기업' 등도 정의하고 있다. 사회적경제 3법에서 말하는 사회적경제를 포괄적으로 정의하면 '구성원 또는 공공의 이익을 목적으로 지역공동체의 발전, 사회적 약자에 대한 기회 제공, 사회통합 등의 사회적 가치를 창출하는 모든 경제적 활동'이라 할 수 있다. 그리고 이러한 사회적 가치를 추구하면서 생산 및 소비 영역 등에서 활동하는 사업조직들이 사회적경제기업이다. 이미 한국에는 민간영역에서 오랜 시간 활동해왔고, 변화하고 발전해왔던 사회적경제기업들이 있기 때문에 관련 법(사회적기업육성법, 협동조합기본법, 국민기초생활보장법 등)에 따른 사회적기업, 협동조합, 자활기업, 마을기업 등의 조직들이 법 조항의 사회적경제기업으로 제시되고 있다.

표 2-1-2. 한국 사회적경제 3법의 주요 골자

발의안		판로지원 특별법	사회적경제 기본법(A)	사회적경제 기본법(B)	사회적 가치 실현 기본법
제안일자		2016-08-16	2016-10-11	2019-03-06	2017-10-26
발의자		서형수 등 22인	유승민 등 15인	강병원 등 10인	박광온 등 21인
목적 및 기본이념		공공조달에 있어 사회적 가치의 구현 확대, 사회적경제기업의 혁신을 통한 사회문제 해결, 지속가능한 발전, 사회양극화 해소	양극화 해소, 건강한 공동체 조성, 국민경제의 균형 발전	양극화 및 빈부격차 등 사회적 문제의 효율적 해결	정책 수행 과정의 공공성 강화, 공동체적 가치 회복, 호혜 협력과 상생 실현
정의 등	사회적 경제	사회구성원 또는 공공에 대한 공헌을 목적으로 하는 경제활동	구성원 상호간의 협력과 연대, 적극적인 자기혁신과 자발적인 참여를 바탕으로 사회서비스 확충, 복지의 증진, 일자리 창출, 지역공동체의 발전, 기타 공익에 대한 기여 등 사회적 가치를 창출하는 모든 경제적 활동	양극화 해소, 지역경제 선순환, 양질의 일자리 창출과 사회서비스 제공 등 사회통합과 공동의 이익 추구를 위해 사회적경제 조직이 수행하는 모든 경제적 활동	사회적 가치 실현을 위하여 수행되는 민주적이고 호혜적인 사람 중심의 경제
	기본원칙	이윤배분의 사회성, 운영의 민주성, 살림살이로써의 경제활동, 호혜성과 나눔의 재분배 원리로 움직임	사회적 가치 실현, 자율적·투명한 운영, 민주적 의사결정 구조, 다양한 이해관계자 참여 촉진, 구성원 공동이익 및 사회적 목적에의 발생 이윤 사용	공공 이익·사회적 가치 추구, 자율적·독립적·투명 운영, 민주적·개방적 운영, 다양한 이해관계자 참여 촉진, 발생 이익의 공동 및 사회적 목적에의 사용(배분), 지역공동체 개발, 지역순환경제 발전 위한 상호 협력	사회적 가치가 공공의 이익과 공동체의 발전에 기여하는 중요한 가치임을 인식, 공공부문에서 사회적 가치 실현 선도, 사회 모든 영역의 공동체적 가치의 회복, 호혜 협력과 상생이 실현되는 사회로 나아감

발의안		판로지원 특별법	사회적경제 기본법	사회적경제 기본법	사회적 가치 실현 기본법
정의 등	사회적(경제) 기업	사회적 가치를 추구하면서 재화 및 용역의 구매·생산·판매·소비 등 영업 활동을 하는 사업조직(사회적기업, 협동조합, 마을기업, 자활기업 등) (노동통합형사회적기업) 조직의 주된 목적이 노동시장에 진입하기 힘든 계층의 직업 훈련과 일자리 창출에 기여하는 기업	관련법에 따른 사회적기업, 협동조합, 자활기업, 마을기업 등	사회적 가치를 추구하면서 재화 및 용역의 구매·생산·판매·소비 등 영업 활동을 하는 사업조직(사회적기업, 협동조합, 마을기업, 자활기업 등)	
	사회적 가치	고용창출이나 노동통합, 사회서비스 공급, 지역사회 재생, 공동체의 이익 실현, 환경적 지속가능성 등 노동, 복지, 인권, 환경 차원에서 공동체에 제기되는 문제를 해결하는 과정에서 생겨나는 재정적·비재정적 편익		공공의 이익과 공동체 발전에 기여하는 가치(양질의 일자리 창출, 취약계층 고용기회 증진, 지역경제 활성화, 상생협력 및 공정거래, 윤리적 생산과 유통, 근로·생활환경의 안전, 환경의 지속가능성 보전, 민주적 의사결정과 국민참여포함)	사회·경제·환경·문화 등 모든 영역에서 공공의 이익과 공동체의 발전에 기여할 수 있는 가치(인권보호, 안전한 근로 및 생활환경, 보건복지, 노동권 보장 및 근로조건 향상, 사회적 약자에 대한 기회제공 및 사회통합, 지역사회 활성화 및 공동체 복원 등 포함)
핵심 키워드		#사회적가치 #노동통합 #노동통합형사회적기업 #호혜 #나눔 #재분배 #공동체	#공동체 #지역공동체 #사회적가치	#사회적가치 #사회통합 #공동체 #양질의일자리 #취약계층고용기회제공 #상생협력	#사회적가치 #호혜 #사람 #공동체 #공동체복원 #사회통합 #사회적약자기회제공

주: 계류 중인 법안 중 동일명의 법안에 대해서는 가장 최근의 법안을 중심으로 작성함.
자료: 국회 의안정보시스템(http://likms.assembly.go.kr/bill/main.do)에서 발췌한 자료를 필자가 정리함.

이 중 「판로지원 특별법」의 경우 사회적(경제)기업을 정의하면서 노동통합형 사회적기업을 함께 정의하고 있는데, '조직의 주된 목적이 노동시장에 진입하기 힘든 계층의 직업훈련과 일자리 창출에 기여하는 것인 기업'이라고 정의한다. 이러한 정의에 따른다면 노동통합은 취약계층을 대상으로 하며 그들에게 일할 기회를 제공함으로써 노동시장으로 편입하는 기능이라고 할 수 있다. 이미 살펴봤듯이 전통적인 사회적경제나 오늘날의 사회적경제 모두 노동통합의 기능을 가지고 있다. 사회적경제의 노동통합의 기능은 본 장의 2절과 3절에서 선진국가의 사례를 통해 구체적으로 들여다볼 것이다.

2. 한국 복지 패러다임의 변화와 미래

한국의 근대적[2] 의미의 복지 제도는 1961년에 「생활보호법」이 제정되면서부터 시작되었다고 볼 수 있다. 「생활보호법」 제정 이전에도 공공부조 시스템이 존재하였으나 본 절에서는 기본권 보장의 규정을 담고 있는 대한민국 헌법 제정 이후의 복지 제도만을 다루기로 한다.[3]

당시 「생활보호법」의 대상자 선발의 기준은 최저생활수준의 자산, 부양의무자 유무, 근로능력 유무로 요약할 수 있다. 보호 대상자의 범위는 부양의무자가 없거나 부양의무자가 있어도 부양 능력이 없는 자에 한해 정해졌기 때문에 18세~65세 사이의 근로능력이 있는 빈곤

2) 인간의 기본권에 생활권적 기본권 개념이 도입된 시기를 중심으로 근대와 전(前)근대를 구분함.

3) 생활보호법이 제정되기 이전에 공포·시행된 「조선구호령(1944)」이 한국 공공부조의 근거가 되었지만, 일제강점기 민심 통제와 전시 물자 인력동원 목적의 형식적 규정(보건복지부, 2015, p.3)이었으므로 고려 대상에서 제외함.

계층은 국가의 보호 대상에서 제외되었다.[4] 한국의 초창기의 복지 제도는 부양의무와 근로능력을 복지 수혜 기준으로 삼았다는 점에서 가족과 시장을 통한 보호를 국가 차원의 보호보다 우선시했음을 알 수 있다(황덕순 외, 2002, p.123).

그렇다고 근로능력이 있는 빈곤층을 완전하게 국가의 보호 대상에서 제외했던 것은 아니었다. 간접적으로나마 근로능력이 있는 빈곤계층에 대해서도 생활보호가 있어왔는데, 1964년부터 전후 원조물자를 이용하여 시행되던 영세민 대상 '자조근로사업'[5]이 그것이다. 이 법은 1968년 「자활지도에 관한 임시조치법」 제정으로 인해 법의 울타리 안으로 편입된다. 이후 '자활지도사업', '영세민 긴급취로구호사업', '새마을 노임소득사업' 등으로 개칭되면서 추진되었으나, 4공화국 종결과 함께 유명무실해졌다.[6]

생활보호 대상자에 대한 적극적 자활 지원 정책이 시작된 계기는 1982년에 수립된 '영세민종합대책'에서 찾을 수 있다. '영세민종합대책'은 근로능력이 없는 생활보호 대상자에 대한 최저생활 보장의 내용뿐만 아니라, 직업훈련 대상자 확대 및 대상자 가족생계비 지원, 대도시 영세민 지방이주 지원, 생업자금융자사업, 생활보호 관리 체계 개선 등 자활 지원의 내용을 담고 있다. 이러한 '영세민종합대책'을 바탕으로 1982년 「생활보호법」이 전면 개정되면서 단순 생계 구호 차원의 복지 제도는 빈곤 극복을 위한 자활 지원까지 공공부조의 범

4) 수혜자를 부양할 책임을 지닌 부양의무자가 있는 경우 생활보호의 대상에서 제외되는데, 이는 「생활보호법」이 1999년 「국민기초생활보장법」으로 대체되고 최근까지 이어져 오는 동안 유지된 기준으로 사각지대의 원인으로 지적되어 왔다. 2020년부터는 중증장애인 수급자 가구의 부양의무자 기준은 폐지된다.

5) '자조근로사업' 명칭이 사용되기 이전인 1961년부터는 '영세민 근로구호사업'으로 진행되어 왔으며, 그 이전에는 주로 무상구호로 시행되어 왔음.

6) 사실상 5공화국 때 폐지되었음.

위를 확대한다. 그리고 「자활지도에 관한 임시조치법」은 폐지됨과 동시에 그 내용이 「생활보호법」의 '자활보호'의 일부로 규정되었다. 즉 1982년 「생활보호법」 개정 이후 근로능력이 있는 빈곤층도 제도적 보호권 내로 들어오게 된 것이다.[7] 공공부조 차원에서 빈곤을 극복하는 데 있어 '자활' 즉 '일'을 중요한 수단으로 여기고 있었음을 알 수 있다. 그런데 '자활'은 국가 정책 차원에서만 중요하게 여겨졌던 것이 아니다. 1990년대 초에 빈민 거주 지역에서 활동하던 종교단체와 빈민운동단체들이 있었고, 이들 운동의 지도자들과 정부 협력의 성과로 1996년 자활지원센터 시범사업이 실시되었다. 이때의 빈민운동 또는 주민운동은 노동자협동조합의 조직화 운동과 함께 생산공동체 운동[8]으로 흘러갔는데, 자활지원센터를 통해 형성된 '자활공동체'는 생산공동체의 '공동체', 정부의 생활보호제도의 '자활'이 결합된 것이었다(김신양 외, 2016, pp.148-155).

그러던 중 한국은 1997년 경제위기를 맞이한다. 고성장·저실업의 구인난 시대에서 노동시장을 통해 생계유지가 가능했던 자활보호 대상자들이 저성장·고실업의 구직난 시대에서는 의식주조차 해결하지 못하는 처지에 이르렀으며, 근로능력이 미약한 취약계층은 더욱 소외될 수밖에 없었다(보건복지부, 2015, pp.94-95). 이제는 근로능력이 있음에도 불구하고 장기 실업 상태에 처한 사람들은 빈곤층으로 전락하

---

7) 단 근로 능력이 있는 자활보호 대상자의 경우 생계급여가 지원되지 않았고 기능훈련이나 생업자금 융자를 받기 위해서는 일정 요건을 갖춰야 했기 때문에(황덕순 외, 2002, p.125) 개정된 생활보호법은 탈수급·탈빈곤을 위한 장치에 가까웠다.

8) 빈민운동(주민운동)은 빈민 밀집 지역을 중심으로 주민공동체를 만들고자 했던 운동인데, 당시 몬드라곤 사례가 전파되면서 이러한 조직화의 방식으로 노동자협동조합이 검토되기 시작했다(김신양 외, 2016, pp.148-149). 노동자협동조합 조직화 운동은 그 이전에도 이미 노동운동의 진영에서 시도되어 왔었다.

였고, 「생활보호법」 하에서 이와 같은 빈곤문제는 실질적으로 해결되기 어려웠다. 당시 18~65세의 근로능력이 있는 사람은 「생활보호법」의 대상이 될 수 없었고, 대상자 자산 평가 시 소득과 재산이 중복적용 되어 재산은 어느 정도 있지만 실업으로 인해 소득이 없는 실직자들도 보호 대상에서 제외되었기 때문이다. 그러한 상황에서 학계와 시민단체 등은 새로운 복지제도를 요청하였고, 정부와 국회에서도 필요성을 느껴 정책연구와 법안 발의를 거쳐 1999년 「국민기초생활보장법」을 제정하기에 이르렀다. 「국민기초생활보장법」의 제정은 한국의 공공부조의 질적 발전의 과정으로 평가 받는다. 과거와 달리 인구학적 기준이 폐지되고 근로 능력에 관계없이 최저생활수준 이하의 국민은 국가의 복지체제 속에 놓이게 되었다. 또한 법적 용어도 '보호' 등과 같은 시혜적 성격의 용어에서 '보장' 또는 '수급' 등의 권리적 성격의 용어로 바뀌면서 한국도 복지국가로서의 면모를 갖추기 시작했다. 특히 근로능력이 있는 빈곤층이 조건부 수급자의 자격을 갖게 되었다는 점에서 이 시기는 '근로연계복지'로의 전환점이라 할 수 있다. 근로능력이 있는 자는 빈곤 수준에 따라 선택적으로 자활보호 대상이 되어 근로활동이 강제되고 생계급여는 받을 수 없었던 생활보호제도와 달리 국민기초생활보장제도 하에 수급자는 자활에 필요한 사업에 참여하는 조건으로 생계급여를 받을 수 있게 되었다. 근로연계복지의 영어식 표현인 workfare는 소득보전 형태의 복지 정책을 노동시장 진입 형태의 복지 정책으로 최초로 변화시킨 미국에서 주로 쓰는 용어이다.[9] 근로연계복지는 근로능력이 있는 공공부조 수급자에게 근로관련 활동에 대한 참여를 의무화시키는 정책(황덕순 외, 2002, pp.5-6)이라

9) 미국은 주로 workfare를 사용하며 유럽의 경우 welfare to work를 사용한다(황덕순 외, 2002, p.5).

는 점에서 일각에서는 조건부 수급이 강제 노역이라는 비판이 있었고 정당화하는 사회적 합의가 동반된 것은 아니었지만, 생활보호제도에 비해서는 분명히 진일보했다고 봐도 무방할 것이다(황덕순 외, 2002, p.129). 그에 더해 복지제도의 목적이 과거의 생계구호에서 변화해 이제는 자활을 통한 빈곤 및 실업의 극복, 고용을 통한 소득 증대, 나아가 사회적 배제의 해소를 암묵적으로 지향했다고 볼 수 있다. 즉 경제적 가치뿐만이 아니라 사회적 가치도 추구하게 된 것이다.

그러나 전술한 바와 같이 근로연계복지는 자활 참여에 대한 조건부 수급이라는 규정 때문에 의무적 근로의 성격을 지니는 한계를 벗어나지 못한다. 게다가 이러한 근로연계복지의 '일' 또는 '일자리'에 초점을 두고 본다면, 노동공급에 초점을 맞춘 미국의 경우에는 더 많은 실업을 유발하기도 했으며 취업을 통한 빈곤퇴치의 성과를 명확히 평가하기 어려울뿐더러 오히려 빈곤이 악화된 것으로 평가된 일부 정책이 있는 것으로도 알려져 있다(황덕순 외, 2002, pp.15-21). 그에 반해 노동수요 측면에서 복지 정책에 접근하는 유럽의 경우 사회적 경제부문을 통한 고용창출전략이 효과적이었다는 조사 결과가 있기도 하며, 사회적 경제 부문에 대한 견해에 따라 다르지만 참여자들에게 더 높은 만족을 주고 사회서비스를 제공하는데 있어서 더 강점이 있다고 보여지기도 한다.[10] 이처럼 근로연계복지는 명목상 'work'라는 용어를 사용했지만 사실상 '근로'는 '일자리(job)'에 더 가까운 의미였다.

반면 사회적경제 부문에서의 '근로'는 '일자리(job)' 그 자체보다 '일(work)'이 지니는 가치를 더 중요하게 여긴다. 앞서 살펴봤듯이 민

10) 사회적경제부문(social economy sector)을 통한 직접적인 고용창출전략은 공급측면에서의 복지 의존성이 아니라 노동시장의 수요 측면과 관련되어 있는 사회적 배제(social exclusion)의 결과로 미취업을 이해하는 경우 자연스럽게 도출되는 전략이다(Erhel et al., 1996: 황덕순 외, 2002, pp.17-20에서 재인용).

간 영역에서 재조직되고 전파되며 성장한 협동조합의 가치 중 하나인 '자조' 또는 '자립'은 노동시장의 계약관계에 의한 고용이 아닌 스스로 선택한 일(work)과 그 일을 통해 얻는 성취감이나 보람을 더 중시하는 가치이다. 「사회적기업육성법(2007)」에 따르면 사회적기업은 취약계층에게 일자리를 제공하거나 사회서비스를 시장가격 이하 또는 무료로 제공한다. 그리고 이것을 기업의 목표로 하면서 목표 달성을 위해 생산활동을 한다. 기존 경제학에서 이야기하는 것과 같이 기업의 이윤극대화를 위해 고용(생산요소의 투입)을 하는 것이 아니라 사회적 목적 달성을 위해 생산활동(이윤 창출)을 하는 것이다. 기업의 입장에서 고용은 일자리이지만, 생산활동에 참여하는 취약계층의 입장에서 고용은 단절되어 있던 사회적 관계를 회복하는 일(work)이다. 사회적경제조직은 이처럼 사회적배제의 문제를 해소하고 소외된 사람들을 포용한다. 이들의 포용 대상은 빈곤이나 근로능력 등을 벗어나 지역과 공동체 또는 사회 전체가 된다. 더 나아가서는 지역의 사회적 문제를 스스로 해결하고 소실되어가는 공동체를 재생하기도 한다. 이러한 기능은 사회적기업이나 사회적 협동조합에만 국한된 것이 아니다. 국민기초생활보장법(1999)이 제정되기 이전에 이미 지역주민 스스로 빈곤 문제를 극복하고자 노력했던 '생산공동체 운동'의 '자활' 정신은 제도화로 인해 가려진 면이 있지만, 단순히 법에 따라 규정된 빈곤을 극복하는 것을 넘어 궁극적으로 일(work)을 통해 현실의 문제를 스스로 극복하게 하는 데 목적이 있었던 것은 분명하다. 또한 취약계층에게 노동 참여의 기회를 제공하는 중요한 기능은 제도화된 사회적기업의 출생 이전부터 있었다. 이와 같은 사회적경제조직들은 경제적 가치보다 사회적 가치를 더 높게 평가한다.

사회적경제 3법 제정과 함께 사회적경제가 본격적으로 제도화되면 사회적경제조직은 증가하고 지역 주민의 인식도 높아져 갈 것이며,

그만큼 사회적경제의 역할과 기능도 확대되어 갈 것이다. 일(work)에 초점을 두고 복지 패러다임을 살핀다면 지금까지의 복지체계는 국가의 사회보장 차원의 복지제도라고 할 수 있다. 그러나 노동통합 기능을 통해 사회적경제가 주도하는 복지는 지역 공동체를 중심으로 스스로 참여하여 보장하는 자생적인 복지체계이다.

표 2-1-3. 한국 복지패러다임의 변화

구분	기존 패러다임		뉴 패러다임
	근대적 복지	**근로연계복지**(workfare)	**일-복지**(work-welfare)
관련제도	생활보호법(1961) 생활보호법 개정(1982)	· 국민기초생활보장법(1999)	· 사회적기업육성법(2007) · 협동조합기본법(2012) · 도시재생활성화및지원에관한특별법(2013) · 사회적경제 3법(국회 계류 中)
복지의 성격	시혜적 복지 (선택적 정책 대상)	· 보편적 복지 (국가의 의무이자 국민의 권리)	· 자생적 복지 (자조와 협동으로 생산하는 복지)
운영조직	국가 및 지자체, 보건사회부	· 자활지원센터 자활공동체, 자활기업	· 사회적기업, 협동조합, 마을기업, 개편된 자활기업 등 사회적경제 조직
대상	부양의무자 및 근로능력이 없는 개인	· 근로능력은 있으나 부양의무자가 없거나 빈곤선 이하의 개인	· 공동체(지역, 공동체, 사회)의 근로 능력이 있는 취약계층, 공동체 구성원
목적	생계구호	· 빈곤·실업극복(공급측 자활) + 소득증대(고용) + (암묵적)사회적배제 해소	· 노동통합(수요-공급 양자 자활) + 사회적배제 해소(포용) + 재생
추구 가치	경제적 가치	· 경제적 가치(main) + 사회적 가치(sub)	· 사회적 가치(main) + 경제적 가치(sub)
지원에 대한 반대급부	근로 의무 (국가 선택)	· 근로 의무(수급자 선택)	· 無(자발적참여)

주: 생활보호법개정(1982)은 엄밀히 말하면 근로연계복지로 가는 과도기에 있었다.

본 서에서는 사회적경제가 주도하는 새로운 복지 패러다임을 '일-복지'라고 명명하였다. 〈표 2-1-3〉은 사회적경제가 주도하게 될 '일-복지'와 한국의 복지패러다임의 변화를 나타낸 것이다. 그런데 지금까지 기존 복지패러다임과의 '일-복지'의 차이를 비교했지만, 더 명확하게 접근하기 위해서는 일-복지의 개념 정의가 필요하다. 이 과정은 3장에서 취약계층에 관한 개념을 검토한 뒤에 거치기로 한다.

2-2 사회적경제의 노동통합 기능

1. 사회적경제의 노동통합

1) 노동통합 사회적기업의 개념

노동통합 사회적기업을 한 마디로 정의하기는 어렵다. 왜냐하면, 국가에 따라 역사, 법과 제도, 사회문화적 환경 등이 다르기 때문이다. 따라서 본 소절에서는 기존 연구에서 정의하고 있는 내용을 원용하여 소개하는데 치중한다. 가장 일반적으로 "노동통합 사회적기업(Work Integration Social Enterprise, 이하에서는 WISE로 명명)을 시장에서 매개 가능한 생산활동을 통해 취약계층의 근로와 훈련 및 기술개발을 통합적으로 결합시키는 사회적기업의 한 영역"이라고 정의한다(Spear & Bidet, 2003, pp.8-9). 사회적기업의 한 부문이라는 점과 취약계층의 고용 및 훈련 기회 제공을 통해 통합을 달성할 수 있다는 메시지를 담고 있다. 동일한 맥락에서 "생산활동에 대한 맞춤식 지원이나 근로자 자질향상 훈련을 통하여 취약계층들이 노동시장에 통합하도록 하는 목적을 가진 자율적인 경제조직"을 사회적기업으로 정의하기도 한다(Davister et al., 2004, p.3).

위에서 정의된 내용에 기초하면, 노동통합 사회적기업은 기존의 일자리창출 사업 또는 일반 훈련사업과 차별될 수밖에 없다. 먼저는 훈련과 고용이 결합되어 근로자들의 자질향상을 꾀한다는 점에서 일자리창출 사업과는 차별된다. 또한 훈련이 단순히 재화나 서비스 활동의 고도화를 위한 수단에 그치지 않고 노동통합의 매개로써 활용된다는 점에서 일반훈련 사업과는 다르다고 볼 수 있다.

또한 WISE는 영구적으로 노동시장에서 배제될 위험에 있는 취약계층이 생산활동을 지속하게 한다는 점과 취약 계층이 안정적으로 고용을 지속하도록 그들 상황에 맞는 적절한 지원을 한다는 점에서 기존의 적극적 노동시장 정책과 차별화된다. 전통적 노동시장에서 근로능력의 재획득이 여의치 않았던 취약계층에게 적합한 일자리를 제공한다는 것은 근로자 개인 차원의 통합을 넘어 사회적기업의 지속가능성의 토대를 마련하는 일련의 과정으로 이해할 수 있다. 결과적으로 차별화된 점들이 역동적으로 작용하면서 WISE를 더욱 든든히 세워나가고 있다고 볼 수 있다. 여기에는 취약계층에 부합하는 생산 및 서비스 영역에서 일자리 창출이 가능하도록 공공제도가 뒷받침한 요인도 크게 작용했다[11]. 이런 점에 비춰볼 때, 맞춤화된 훈련 프로그램을 고안하여 취약계층의 직무능력, 기술 등을 함양하게 만드는 것은 사회적기업의 지속가능성을 보장하기 위한 선결 요건이라고 말할 수 있다. 다만, 취약계층도 대상에 따라 사회적·신체적 여건이 다르기 때문에 주어진 자원을 보다 유연하게 활용할 수 있는 제도적 장치도 마련될 필요가 있다.

2) 노동통합 사회적기업의 유형

〈표 2-2-1〉에 정리된 바와 같이 사회적기업의 법적 지위와 제도적 인정의 정도에 따라 사회적기업을 3가지 유형으로 구분한다. 먼저, 사회적기업에 대한 법적인 틀을 가짐과 동시에 제도적 인정(노동

11) Nyssens(2006(고두갑 외 역, 2011), pp.16-17) 참조.

통합에 대한 관심)도 일정 수준 받고 있는 경우이다. 이탈리아의 B형 사회적협동조합이 이 사례에 해당된다. 둘째는 법적 인정을 아직 받지 못하였지만 노동통합 활동에 대해 전념하는 경우이다. 아일랜드의 사회통합 기업, 프랑스와 벨기에의 통합기업, 포르투갈의 통합기업과 핀란드의 노동자협동조합을 예로 들 수 있다. 마지막으로 아직 법률적인 근거를 갖지 못한 가운데 노동통합 활동을 행하는 경우이다.

한편, 〈표 2-2-2〉에 정리된 바와 같이 프로그램의 타겟대상, 노동통합목적, 일자리 및 훈련, 재원을 기준으로 WISE를 4개의 그룹으로 유형화하기도 한다(Davister et al., 2004, pp.4-5).

A유형은 단기보조금에 의해 전환되는 고용을 창출하는 기업이다. 초기에는 공적보조금을 통해 취약계층의 낮은 생산력을 보전해 주지만 이 보조금은 임시적이며 노동자들의 경쟁력이 점차 갖추어지면 이들이 생산하는 재화와 서비스 판매를 통해 얻어진 수입이 보조금을 대체하게 된다. 궁극적으로는 자립재정에 기반한 일자리 제공을 통해 취약계층의 노동통합 달성을 목표로 한다. 영국의 커뮤니티 비즈니스와 독일의 협동조합 형태의 사회기업을 이에 해당한다.

표 2-2-1. 법적지위와 제도적 인정 측면에서 노동통합 사회적기업 유형

유형	법적 지위	제도적 인정	사례
1	○	○	이탈리아 B형 사회적협동조합
2	X	○	아일랜드 사회통합기업(Social Integration Enterprises), 포르투갈 통합기업(Insertion Companies), 프랑스와 벨기에 통합기업(Entreprises d'insertion), 핀란드 노동자협동조합(Labour Cooperatives)
3	X	X	특정기업을 예로 들기는 어려움

자료: Spear & Bidet, 2003, p.10 재구성

표 2-2-2. 대상, 목적, 일자리 및 훈련과 재원에 따른 노동통합 사회적기업의 4가지 유형

유형	주요 특징	대표 사례
A 단기보조금에 의해 지원되는 전환고용	- 자립재정의 지속적인 일자리 제공 - 보조금으로 생산성 부족분을 보상 - 생산된 재화와 서비스 판매를 통해 시장자원 대체	커뮤니티 비즈니스 (영국) 사회기업 (독일)
B 생산활동을 통한 사회화	- 알코올 중독자, 약물중독자, 전과자와 신체 및 정신지체 중증 장애인 - 사회적 접촉, 규범적 생활 등 재사회화 - 노동계약이나 법적지위에 구속받지 않음	노동생활적응센타 (프랑스) 보호고용센터 (스페인)
C 영속적인 자기자본 조달에 의한 일자리	- 경과적(transitional) 일자리 제공을 통해 정규노동시장 진입 목표 - 개인별 맞춤형 직업능력향상 프로그램 제공	노동협동조합 (핀란드) 지방지역사회기업 (덴마크)
D 장기보조금에 의해 지원되는 일자리	- 지속적인 보조금 지급을 통한 직업통합 - 신체 및 정신지체 장애인 - 보호작업장 성격을 가짐	보호고용 (아일랜드/포르투갈) 보호작업장 (벨기에/덴마크)

자료: Davister et al., 2004, pp.4-5 재구성

B유형은 생산활동을 통해 재사회화를 추구하는 기업이다. 알코올 중독자, 전과자 등 심리적·사회적으로 문제를 가진 집단 또는 정신지체 중증장애인이 대상이기 때문에 정규노동시장으로의 진입보다는 사회적 관계 훈련 및 규칙 준수 등을 통해 이들의 사회화를 돕는 데 목적이 있다. 이에 따라 노동계약이나 법적지위에 크게 얽매이지 않는다는 점에서 준공식적(semi-formal)인 형태를 띤다. 프랑스의 노동생활 적응센터, 스웨덴의 사회적 협동조합, 스페인의 보호고용센터가 이러한 유형에 속한다.

C유형에서는 대상자들이 정규노동시장에 들어갈 수 있도록 노동경

험을 쌓게 하거나 현장 직업훈련을 제공한다. 노동자들에게 정규 노동시장에서 일자리를 찾아준다는 목표가 뚜렷하기 때문에 직업훈련 프로그램도 개인의 욕구를 최대한 반영하여 설계된다. 즉, 프로그램 참여자의 고용가능성을 최대한 고려한다. 노동시장 통합이 신속하게 이루어져야 하기 때문에 근로 또는 훈련계약이 기간제 형태를 갖는 것도 이러한 이유이다. 자원 동원의 차이는 기업마다 크게 차이가 있다. 일부 기업은 보조금에 전적으로 의존하지만 반대로 공적보조금을 전혀 받지 않는 예도 있다. 핀란드의 노동협동조합과 프랑스의 임시적 노동통합기업, 그리고 덴마크의 지방지역사회기업이 여기에 포함된다.

D유형은 장기보조금에 의해 지원되는 일자리이다. WISE의 가장 오래된 유형으로 주로 정신질환이나 신체장애를 가지고 있는 사람이 대상이다. 장애인 보호작업장이 대표적인 예인데, 장애인들이 사회적 정체성을 회복하고 최소한의 직업능력을 획득할 수 있도록 돕는데 주안점을 두고 있다. 아일랜드와 포르투갈의 보호고용, 벨기에와 덴마크의 보호작업장이 이 유형에 속한다. 설령, 정신적·신체적 장애가 없더라도 사회적인 장애를 가지고 있는 사람들은 유럽 각국에 있는 보호작업장에 참여할 수 있는 기회를 갖게 된다.

〈그림 2-2-1〉에서는 유럽 EMES(Emergence of Social Enterprise in Europe) 네트워크에서 정의한 44개 유럽국가의 WISE를 Davister et al.(2004)이 제시한 분류 체계를 적용하여 정리하였다. A형(단기보조금에 의해 지원되는 전환고용)과 C형(영속적인 자기자본 조달에 의한 일자리)으로 각각 분류된 기업처럼 특정 유형에 국한한 WISE도 존재하지만, 다른 유형과 결합된 특징을 가지고 운영되는 기업도 있다. 예를 들어, A형과 C형이 결합된 사례는 5개에 이른다.

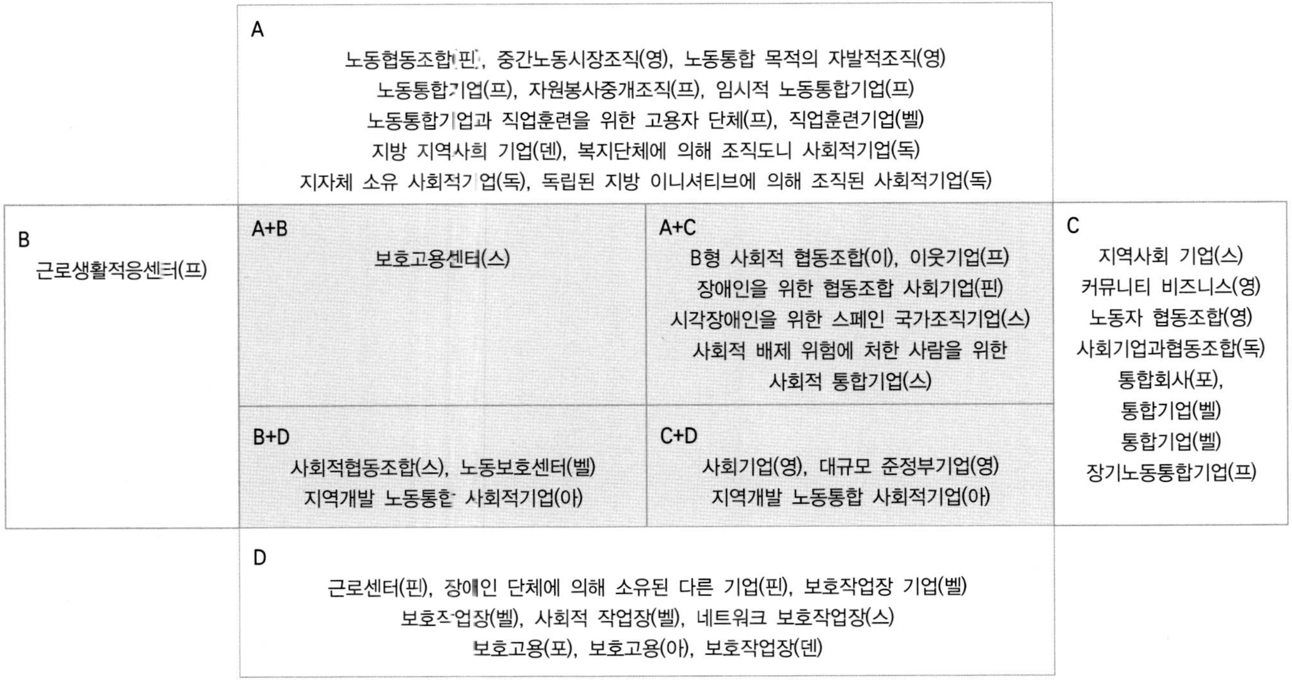

그림 2-2-1. 유럽국가 노동통합 사회적기업의 유형

3) 노동통합 사회적기업의 연구

WISE를 분석한 기존연구들은 이러한 기업의 안착 및 지속가능성을 확보하기 위해서는 태동 목적에 대한 공감대 확산, 참여 대상에 적합한 일자리 제공, 일자리에 필요한 훈련 시스템 구축, 그리고 가용자원의 역동성 확보 등이 이루어져야 함을 밝히고 있다. 본 절에서는 WISE의 역사에 대한 연구와 지속가능성과 관련한 연구 흐름을 중심으로 살펴본다.

먼저 WISE가 확산되는 중이지만 태동 배경과 기본 목적에 위배되어 진행된다는 비판도 나오고 있다(김정원, 2018, p.218). 이러한 상황에서 그는 유럽국가의 WISE에 대한 보다 바른 역사적 이해를 통해 한국 상황에 맞는 모델을 발굴하고 운영 방식을 찾는 것이 중요함을 주장한다. 그는 유럽에서 WISE의 변천 과정을 두 개의 물결로 구분하고 3단계로 세분하였다. 크게는 1980년대를 기점으로 비제도화 시기와 제도화 시기로 나눈다(김정원, 2018, pp.217-219).

비제도화 시기는 1960년대로 거슬러 올라간다. 이 시기에는 주로 신체적 장애를 가진 사람을 대상으로 한 직업재활기관이 WISE의 역할을 담당하였다. 노동 행위에 필요한 기술을 습득할 수 있는 프로그램과 부분적으로 재사회화 활동 프로그램을 제공하였다. 이어서 1970년대~1980년대 초에는 시민사회 활동가에 의해 WISE가 본격적으로 설립되었다. 기존의 주 대상이었던 장애인외에도 사회적으로 소외된 계층(약물중독자, 이민자, 노숙인 등)까지 참여 대상이 확대되었다. 이때에는 시민활동가들이 정부의 소극적인 정책 개입을 비판하며 보다 선도적인 역할을 담당하였다.

제도화시기인 1990년대 들어 시민사회의 조직이 자생적인 활동을 하면서 유럽 각국은 이 부문에 더욱 많은 관심을 갖기 시작했다. 각국에서는 적극적 노동시장 정책의 일환으로 WISE를 확산시켰다. 한편,

표 2-2-3. 유럽 국가의 WISE 변천 과정

유형	비제도화 시기		제도화 시기
	60년대	70~80년대	90년대 이후
주요 대상	장애인	사회적 배제에 노출된 자	사회적 배제에 노출된 자
주요 목적	기술습득 및 재사회화	실업과 사회적 배제에 대한 대응	일반노동시장 진입
조직화 주체	시민사회 중심	시민사회 중심	시민사회 중심가운데 정부의 강한 견인
시기 특성	케인주의 시기	케인주의에서 신자유주의로의 변동	신자유주의 시기

자료: 김정원, 2018, p.219.

WISE의 태동 초기에는 사회통합이 주된 목표였고 노동통합은 간접적인 결과로 인식하였는데 WISE가 확산된 2000년대에는 사회통합보다는 노동통합에 대한 정량적인 평가를 중요시하는 경향을 보이고 있다. 이에 따라 WISE의 정체성 및 진로에 대한 연구가 한 축으로 자리잡아가고 있다.

연구의 다른 한 축은 WISE의 지속가능성에 대한 연구이다. 여기에서 핵심은 참여 대상에 적합한 일자리 및 훈련 제공이다. 앞서 서술한 바와 같이 WISE의 유형 구분은 통합 목적의 대상에 따라 추구하는 목적에 기초한다. 대상이 정해지면 생산활동의 방향이 정해지고 일자리 및 훈련 형태가 결정된다. 가용 자원 역시 이러한 흐름을 반영한다(Davister et al. 2004, pp.14-15).

따라서 일차적으로 기업이 고용하고자 하는 사람의 특성을 정확하게 파악하는 것이 중요하다. 참여대상은 신체적 정신적으로 제약이 있는 취약계층과 일반노동시장으로의 진출에 어려움이 있는 구직자로 크게 구분할 수 있다(O'Conner & Meinhard, 2014, p.35). 일반적으

로는 정책적 구조에 의해 보조금 혜택을 받는 대상이 규정되어 있기 때문에 참여 대상이 자동적으로 정해지는 경우도 있지만 보조금 혜택을 받지 않는 경우에는 대상 선정에 법적 제한이 없게 된다. 유럽의 사례를 보면, Davister et al.(2004)이 앞서 분류한 4가지 유형 중 특정 유형의 기업만 존재하는 경우(이탈리아와 핀란드-영속적인 자기자본 조달에 의한 일자리와 지속적 보조금을 통한 직업통합 유형, 스웨덴-생산활동을 통한 재사회화 유형)와 모든 대상을 포괄하여 기업이 운영되는 경우(벨기에, 영국, 프랑스)로 구분된다. 한편, 생산활동이 목표 대상의 근로능력에 적합하여야만 WISE가 성공할 수 있기에 근로 능력에 적합한 생산활동이 무엇인지를 결정하는 것이 중요하다는 주장이 제기되고 있다(정영순 외, 2010, p.216). 이러한 주장은 취약계층의 생산능력 및 제약을 고려하여 새로운 영역에서 일자리가 창출되어야 한다는 의견(Nyssen, 2006, p.55)과 노동통합 사회적기업의 일자리는 그동안 충족되지 않은 욕구를 채울 수 있는 부문과 연관되거나 지역사회에서 수요가 왕성해 지고 있는 사회서비스 분야(보건, 교육, 문화, 환경 등)에서 찾아야 한다는 주장과 맥을 같이한다(Birkholzer, 2009, p.19).

훈련의 중요성도 간과할 수 없는 대목이다. 훈련은 고용의 기회를 제고시킬 뿐만 아니라 질 높은 일자리를 얻을 수 있는 통로가 된다. WISE의 경우에는 훈련을 통해 기업의 생산성을 향상시킬 수 있고 고용의 지속성을 높일 수 있다. 그런 점에서 WISE의 훈련 또한 참여 대상에 따라 현장훈련, 구조화된 훈련, 그리고 혼합형 훈련 등으로 체계화하는 것이 중요하다는 주장도 설득력을 얻고 있다(Marsahll & Macfarlane, 2000, p.51). 최근까지의 WISE 훈련프로그램을 검토한 결과에 의하면, 초기에는 OJT나 구조화된 직업훈련 중심으로 진행되었지만 점차 두 가지를 병행해서 진행되는 경향이 있는 것으로 나타났다(O'Conner & Meinhard, 2014, p.40).

2. 노동통합 사회적기업의 분석

WISE의 선행연구와 이론적 고찰을 통해 살펴본 결과, 해당 범주 내에 고용, 복지 및 훈련이 모두 포함되어야 함을 알 수 있었다. WISE의 목적은 노동시장에서 영구히 배제될 가능성이 높은 사람들에게 일반적인 생산활동 기회를 제공함으로써 사회와 일터에서 통합을 이루는데 있다. 즉, 일터로 복귀시키기 위한 일자리 제공(고용), 노동시장으로부터의 배제될 위험이 있는 대상에 대한 배려(복지), 그리고 일터로 복귀시켜 통합시키기 위한 훈련을 주요 축으로 하는 기업을 WISE라고 할 수 있다. 한국에서는 자활기업, 직업재활시설, 사회적기업 중 일자리창출형과 혼합형, 일반기업에서 전체직원의 30% 이상을 노동시장에서 배제될 위험에 있는 사람들을 고용하고 있는 기업을 WISE의 연구대상이라고 할 수 있다. 원래 고용노동부의 사회적기업 인증을 받을 경우만 사회적기업 용어를 사용할 수 있고 그 중에서 노동통합의 목적을 가진 기업에 국한하여 WISE 라는 용어를 사용한다.

자료 분석은 유럽의 정책사례와 제 국가에서 많이 활용되고 있는 구조화 분석(framework analysis) 방법을 따른다. 선행연구와 수집된 자료검토를 통해 WISE의 경우에 복지와 노동시장의 가치가 접목되는 지점이 있음을 확인하였고 이로 인해 발생할 수 있는 정책적 문제점을 파악하고 해결하기 위해 아래와 같이 3가지 분석 수준을 설정하였다. 보다 구체적으로는 정영순·송연경(2010)에서 제시하였던 방법을 원용한다. 즉 상위수준의 이념적 관점에서는 '노동통합 사회적기업의 현황과 제도'를 먼저 살펴보고 이념·체계적 구조적 중간수준에서는 '노동통합 사회적기업의 목적과 대상'과 '노동통합 사회적기업의 일자리와 훈련'을 정리해 본다. 이어서 하위수준인 규정적·운영적 수준에서 '노동통합 사회적기업의 재정과 지원'이라는 주제로 WISE의 제도적 특성에 대한 분석을 진행한다.

본장의 이하 소절에서는 유럽국가의 WISE가 근로, 훈련, 복지의 역할을 어떻게 수행하고 있는지를 검토하고 노동통합을 추구하는 사회적기업이 향후 개선해야할 요인은 무엇이며 WISE의 확산 및 지속가능성 관점에서 중장기적으로 준비해야할 과제가 무엇인지를 탐색하는데 주안점을 둔다.

2-3 선진국가의 사회적경제와 노동통합

1. 영국

1) 노동통합 사회적기업의 현황과 제도

2004년까지 영국에서는 사회적기업이라는 용어가 통용되지 않았고 그와 관련한 법률 규정도 존재하지 않았다. 뿐만 아니라 사회적 협동조합이나 자선단체 등에 적용할 수 있는 법도 부재하였다. 이에 영국 의회는 사회적기업을 개별적으로 규율하는 다양한 법령을 통합하여 '공동체이익회사 규정(Community Interest Company Regulation)'을 2005년 7월에 제정하였다. 이 법에서는 사회적기업의 제도적 정착을 위해 일정수준의 수익배분 원칙, 공공기관의 사회적기업 감독, 운영 관련 보고의 의무화, 사회적기업 서비스 수혜자에 의한 평가 등을 세부 규정화하였다. 운영측면에서는 통상산업부(DTI)내에 사회적기업 지원을 전담하는 '사회적기업 추진단(Social Enterprise Unit)'를 두어 사회적기업 활동을 장려하는 각종 정책의 수립, 기업활동에 장애가 되는 애로사항 해결, 모범 사례 전파 등의 역할을 담당하게 하였다.

한편, 영국에서 WISE는 취약계층을 대상으로 고용과 훈련 기회를 동시에 제공하는 기업을 일컫는다. WISE를 위한 별도의 법률체계가 존재하지 않지만 노동통합만을 목적으로 하거나 서비스 제공을 통해 노동통합의 기능을 부분적으로 담당하는 기업이 존재한다.

2005년 기준으로 사회적기업 종사자는 약 47만 5천명 정도이다. 이는 전체 기업 종사자의 1.2%이고 민간 고용에서 차지하는 비중이 2.5%에 이르는 수준이다. IFF Research(2005)에 따르면, 노동통합 사회적기업이 전체 사회적기업의 25%정도이고 WISE중에서 약 36%는 노동통합 기능에 매진하고 있다. 종사자 수로 환산하면, WISE에 종사하는 근로자 수는 약 12만명에 이르고 4만 3천명은 노동통합을 주목적으로 운영되는 사회적기업에 종사하는 것으로 볼 수 있다.

영국에서 노동통합 기능을 하는 사회적기업은 6개 유형으로 구분된다. 노동시장중개조직(Intermediate Labour Market Organisations), 노동자협동조합(Worker Co-operatives), 지역사회기업(Community Business), 사회적회사(Social Firms), 림플로이(Remploy), 고용활동에 참여하는 자발적조직(Voluntary Organizations with Employment Initiatives)이다. Davister et al.(2004)과 Spear & Bidet(2003)는 이 중 자발적조직을 제외한 5개 유형만을 WISE라고 분류한다. 그 이유는 자발적조직이 개별 모(母) 조직에 의해 관리 운영되어 통계자료를 추정하는 데 어려움이 있기 때문이다. 5개 WISE중에서 노동자협동조합과 지역사회기업은 전체의 80% 이상을 차지하고 있다.

2) 노동통합 사회적기업의 목적과 대상

WISE는 크게 3가지 형태(① 독자적인 회사 형태, ② 노동시장중개조직 유형으로 다른 조직의 프로젝트나 프로그램 ③ 모(母)조직에 의해 지부 또는 하나의 부서)로 운영된다. 대체적으로 WISE는 상호 배타적으로 운영되는게 일반적이지만 지역사회기업들 또는 자발적조직 유형의 노동통합 사회적기업은 노동시장중개조직이나 사회적회사와 공동 운영되는 경우도 있다.

표 2-3-1. 영국의 노동통합 사회적기업의 분류

유형	정의	목적	타켓대상
노동시장 중개조직	일정기간 동안 훈련과 근로경험을 함께 제공함으로써 실직상태에서 정규노동시장으로 이행하게 중개역할을 하는 조직	실직자들에게 훈련과 함께 일자리 제공	청년 또는 장기실직자, 뉴딜 자격자일 수 있음
노동자 협동조합	노동자에 의해 소유되고 관리되는 기업	전형적으로 고용창출, 근로생활의 개선 또는 환경개선	실직자집단, 노동시장에서 취약한 소수민족 및 여성
지역 사회기업	지역사회주민의 자립을 위한 일자리 창출과 지역개발을 목적으로 지역공동체에 의해 설립된 기업	기술 개발과 고용 및 서비스 제공에 의한 지역의 취약성 극복	장기실직자, 청년, 근로자, 소수민족, 여성 등 심각한 사회적 문제를 가진 구직자
사회적 회사	장애인 등 노동시장에서 불리한 조건을 가진 사람들을 고용하기 위해 설립된 기업	장애인 또는 다른 노동시장 취약 집단에게 일자리 제공	장애인, 심각한 사회적 문제를 가진 구직자
림플로이	장애인 등 취약자들에게 고용기회 또는 훈련을 제공하기 위해 영국 전역에 공장 네트워크를 가진 공사기관	장애인 고용창출 및 훈련, 일반 회사로의 고용 지원	장애관련 정부프로그램 자격자인 정신적, 신체적 장애인
자발적 조직	조직 내 한 부서 또는 지부로 기업적 방법으로 사회적 목적을 달성하고자 형성된 조직	장애인이나 취약집단에 훈련 및 고용 제공	장애인, 노숙자, 전과자 등이나 각 기업은 특정 집단에만 타겟함

자료: 정영순·송연경, 2010, p.274의 〈표 2〉에서 발췌하여 재구성

영국에서는 WISE의 대상과 목적이 매우 밀접한 관계를 가진다. 〈표 2-3-1〉에서처럼, 노동시장중개조직[1]은 장기실직자(보통 2년 이

1) 기존에 단 시간 일자리를 제공했던 대규모의 지역사회 프로그램(Community Program, CP)이나 프로젝트 일자리(Project Work)사업이 큰 효과를 얻지 못하면서 노동시장중개조직이 등장하였다. 이 조직은 참여자에게 근로경험을 제공하는 것을 주목적으로 하고 있다. 지역재생 프로그램이나 사회적경제 활동을 노동시장중개조직과 결합시킴으로써 일자리를 창출하고 이곳에서 근로경험을 쌓도록 한다.

상 실직기간)가 주 대상이며 특히, 청년 실직자에게 관심을 갖는다. 이 프로그램은 영국 정부의 뉴딜 프로그램과 밀접한 관련이 있다. 노동시장중개조직의 참여자들은 뉴딜로부터 직접 의뢰를 받거나 지역 수급 조건이 충족될 경우에는 지방자체단체로부터 요청을 받기도 한다. 주로 환경보호 또는 자원봉사섹터에서 근로할 기회를 얻게 된다. 다른 유형에 비해 젊은 사람을 대상으로 하기 때문에 노동시장에 빨리 통합할 수 있도록 근로경험 기회제공과 훈련을 강조한다. 그런 점에서 경과적 고용을 제공하는 WISE라고 할 수 있다.

노동자협동조합은 노동시장에서 실직자 및 노동시장에서 취약한 여성, 소수민족을 주 대상으로 한다. 고용창출 뿐만 아니라 근로생활의 개선과 환경개선에도 초점을 둔다. 노동자에 의해 직접 소유되고 관리되기 때문에 훈련보다는 영구적 고용이 강조되는 유형이다.

지역사회기업은 지역발전을 주된 목적으로 두고 있다는 점에서 여타 유형과 구별된다. 지역거주자로서 장기간 실직에 처해 있거나 취약계층에 해당하는 여성, 소수민족 등에게 고용과 훈련을 기회를 제공한다. 궁극적으로는 지역주민의 자립을 위한 일자리창출과 지역개발이라는 목표를 동시에 추구한다고 볼 수 있다.

사회적회사, 림플로이, 자발적조직은 장애인을 주 대상으로 하고 있다는 점에서 공통점이 있지만 장애인의 사회적, 직업적 능력에 따라 지원 기준은 상이하게 적용된다. 먼저 사회적회사는 전체 종사자의 25% 이상이 장애인이거나 노동시장 취약계층이어야 하며 이들에게 최종적으로 일자리를 제공하기 위해 훈련이 결합된 고용을 강조한다.

림플로이는 사회적회사에 비해 더 심각한 중증장애인을 대상으로 운영한다. 신체적 장애뿐만 아니라 정신적 장애까지 겪고 있는 사람들을 대상으로 운영되며 최종적으로 영구적 고용기회 제공을 목표로 한다. 다만, 고용서비스 확대를 통해 일반회사에서 비장애인들과 함께 일할 수 있는 기회를 제공하기도 한다.

자발적조직은 장애인뿐만 아니라, 노숙자, 전과자 등 취약계층을 광범위하게 정의하여 운영된다. 기업에서 중점적으로 관심을 갖는 특정 그룹을 대상으로 훈련 및 고용기회를 제공한다.

3) 노동통합 사회적기업의 일자리와 훈련

5개의 사회적기업 유형이 존재하기 때문에 사업 참가 대상의 신체적 사회적 요인과 근로능력에 부합하는 일자리 창출이 가능한 이점을 가지고 있다. 일자리 창출 유형은 최종적으로 일반 노동시장에 편입하는 것을 고려하느냐에 따라 크게 두 부류로 구분한다. 노동시장중개조직은 실직자들이 일반 노동시장으로 이행하도록 돕기 위해 일반 시장과 연계된 일자리를 제공하는 경향이 있다. 이에 반해, 다른 유형의 WISE는 기본적으로 취약계층에게 근로기회를 제공하기 때문에 지역사회와의 연계성을 가지고 생산활동에 참여하거나 또는 서비스 제공 기회를 주는 데 주안점을 둔다.

영국의 WISE가 지역사회와 연계된 생산 및 서비스 활동에 적극적으로 참여할 수밖에 없었던 이유는 정부의 취약지역 지역개발 사업과 깊은 연관이 있다. 이를 위해 영국 정부는 공공분야(교육, 사회서비스, 보건, 주택 등)에서 서비스 제공자 보다는 구매자로서의 역할을 담당하는 데 초점을 두었다. 지방 정부도 동일한 취지하에 지역에 기초한 서비스를 적극 발굴하고 이를 일자리로 연결시키려는 노력을 하였다.

노동통합 사회적기업의 유형별 근로계약 형태 및 임금 수준이 〈표 2-3-2〉에 정리되어 있다. 일자리의 특징은 일정 기간 동안 운영되는지 아니면 영구적인지를 일차적으로 구별하고 부분적으로 일반 노동시장으로의 진입을 염두하고 있는 경과적 일자리인지 여부로 특징을

표 2-3-2. 영국의 노동통합 사회적기업의 일자리 및 임금

유형	근로계약 형태 및 특징	임금 수준
노동시장중개조직	6~12개월 단기직/ 경과적	최저임금 이상
노동자협동조합	영구직	최저임금 보다 낮은 수준 가능
지역사회기업	단기직 또는 영구직	시장수준
사회적회사	단기직 또는 영구직/ 경과적	최저임금 이상
림플로이	영구직/ 경과적	국가협의 수준
자발적조직	다양	다양

자료: 정영순·송연경, 2010, p.274-278의 본문을 발췌하여 표로 재구성

살펴볼 수 있다.

노동시장중개시장에서는 주로 6~12개월 사이의 근로계약을 체결한다. 일반적으로 3~4일간 근로에 배치되고 지역사회 서비스와 관련된 일이 주를 이룬다. 일자리 형태는 모(母)단체에서 직접 일자리를 제공하는 경우도 있고 파견 형식으로 지역사회의 다른 단체나 기업에서 일하는 경우도 있다. 제3섹터 부문의 일자리가 대부분이지만 부분적으로 민간 영리기업에서도 일자리가 제공되고 있다. 노동자협동조합에서는 영구적 고용계약이 맺어지는 비중이 높다. 이는 근로자 자신이 노동자협동조합의 구성원인데서 비롯된다. 다만, 스스로 고용된 형태이기 때문에 일자리는 표준화되어 있지 않고 다양한 모습으로 존재한다. 지역사회조합은 장기 또는 단기 일자리와 관련한 고용계약이 함께 이루어진다. 대체적으로 노동자협동조합과 마찬가지로 영구적 일자리를 제공하는 경향이 있지만 일부 인큐베이팅 역할을 하는 부문에서는 단기적 일자리를 제공하는 것으로 알려졌다. 사회적회사는 영구적 일자리와 경과적 일자리 제공이 가능하다. 앞서 언급한대로 이 유형에 참여하는 대상은 장애인이거나 심각한 사회적 문제를 가졌기 때문에 원천적으로 고용 능력이 낮다. 다시 말하면, 직업 또는

숙련 선택의 폭이 제한되어 있어서 이 사람들에게는 영구적 일자리가 제공된다. 림플로이에서는 중증장애인이 영구적으로 일할 수 있도록 기회를 준다. 다만, 일반회사로 편입하는 경우도 있기 때문에 경과적 고용도 제공한다. 자발적조직의 경우에는 일자리 형태가 규정화되어 있지 않다. 이는 기업마다 다양한 대상을 타겟팅하여 기업이 운영되는데 그 이유가 있다.

5개의 WISE 종사자가 받는 임금은 최저임금 수준에 근접해 있다. 경우에 따라 이 수준을 소폭 상회하거나 하회하지만 전반적으로는 큰 차이가 없다. 노동중개시장조직은 뉴딜 프로그램에서 보조금 형태로 지원을 받기 때문에 참여자들이 최저 임금 보다는 높은 수준의 임금을 받는다. 노동자협동조합에서는 고용과 임금이 상충(tradeoff) 관계를 가지고 있다. 스스로 고용되어 있기 때문에 일자리 구속력이 없는 반면에 임금은 오히려 최저수준에 미치지 못하는 것으로 알려졌다. 지역사회기업은 근로능력에 따라 임금이 주어지는 특징이 있다. 노동통합 사회적기업 중에서는 가장 시장수준에 근접한 임금이 책정된다. 사회적회사는 최저임금과 같거나 그 이상의 임금을 제공한다. 암묵적으로는 고용에 관해 일반근로자에 부여되는 권리와 의무를 동등하게 보장하기 위한 제도적 장치 마련의 일환이라고 해석할 수 있다. 림플로이에서는 임금이 국가 차원에서 책정된다. 협상을 통해 임금 수준이 결정되면 그 수준을 따르게 된다. 자발적조직의 경우에는 일자리 형태가 다양하기 때문에 임금수준도 넓은 스펙트럼을 가지고 있다.

대부분의 노동통합 사회적기업은 훈련의 필요성을 공감하고 있다. 다만 각 유형별로 참여대상과 연관된 프로그램이 상이하기 때문에 훈련의 형태, 강도, 기간 등에 있어서는 큰 차이를 보인다. 먼저, 노동시장중개조직은 참여자의 노동시장 진입을 목표로 삼고 있기 때문에 강도 높은 훈련 프로그램을 운영한다. 예를 들어, 대부분의 조직에서는 국가직무자격제도 레벨 2 이상의 훈련을 제공한다. 게다가, 근로와 연계된 훈련 프로그램을 시행한다. 약 3/4의 조직이 근로와 훈련이 결합된 훈련패키지를 서비스한다. 이러한 시도는 지역 연계성이 높은 일자리와 결합되어 장기실업자의 재취업 소요기간을 단축시키는 것으로 평가받고 있다.

노동자협동조합은 5개의 노동통합 사회적기업 중 유일하게 훈련에 대해 큰 관심을 두지 않는다. 부분적으로 훈련 프로그램을 운영한다 하더라도 특정 대상 또는 목적을 고려하지 않고 일반적인 현장 훈련을 제공하는 경향을 보인다. 지역사회기업은 지역개발이라는 대의를 성취하기 위해 지역 주민의 훈련을 강조한다. 특히, 지역에 기반을 두기 때문에 현장친화적인 훈련이 주를 이루고 때로는 구조화된 훈련을 병행하기도 한다. 사회적회사는 훈련의 수혜자가 아니라 훈련 제공자의 역할을 한다. 훈련 빈도에 따라 훈련 제공기간이 달라지는 특징을 갖는다. 실례로, 훈련이 주 2회 제공될 경우에는 길게는 3년까지 훈련 및 지원서비스가 제공되기도 한다. 매일 시행되면 6개월 한도로 운영되는 프로그램도 있다. 전체적으로는 훈련생에게 맞춤형 프로그램이 제공되는 특징을 갖는다. 림플로이에서는 참여자가 지원받는 프로그램에 따라 다양한 훈련을 제공한다. 장애인 뉴딜 사업 프로그램에 참여하고 있는지 또는 취업준비 단계에 있는지 아니면 취업단계에 진입했느냐에 따라 프로그램 내용이 다채롭게 준비되고 구조화된다. 다른 유형과 구별되는 특징 중 하나는 러닝센터가 운영되어 기본적인 기술교육이 제공되는 점이다. 이러한 교육은 궁극적으로 국가직무자격증 취득을 목표로 한다. 자발적조직은 타겟으로 삼고 있는 대상이 있기 때문에 이에 부합하는 훈련 및 지원서비스를 구체화할 수 있는데 장점을 가지고 있다. 훈련의 강도와 규모 역시 대상에 맞춰 진행되고 있다.

4) 노동통합 사회적기업의 재정과 지원

WISE도 기업의 일환이기 때문에 이윤창출을 부분적으로 표방하지만 생산 및 서비스 활동 주체의 근로능력이 상대적으로 취약하기 때문에 시장 기준에 부합하는 제품생산 및 서비스 제공이 가능하지는 않다. 결과적으로 생산 및 서비스 활동을 통해 얻은 제품 및 서비스의 판매를 통해 WISE의 재정 자립을 추구하기는 어렵다. 현실적으로 정부 내지 민간의 보조금과 기부금 등이 없으면 사회적기업이 재정적인 측면에서 홀로서기는 어렵다.

이로 인해 WISE의 유형별로 참여하는 대상의 근로능력이 다르고 재정자립도 또한 상이하다. 여기서는 WISE의 유형별 재정자립 현황 및 재원 전달 체계를 살펴보기로 한다.

〈표 2-3-3〉을 보면, 노동시장중개조직은 한시적으로 근로경험을 제공하는데 주목적이 있기 때문에 전체 수입에서 생산 활동을 통해 얻은 수입은 고작 10% 불과하다(Spear, 2002, p.22). 노동시장중개조직은 뉴딜프로그램 재원, 유럽사회기금, 고용촉진지역 사업 재원, 지역개발기금 등 다양한 형태의 자금을 운영한다. 조직에 따라 청소년 및 장기실직자를 대상으로 한 뉴딜훈련프로그램 재원을 중점적으로 활용하는 곳도 있고 지역재건, 주거개선 등의 목적으로 지원된 지역개발기금을 전폭적으로 이용하는 곳도 있다.

노동자협동조합은 노동자에 의해 소유되고 관리되는 기업이기 때문에 기본적으로 생산활동 수입에 전적으로 의존한다. 재정자립도가 거의 100% 수준에 이르고 있기 때문에 정부보조금 지원이 표면적으로는 존재하지 않는다. 지역사회기업은 직접적인 생산활동보다는 훈

표 2-3-3. 영국의 노동통합 사회적기업의 재원과 계약

유형	재원	계약
노동시장중개조직	정부지원, 유럽구조기금, 지역재생기금	지역개발 프로젝트 우대
노동자협동조합	판매수입, 일부 공공지원	공공조달
지역사회기업	NA	지역서비스제공 우대
사회적회사	판매수입, 장애인지원	NA
림플로이	장애인지원	공공조달
자발적조직	공공지원	

자료: 고용노동부(2013), 사회적기업 활성화를 위한 선진국의 정책 실태 조사, pp.106-108 내용을 표로 작성

련 및 고용에 초점을 두고 있다. 이에 따라 수입과 관련된 정보는 잘 알려져 있지 않다. 대체적으로 훈련프로그램 재원이 활용되고 있고 지역재건 프로젝트가 수행중인 일부 지역에서는 지역개발비에 의존하는 경향을 보인다. 사회적회사의 경우에는 전체 수입 중 약 50%를 상품판매 및 서비스제공 수입으로 충당한다. 주로 장애인 뉴딜 프로그램 내지 취업준비 프로그램에 의존하고 정부로부터 지원받는 금액(서비스 판매 수입의 약 50%)도 기업 유지에 큰 몫을 차지하고 있다. 림플로이는 장애인 고용에 초점을 두고 있어서 정부의 장애인 고용지원금에 상당 부문 의존한다. 전체 경비의 약 40%를 장애인 고용 지원금 형태로 받고 있으며 나머지 부분은 장애인 관련 뉴딜 프로그램의 혜택을 받고 있다. 자발적조직은 훈련 및 고용에 초점을 두고 있는 관계로 특별한 수입원이 없는 것으로 알려지고 있다. 따라서 훈련 프로그램 운영 시 제공되는 지원에 전적으로 의존한다.

이상의 결과를 보면, 정부의 재정 지원이 없이는 WISE의 존립이 힘들다고 볼 수 있다. 그렇지만 WISE가 이윤창출만을 고집하는 일반

기업이 아니기 때문에 정부의 지원에 기초한 재정 안정성을 폄하할 수는 없다. 보조금 형태의 직접적인 지원 못지않게 WISE가 생산한 제품 또는 제공되는 서비스의 판로 지원과 기업친화적인 계약 활동이 사회적기업의 재정안정성 확보에 큰 기여를 하고 있다. 일례로, 노동시장중개조직은 지역재건, 주거개선과 같은 지역개발 프로젝트 수행 시 지역 정부와 우호적인 계약체결이 가능하다. 노동자협동조합은 독립적으로 수행되고 기본적으로 정부의 지원을 받지 않기 때문에 시장지향적인 특징을 가지고 있다. 하지만 경쟁적 시장의 특성상 불확실성이 높아져 재정안정성 기반이 훼손될 수 도 있다. 이럴 경우를 대비해, 정부는 노동자협동조합에서 생산되는 제품 및 서비스가 일반시장이 아닌 공공기관 등의 준시장(semi-market)에서 거래가 성사될 수 있도록 유도한다. 지역사회기업은 지역정부와의 계약을 통해 지역서비스 제공(교통, 근린시설 구축)시 유리한 여건을 조성하기도 한다. 림플로이는 장애인 일자리 창출에 초점을 두기 때문에 생산된 제품 또는 서비스의 판로를 주로 공공섹터 조직에 의존한다.

이처럼 정부의 정책적 지원, 계약 및 세제 혜택 등은 생산활동 측면에서 근본적인 한계를 가지고 있는 WISE가 생존하는데 지대한 역할을 한다. 여기에 지역사회와의 관계도 사회적기업의 존립에 핵심적인 요인으로 작용한다. WISE의 생산 및 서비스 제공 기반이 지역에 있을 뿐만 아니라 기업이 생산한 제품 및 서비스의 판로는 같은 목표를 가진 조직들과의 네트워크를 통해서 개척될 수 있다.

종합적으로 정리하면, WISE가 취약계층을 대상으로 생산활동을 수행하는 이상 재정적으로 자립하는 것은 쉽지 않아 보인다. WISE의 재정적 어려움을 해소하기 위해서는 정부의 직접적인 지원뿐만 아니라 지역사회와의 긴밀한 네트워킹이 필수적이다. 무엇보다도 WISE를 정부 정책의 주요 파트너로 인식하고 제도적 측면에서 지원체계를 마련하는 것이 중요하다.

2. 이탈리아

1) 노동통합 사회적협동조합[2)]의 현황과 제도

노동통합 사회적협동조합의 태동에 있어서 이탈리아는 다른 유럽 국가와 구별된다. 먼저 다른 유럽의 성공사례인 보호작업장 모델이 이탈리아에서는 성공하지 못하였다. 반면, 사회통합, 노동통합이라는 사회적경제의 두 가지 큰 목표가 이탈리아 사회적협동조합 모델의 축을 이룬다(Borzaga & Loss, 2006).

이탈리아에서 사회적협동조합은 1970년대 말에 설립되었다. 당시 협동조합은 유한책임제도하에서 '1인 1투표제'라는 민주적 운영체계를 요구 받았다. 초기의 회의적 위상에도 불구하고 사회서비스를 공급하기 시작하면서 사회적협동조합은 발전의 기틀을 마련해 나갔다. 이탈리아의 사회적 협동조합이 법적 승인을 받는데는 사회적협동조합의 연대적 성격이 한 몫을 했다. 초창기 사회적 협동조합은 지역 단위에서 시작하였지만 점차 전국 수준의 협회로 발전하였고 세력이 커지면서 의회에서도 압력을 행사할 수 있는 힘을 갖기 시작했다. 1991년 특별법의 통과는 사회적협동조합 발전의 분수령이 되었다. 이를 통해 사회적협동조합에 대한 인식이 전환되었을 뿐만 아니라 전국적으로 퍼져나가는 계기가 되었다.

사회적협동조합은 주요 목적에 따라 다음과 같이 크게 4가지 유형으로 정의된다. 이중 B형은 일반적으로 노동통합 사회적협동조합으

---

2) 이탈리아 법령상에는 사회적기업 대신에 사회적협동조합이 통용된다. 따라서 본 장에서는 '노동통합 사회적협동조합'이라는 명칭을 사용한다. 다만, 문맥상 사회적기업과 사회적협동조합 사이에 의미상 큰 차이는 없다.

로 인식된다.

1) A형: 사회의료서비스 및 교육서비스 제공
2) B형: 장애인 등의 취약계층에게 노동참여를 목적으로 농업, 공업, 상업 및 서비스업의 다양한 활동 기회를 제공
3) 혼합형: A형 + B형
4) 사회적컨소시엄: 회원의 70% 이상을 사회적협동조합에서 형성

이탈리아의 사회적협동조합 발전에는 3가지의 특징이 자리 잡고 있다. 첫째, 사회적협동조합의 발전에는 사회서비스 위탁 정책을 실시하는 지방정부의 역할이 컸다. 사회서비스의 수요가 증가하자 지방정부는 서비스를 자체적으로 조달하지 아니하고 사회적기업에 위탁하였다. 공공기관의 입장에서는 직원의 규모를 늘리지 않으면서 서비스를 공급할 수 있게 되었다. 공공기관이 직접 서비스를 공급하는 것을 당연시 했던 그 당시 상황에서는 가히 획기적인 일로 평가할 수 있다.

둘째, 사회적협동조합은 사회적기업안에서 기업가적 정신이 추구될 수 있는 토대를 제공하였다. 초기 사회적기업은 취약계층에게 공공서비스를 지원하는 역할을 주로 담당하였지만 점차 수익창출의 목표가 내재되면서 기업가적 행동과 실천이 뒤따르게 되었다. 사회적 가치와 경제적 가치를 동시에 추구함으로써 사회적경제의 기반 확립에 기여한 것으로 평가받는 대목이다.

셋째, 제도적 측면에서 많은 특권을 누렸다고 볼 수 있다. 1991년에 통과된 법은 당시 비영리조직에 적용되던 규칙들을 넘어서는 내용을 포함하고 있다. 예를 들어, '협동조합이 이익을 분배하는 것을 금지하지 않는다'라는 내용을 들 수 있다. 다만 분배에는 제한을 두었다. 가

표 2-3-4. 이탈리아의 사회적기업 현황

(단위: 개, 명, 백만유로, %)

사회적기업	2003(A)	2005	2011	2017(B)	(B-A)/A
사업체 수	5,515	7,363	11,264	15,770	186
임금 근로자 수	189,134	244,233	365,006	441,000	133
장애인 근로자 수	23,587	30,141	30,534	32,000	36
사용자 수	2,403,245	3,302,551	6,000,000	7,500,000	212
총매출액	4,826	6,381	10,000	11,900	147

자료: ISTAT(2003, 2005, 2011, 2017)

령 분배할 수 있는 이익이 전체 이익의 80%를 넘지 않아야 한다는 점과 주당 배당률이 우체국에서 발행하는 채권에 적용되는 이자율(2%)을 넘을 수 없다는 규정이 포함되어 있다. 또한 협동조합이 파산하는 경우에는 이익이 분배될 수 없다는 점을 명확히 하고 있다.

〈표 2-3-4〉에서 보는 바와 같이, 이탈리아의 통계청 자료(ISTAT)에 의하면 2017년 기준으로 15,770개의 사회적기업이 활동하고 있고 전체 비영리사업체에서 차지하는 비중은 약 4.5%이다. 2003년~2017년 기간 동안 사업체 수는 약 186% 증가하였고 글로벌 금융위기의 전후 시기를 비교(2005년과 2011년 비교)할 때도 사업체 수가 증가했음을 확인할 수 있다.

사회적기업에 종사하는 임금근로자 수는 2011년 365,006명에서 2017년 441,000명으로 증가하였다. 앞서 언급한 대로 비영리기관 종사자의 4.5%에 불과하지만 고용창출의 잠재력이 상당함을 알 수 있다. 또한 2011년의 임금근로자 일자리 중 71.9%는 영구적 일자리에 해당되고 18.9%는 임시직 또는 계절 일자리로 추정된다. 2017년 장애인근로자는 32,000명인데 이 중 노동통합 사회적협동조합(B형)에 종사하고 있는 근로자 수는 대략 22,000명으로 추산된다.

사회적협동조합을 좀 더 살펴보기 위해 2011년 기준 사회적기업의 섹터별 분포를 〈표 2-3-5〉에 정리하였다. 먼저 돌봄서비스를 제공하는 사회적기업은 전체 사회적기업의 40%를 차지하고 있고 이어서 WISE가 32%로 뒤를 잇고 있다. 임금근로자 수에 있어서는 돌봄서비스와 WISE는 각각 47%와 19%를 차지하고 있다.

이런 점에 비춰볼 때 수치적으로는 WISE가 전체 사회적기업의 20% 내지 30% 역할을 한다고 해석할 수 있다. 더욱 눈여겨볼 부분은 자원봉사자 42,368명 중에서 WISE에 참여하고 있는 수가 13,472명으

표 2-3-5. 이탈리아의 사회적기업의 영역별 분포

(단위: 명, %)

영역	사업체 수	임금근로자 수	자원봉사자 수
사회적 돌봄	4,452 (39.5)	170,617 (46.7)	17,959 (42.4)
노동통합	3.654 (32.4)	68,855 (18.9)	13,472 (31.8)
보건건강	1,192 (10.5)	54,327 (14.9)	4,867 (11.5)
교육 및 연구	899 (7.9)	15,950 (4.4)	3,117 (7.4)
문화예술스포츠	747 (6.6)	6,518 (1.8)	2,111 (5.0)
환경	128 (1.1)	1,881 (0.5)	166 (0.4)
기타	192 (1.7)	2,365 (0.6)	676 (1.6)
합계	11,264 (100.0)	365,006 (100.0)	42,368 (100.0)

주: ( )는 전체에서 차지하는 비중
자료: ISTAT(2011)

로 전체의 약 32%를 차지한다는 점이다. 이를 통해 자원봉사가 WISE 운영에 있어서 중추 역할을 하고 있음을 알 수 있다.

2) 노동통합 사회적협동조합의 목적과 대상[3)]

1990년대 초반부터 이탈리아의 노동정책은 미숙련노동자 및 장기 실업자 같은 취약계층에게 초점을 두기 시작했다. 〈표 2-3-6〉에 서술된 바와 같이, A형 사회적협동조합은 지역에서 사회, 보건 및 교육 서비스 등의 전문사회서비스를 공급하는 역할을 한다. 반면에 B형 사회적협동조합은 사회적으로 소외되거나 불리한 사람들을 노동시장에 진입시킴으로써 노동통합과 사회통합을 달성하는데 주목적을 두고 있다.

표 2-3-6. 이탈리아의 A형 사회적협동조합과 B형 사회적협동조합의 비교

항목	A형 사회적협동조합	B형 사회적협동조합
법적 정의 (381조)	사회보건 서비스 및 교육 서비스 운영과 관리를 목적으로 한 협동조합	취약계층을 노동시장으로 통합하기 위해서 재화와 서비스를 제공하는 협동조합
주요사업	사회서비스, 의료서비스, 교육서비스를 제공	농업·공업·상업 또는 서비스업 활동
사회통합 의무	의무 없음	보상 받는 근로자의 최소 30%는 취약계층으로 구성

자료: 고용노동부(2013), 사회적기업 활성화를 위한 선진국의 정책 실태 조사, pp.194-195 내용을 표로 작성

3) 이탈리아를 대상으로 한 이하의 소절에서는 노동통합 사회적협동조합인 B형을 중심으로 서술하되 부분적으로 비교를 위해 A형 사회적협동조합 관련 내용도 포함한다.

이러한 특징은 A형과 B형 사회적협동조합을 구분하는 바로미터이다. 실제로, B형 사회적협동조합은 전체 노동력의 30%를 취약계층 노동자로 채워야 한다. 여기에서 정의하고 있는 취약계층 내지 소외계층은 '신체장애인, 정신장애인, 감각장애인, 정신질환시설 퇴원자, 치료중인 정신질환자, 약물, 알코올 중독자, 가정 사정으로 노동에 종사하는 청소년, 수형자, 기타 수상에 의해 인정받는 자'(법 381호)에 해당된다. 이 밖에 총리령이 지정한 사람도 사회적으로 불리한 사람으로 인정되기도 한다. 실제 소외계층으로 인증받기 위해서는 공공기관에서 지원자가(시청, 보건소, 지방관서 등) 무능력자임이 인증되어야 한다.

3) 노동통합 사회적협동조합의 일자리와 훈련

B형 사회적협동조합에 고용된 취약계층(일부 서술에서는 장애인과 구별 없이 사용함)은 2000년대 중반 이후에 3만명 대를 유지하고 있다(〈표 2-3-7〉 참조). 취약계층 구성상에 큰 변동이 없다고 가정하면, 지체, 지적, 신체 장애인이 전체의 46.3%(13,955명)를 차지하고 있고, 약물 중독자가 16.0%(4,823명), 정신이상 환자가 15.0%(4,521명) 정도이다. 이어서, 재소자 및 출소자가 8.7%(2,622명), 기타취약계층 5.2%(1,567명), 알콜중독자 4.3%(1,296명) 순이다.

원래 사회적협동조합은 조직 내에서 취약계층을 통합하는 것에 초점을 두었다. 그러나 점차 취약계층이 노동시장에서 구직하고 일자리를 유지할 수 있도록 취약계층에 대한 현장훈련을 추가하는 방향으로 발전되었다. 특히, B형 사회적 협동조합은 경제적인 면에서 뿐만 아니라 경영적인 면에서도 세분화되었다. 이에 따라 사회적협동조합의 운영 방식이 사회통합을 지원하는 제도에서 점차 노동정책 수단으로

표 2-3-7. 이탈리아의 B형 사회적협동조합의 취약계청 고용 현황

분류	인원	비중
알콜중독자	1,296	4.3
재소자 및 출소자	2,622	8.7
지체, 지적, 인지 장애인	13,955	46.3
실업자	1,145	3.8
18세 이하	211	0.7
정신이상 환자	4,521	15.0
약물중독자	4,823	16.0
기타 취약계층	1,567	5.2
합계	30,141	100.0

자료: 고용노동부(2013), 사회적기업 활성화를 위한 선진국의 정책 실태 조사, p.186. 〈표 3-3-5〉를 추가하여 재구성

변모되었다. 이는 노동통합형 사회적협동조합이 근로자에게 최저임금 이하의 임금을 지불할 수 있게 되었고 동시에 직업훈련 수행 역할에 대한 암묵적 인증을 의미한다. 실제로 사회적협동조합은 기업과 지역에 기반한 협약을 맺어 취약계층의 현장훈련을 수행하고 기업은 사회적협동조합에게 훈련내용을 주문하고 훈련을 종료한 취약계층에게 일자리를 보장해 준다.

4) 노동통합 사회적협동조합의 재정과 지원

먼저 법적으로 사회적협동조합은 사회보장기여금을 면제받는다. 이 규모는 노동비용의 약 33% 정도인 것으로 알려져 있다. 아울러 공공단체와의 수의 계약 내지 알선을 통해 큰 혜택을 본다. 공공기관은 계약 시 정해진 수의 취약계층 고용을 계약 단서조항으로 제시함으로써 WISE에게 유리한 환경을 조성한다. 뿐만 아니라 공공행정기관의

운영 규정에 입각하여 청소, 세탁, 정원관리 등 부문에서 서비스 공급 참여를 보장함으로써 사회적협동조합의 수익창출을 도모하는 경우도 있다.

이탈리아의 경우 사회적협동조합 매출의 상당부분이 공공부문의 위탁에 의한 것이기 때문에 사회적협동조합의 가장 중요한 고객은 공공기관(60%~70%)이고 다른 비영리 단체(5%), 일반 개인(5%) 사기업(3%) 순이다. 정부 및 공공부문은 사회서비스를 제공하기 위해 법률이 정한 자선조직 혹은 사회적 협동조합과 계약을 할 수 있으며 매출에 대한 부가가치세를 4%까지 감면 해준다. 취약계층을 고용하는 사회적협동조합을 대상으로 공공조달 상품이나 서비스의 20%를 할당 할 수 있으며 조합들은 사회보장 부담세를 면제 받는다. 지방정부 또한 사회서비스를 사회적 협동조합에 위탁하려는 경향이 강하다.

아울러, 아동을 위한 서비스 증가와 같이 새로운 유형의 사회서비스 개발, 서비스의 민간소비와 관련된 새로운 세금공제 정책, 바우처 제도 확산, 비영리조직에 대한 민간기부금에 세금공제 도입, 사회연대채권 구매자에 대한 세금혜택 등도 사회적협동조합의 재정 확보에 큰 기여를 한 것으로 평가 받고 있다.

한편, 정부 보조금으로부터 자율성을 확보하기 위해서 사회적협동조합은 민간시장 혹은 공공기관들과의 경제적 관계를 발전시켜 시장자원의 몫을 확대하는 경향을 보였다. 이러한 과정에서 이탈리아의 사회적협동조합은 사회적기업 안에서 기업가적 행동과 실천을 요청받기도 하였다. 최종적으로는 정부 조달 계약에서 입찰 참가 요구 없이도 일반기업과 대등한 상황에서 계약을 체결할 수 있게 되었다.

3. 프랑스

1) 노동통합 사회적기업의 현황과 제도

1980년대 실업증가와 1990년대 경기침체가 이어지는 가운데 프랑스에서는 사회적기업에 대한 논의가 본격화되었다. 1980년 '사회적경제 헌장'을 통해 비영리부문이 공식적으로 인정되고 세부적인 원칙[4]이 수립되면서 제도적 기반도 마련되기 시작했다. 하지만 1990년대 중반까지도 사회적기업이라는 용어는 생소하였다. 대신 협회, 민간단체, 협동조합 등 다양한 형태를 띠며 활동하고 있었다. 이들은 크게 두 가지 유형으로 구분된다. 하나는, 취약계층의 노동통합을 도와주는 조직들이고, 다른 하나는 지역을 기반으로 많은 사람들에게 서비스를 제공하는 단체들이다. 먼저 WISE는 〈표 2-3-8〉에서와 같이 6개 유형이 존재하며, 노동법전(Le Code du travail)에는 내부 규정 및 운영방식과 관련한 자세한 내용이 명시되어 있다. 이들 사회적기업은 사회문제로 대두되고 있는 장기실업에 대응하기 위해 설립된 조직으로 1998년에 제정된 반소외법에 의해 제도적 실체를 인정받았다. 여기에는 경제활동적응센터, 노동통합기업, 파견기업, 사회통합임시직 파견기업, 지역사회 기업, 노동통합 및 직업자격을 위한 고용주 그룹이 포함된다.[5]

---

4) ① (개인적, 자발적 참여) 의무적 지지 및 사회보장 기여금과 구분되는 자유로운 가입과 탈퇴 보장 ② (연대성) 회원 간의 상호책임, 상호원조 및 소득 재분배의 원칙 ③ (민주적 운영) 1인 1표로 대표되는 민주성의 원칙을 고수 ④ (정부로부터의 독립성) 정부의 통제나 간섭을 받지 않을 것(정부의 관리 하에 있는 준정부 조직 제외.) ⑤ (자원자 이사회) 이사에게 비용 이외의 보수가 제공되지 않을 것 ⑥ (비영리) 비용을 초과하는 수입은 반드시 조직에 재투자 될 것 ⑦ (자산치분권 부재) 조직 해산 시 자산이 조직원에 의해 처분 될 수 없고 반드시 다른 비영리조직에게 주어져야 함.

5) 근래 들어서는 노동자협동조합을 원형으로 설계된 공익협동조합이 새롭게 만들어지고 있다. 비록 시장경제 영역에서 활동하고 있지만, 조직과 기능이 연대성

표 2-3-8. 프랑스의 노동통합형 사회적기업 분류

유형	특징
CAVA (경제활동적응센터)	· 사회취약계층에게 한시적 일자리 제공 · 사회재통합 센터 또는 보호소 형태로 운영
EI (노동통합기업)	· CAVA보다 시장지향적 사회적기업 형태 · 협회 비중이 많으나 점차 회사 비중이 높아지고 있음
AI(파견협회)	· 취약계층에게 파견 일자리 제공 · 사설 파견업체와 공공 취업알선기관과 상충되지 않는 직종만 허용
ETTI (사회통합 임시직 파견기업)	· 2년 이내의 한시적 일자리 제공 및 훈련서비스 제공
RQ(지역사회 기업)	· 지역주민이 주축이 되며 참가자는 지역 거주 취약계층
GEIQ (사회통합과 훈련을 위한 사용자 연합)	· 100인 미만 기업으로 취약계층 고용에 관심을 둔 사용자 연합단체 · 회원기업에서 취약계층을 훈련시킨 후 근로기회 제공

자료: 고용노동부(2013), 사회적기업 활성화를 위한 선진국의 정책 실태 조사, pp.251-252내용을 표로 작성

노동법전 L5132-1에는 "노동통합형 사회적기업은, 사회적·전문적으로 문제가 있어 재계약에 어려움을 가진 자와 장기실업자 및 취업취약계층에게 지원제도를 통해 전문적인 능력을 향상시키고 이들을 노동시장에 진입시키는 것에 목적이 있으며 취약계층에 대한 기준은 법적인 틀에 명확하게 제시되어져있다."라고 명시해 놓았다. 또한, 노동통합형 사회적기업은 "경제적인 활동에 기여하며, 지역발전에도 동등하게 기여하여야 한다."라고 명시되어 있다. 프랑스 노동법전(Le Code du travail) L5132-4 따른 프랑스의 노동통합 사회적기업 분류는 〈표 2-3-8〉과 같다.

과 민주성의 원칙에 근거하고 있다는 점에서 일반기업과는 다른 형태를 갖는다.

〈표 2-3-9〉는 EMES(유럽의 제 3섹터 연구네트워크)가 제공하는 사회경제적 기준을 가지고 노동통합형 사회적기업이 이 기준에 얼마나 부합한지를 검토한 결과이다. 재화의 생산 및 서비스 판매 지속, 높은 수준의 자율성, 상당한 경제적 위험 감수 수준 능력, 지역사회 이익 추구라는 대표적인 EMES 기준[6]을 적용할 때, EI(노동통합기업), ETTI(사회통합임시직 파견기업), GEIQ(사회통합과 훈련을 위한 사용자 연합)의 제반 기준 충족도가 가장 높은 것으로 나타났다. 이외의 사회적기업의 경우에는 기준에 따라 정도가 다소 상이하지만 전반적으로 기준에 잘 부합되게 설계되어 있음을 알 수 있다.

표 2-3-9. EMES 기준에 의한 프랑스의 노동통합형 사회적기업

유형	재화생산 및 서비스판매 지속	높은수준의 자율성	경제적위험 감수 수준	지역사회 이익 추구
CAVA (경제활동적응센터)	보통	약	낮음	사회부조
EI (노동통합기업)	강	강	높음	직업훈련 및 고용
AI(인력파견협회)	보통	보통	보통	지역사회발전
ETTI(사회통합 임시직 파견기업)	강	강	높음	직업훈련 및 고용
RQ(지역사회 기업)	강	강	보통	도시지역발전
GEIQ(사회통합과 훈련을 위한 사용자 연합)	강	강	높음	사회부조와 직업훈련 및 고용

자료: 고용노동부(2013), 사회적기업 활성화를 위한 선진국의 정책 실태 조사, pp.266-268내용을 표로 작성

6) 이외에도 일정 수준 이상의 유급노동 포함, 시민들에 의해 자발적으로 등장, 의사결정권이 자본소유에 기초하는 것 배제, 조직의 활동에 의해 영향을 받는 사람들도 의사결정에 참여, 제한적인 이윤배분과 관련한 기준이 있다.

2000년대 중후반 시점을 기준으로 6개 유형의 사회적기업 수는 대략 2천 6백개 정도이다. 일부 WISE를 중심으로 〈표 2-3-10〉에 기초하여 설명하면, 약 900개의 EI가 존재하며 이들 기업은 1만 2천여명의 취약계층을 채용하고 있다. 또한, 취약계층과 함께 일하는 정규근로자는 전일제 기준으로 연간 4천명 정도인 것으로 나타났다. EI는 직접고용을 하는 반면에 ETTI는 한시적 계약방식으로 취약계층을 일반기업에 파견하고 취약계층의 적응 상황과 훈련을 모니터링하는 역할을 한다. 이 유형에는 약 200여개의 기업이 존재하고 900여명의 정규직원이 근무하고 있으며 이들이 관리하는 취업중인 취약계층은 약 5만명이다. 전일제 근로자 대략 6천여명(연간) 수준이다.

표 2-3-10. 프랑스의 노동통합형 사회적기업 법적 지위형태 및 현황

(단위: 개, %)

유형	법적지위형태	사회적기업 수	기준년도
CAVA (경제활동적응센터)	민법상의 비영리 단체(1901년법) 또는 공적구주	500 (18.8)	2007
EI (노동통합기업)	1901년 단체법	887 (33.3)	2007
AI (파견협회)	1901년 단체법	828 (31.1)	2006
ETTI (사회통합 임시직 파견기업)	1901년 단체법 상법상의 회사	211 (7.9)	2007
RQ (지역사회 기업)	1901년 단체법	130 (4.9)	2007
GEIO (사회통합과 훈련을 위한 사용자 연합)	1901년 단체법	107 (4.0)	2008

주: ( )는 전체 사회적기업에서 차지하는 비중. 단 기준년도의 차이는 무시

자료: 고용노동부(2013), 사회적기업 활성화를 위한 선진국의 정책 실태 조사, pp.266-269 재구성

2) 노동통합 사회적기업의 목적과 대상

프랑스 사회적기업은 일반적으로 통합, 생산, 로비라는 상호 결합된 목적을 가지고 있다. 일차적으로는 노동시장과 사회에서 배제되어 있는 취약계층의 노동시장 통합과 재사회화를 추구한다. 이를 실현하기 위해서는 재화와 서비스의 생산이 전제되어야 한다. 아울러 경영자 입장에서는 기업의 지속가능성과 근로자들의 권리 옹호 관련 논의를 위해 로비 네트워크에 관심을 갖게 된다.

WISE는 이 요인 중에서 통합에 일차적으로 초점을 둔다. 사회와 노동시장에서 소외되거나 멀어져 있는 개인에게 개별화된 사회적 훈련활동이나 경제활동을 통해 새로운 역할을 찾도록 돕는데 관심을 둔다. 즉, 이러한 기업의 활동은 실업과 노동시장 사이의 중간 단계에 존재하는 사회적 재적응과 직업훈련의 과정으로 이해될 수 있다(Nyssens, 2006). 암묵적으로는 전통적인 노동 환경에서 근로여력을 재획득하기 어려운 이들에게 맞춤형 노동 플랫폼을 제공한다고 해석할 수 있다. 종합적으로 정리하면, WISE가 노동시장 진입에 어려움을 겪는 취약계층에게 훈련프로그램을 제공할 때, 근로자들의 근로역량은 향상되고 이들이 경제활동에 참여함으로써 사회적 통합이 해결되는 성과를 기대할 수 있다.

2005년 이후에는 앞서 소개한 6개의 WISE중 경제활동적응센타, 노동통합기업, 파견기업, 사회통합임시직파견기업이 각각 ACI(통합작업장), EI(노동통합기업), ETTI(임시직파견기업), AI(인력파견협회 또는 중개단체) 형태로 활동하고 있다.

사회적기업의 타겟대상과 그에 따른 세부 목적은 〈표 2-3-11〉과 같다. 먼저 EI(노동통합기업)는 장기구직자, 사회기초수급자, 26세 미만 한계청년집단 같은 취업취약계층들의 노동진입을 돕는 역할(예, 근로여력 재발견, 훈련, 사회동행 등)을 한다. EI는 시장지향적인 사회적기업이지만 사회에 궁극적인 목적을 두고 운영한다. 회사형태에는 법적인 틀이 별도로 존재하지 않으며 다른 기업들처럼 상품과 서비스를 제공할 수만 있으면 된다. 대부분 협회로 구성되어져 있으며 점차 회사형태의 비중이 많아지고 있는 추세이다.

ETTI(사회통합 임시직 파견기업)는 실업자 및 추가적인 재계약에 어려움이 있는 취약계층을 영리기업에 파견하여 임시적으로 취업할 수 있는 기회를 제공함과 동시에 이들의 사회화와 실질적 기술 습득을 돕는다. 대상을 좀 더 구체적으로 열거하면, 한계에 처해 구직이 쉽지 않은 26세 이하 청년, RSA 수혜자, 장기실업자, 사회적·전문적으로 어려움이 있는 자들이다. 고용이 이루어지기 위해서는 고용통합센터에서 승인을 받아야 하는데 실제적으로 고용대상자들의 취업목적과 기업목표가 잘 부합하는지에 대해서도 검토하는 절차가 진행된다. ETTI에 취업한 사람들은 임시고용직 신분으로 일하게 된다. 그렇지만, 회사의 지원에 대해서는 다른 사람들과 같이 동등한 혜택을 누리게 된다. 즉, 모두에게 동등한 규칙을 적용한다는 원칙하에 회사의 지원을 받는 데 있어서 다른 직원들과 차별 없는 대우를 받는다. 이러한 특성은 재원이 정부와 연계되어 있고 정부로부터 재정지원을 받는 데서 비롯된 측면도 있다.

AI(인력파견협회)는 우리나라의 일자리창출형 사회적기업과 가장 비슷한 유형이다. 장기실업자, 50세 이상 고령자 등의 취약계층을 수요처에 파견하여 일자리를 제공한다. 노동과 사회보호, 새로운 활동 창출, 청년 훈련이라는 측면에서 통합의 목적을 가지고 있다. 무엇보다도 단체, 지방자치단체, 기업 등의 상호 협력체계 구축이 이를 위해 중요하다. 실례로, 임무적인 면에서는 개별화된 취업 경로 입안, 사회부조 담당기관 접촉, 구인정보 획득, 알선 등의 일련의 과정이 기관들 사이에서 유기적으로 진행된다.

표 2-3-11. 프랑스의 노동통합 사회적기업의 목적 및 대상

유형	목적	대상
EI (노동통합기업)	사회화, 실제적지식, 직업기술 습득, 노동시장 접근	26세 미만 한계 청년, 장기실업자, RMI수급자
ETTI (사회통합 임시직 파견기업)	영리기업에 임시적으로 취업, 사회화, 실질적 기술 습득	26세 미만 한계 청년, 장기실업자, RMI수급자
AI (인력파견협회)	노동과 사회보호, 새로운 활동 창출, 청년훈련	26세 미만 한계 청년, 장기실업자, RMI수급자, 등록장애근로자
ACI (직업통합단체)	영리기업에서 교대 훈련, 통합 및 훈련의 영속성	26세 미만 한계 청년, 장기실업자, 사회적 최소 수급자, 사회부조수급자

주: 2005년 이후에는 6개 유형 중 경제활동적응센타, 노동통합기업, 파견기업, 사회통합임시직 파견기업은 각각 ACI(통합작업장), EI(통합기업), ETTI(임시 노동통합 기업), AI(파견기업 또는 중개단체)형태로 주된 역할을 담당

자료: 프랑스 노동법전((Le Code du travail) Article L5132-4자료 재구성

ACI(통합작업장)는 26세 이하 청년, 기초수급대상자들, 장기실업자, 장애인 등 사회적·전문적 문제를 가지고 있는 자들의 노동통합을 위해 운영되며 동행, 기술능력 제고, 훈련(재적응 과정, 개별화) 등의 임무를 수행한다.

3) 노동통합 사회적기업의 일자리와 훈련

프랑스는 훈련 및 고용 관련 프로그램을 설계 시 초기 단계의 중요성을 강조한다. 예를 들어, 노동통합이 전통적인 기업 환경에서 정착하려면 기본적인 직무를 가르치는 단계에서부터 이러한 교육이 수행되어야 한다고 믿는다. 청년층이 취약계층으로 참여하는 훈련 프로그램에 이러한 내용을 담고자 하는 것도 이 때문이다. 이러한 배경을 고려하여 본 소절에서는 먼저 프랑스의 대표적인 취약계층에 대한 훈

련 및 고용프로그램을 살펴보고 이어서 WISE의 유형별 일자리와 훈련에 대해 간략하게 정리한다.

프랑스의 대표적인 취업취약계층에 대한 훈련 및 고용 프로그램으로 미래고용계약(Emplois d'avenir, 편의상 EA라 명명)과 세대간 계약(Contrat de generation, 편의상 CG라 명명)이 있다. 이 계약을 통해 취약계층을 채용하는 고용주는 원칙적으로 고용보조금을 신청할 수 있다. 하지만 실제적으로는 취약계층의 재통합을 목적으로 하는 사회적기업이 주로 이 보조금을 활용한다.

먼저, EA는 프랑스의 지속되는 청년실업의 주원인이 저학력 저숙련 청년층의 실업이라는 인식에서 시작된 프로그램이다.[7] 프랑스에서는 학위과정을 마치지 않은 상태에서 학교를 중퇴하고 구직하려는 규모가 매년 12만명에 이르고 있다. 이들은 시장에서 직무능력이 부족한 것으로 인식되고 있고 이에 따라 최초 고용자체가 힘들뿐만 아니라 경험이나 경력을 쌓을 기회도 얻지 못하는 경향이 있다. 미래고용계약은 이러한 저학력 저숙련 청년층이 첫 번째 직업세계를 경험할 수 있도록 도와주고 이들에게 필요한 직무와 경력을 쌓을 수 있는 기회를 제공하는 데 주목적이 있다. 계약의 주요 내용(안성현, 2014)을 보면, 저학력 저숙력 청년(16세~25세 사이의 저숙련 청년, 장애인은 30세까지 가능)에게 양질의 일자리를 제공한다는 전제하에 정부는 고용주에게 보조금을 제공한다. 아울러 고용주는 청년층 근로자에게 직업교육이나 직무능력 프로그램 같은 고용서비스를 제공할 의무를 갖는다. 비단 취약계층 대상자의 선정뿐만 아니라 고용주의 선정에도 엄

7) 2012년 기준, 프랑스의 전체 실업률은 9.8%인데 비해 15~24세의 청년층 실업률은 24.4%였다. 청년층 실업률이 전체 실업률을 2배 이상 상회하는 흐름은 1990년대 이후에 지속되고 있다. 청년층 실업률을 학력별로 구분해 보면, 대졸이상 실업률은 10.6%인데 반해 중졸 및 고교중퇴자의 실업률은 46.9%에 이르고 있다.

격한 기준[8])을 적용한 이유는 양질의 일자리 확보를 통해 이 프로그램의 실효성을 높이고자함이다.

한편, CG는 공공부문의 일자리를 만들어 취약계층의 취업을 촉진하는 프로그램이다. 심각한 어려움에 처한 실직자를 대상으로 최장 24개월간고용계약을 체결하며 최저임금에 해당하는 금액을 지원한다. CG의 고용주는 주로 비영리조직이며[9]) 장기 실업자의 노동통합에 대한 지원, 비영리섹터의 일자리 창출 지원, 새로운 서비스 개발에 대한 지원을 목표로 하고 있다는 점에서 한국의 사회적 일자리창출사업과 매우 흡사하다.

WISE의 유형별 일자리와 훈련 내용은 〈표 2-3-12〉에 정리되어 있다. EI(노동통합기업)는 원래 정규직 근로자를 중심으로 운영하는 기업이며 추가적으로 취약근로자를 기간제 계약 형태로 고용하여 사회화

표 2-3-12. 프랑스의 노동통합 사회적기업의 일자리와 훈련

유형	일자리	훈련
EI (노동통합기업)	기간제 계약, 훈련 유기계약 (16~24개월)	현장교육 (이론 교육 겸함)
ETTI (사회통합 임시직 파견기업)	임시직	근로 중 관리, 감독
AI (인력파견협회)	규정에 따른 취약 고용	훈련계획 수립, 근린서비스
ACI (직업통합단체)	교대계약 (최장24개월)	교대훈련, 근로시간에도 실시

자료: 프랑스 노동법전((Le Code du travail) Article L51 32-4자료 재구성

8) ① 고용안정성: 파트타임보다는 풀타임 일자리를 기간제 고용보다는 비기간제 정규직 고용 제공을 우선, ② 우선선정분야: i) 비영리부문, ii) 사회적 환경적 가치가 인정된 사업 분야, 일자리 전망이 밝은 분야, ③ 직무교육 능력 보유 유무 및 직무교육의 실제성 등(안정현, 2014, p.5).

9) 이 사업을 수행하는 주체의 약 43%는 사회적기업이다.

과정을 도와주고 실제 취업상황을 가정하여 훈련을 제공한다. ETTI(사회통합 임시직 파견기업)는 취약계층을 기업에 파견하여 2년 이내의 한시적인 일자리를 제공함과 동시에 직무함양 훈련을 실시한다. 고용과 훈련이 구분되기 보다는 고용 자체에 훈련 파트가 포함된 것으로 이해할 수 있다. AI(인력파견협회)에서 주로 파견하는 직종은 사설 파견업체 및 공공 취업알선기관과 상충되지 않는 분야이다. 업종별 분포를 보면, 개인서비스가 53%이고 이어서 청소(18%), 관리(7%) 순이다. 특별한 훈련체계를 가지고 있지는 않지만, 지역밀착형 서비스와 연관된 훈련을 시행한다. ACI(직업통합단체)는 교대 고용과 훈련이 실시되는 것이 다른 WISE과 차별되는 점이라고 할 수 있다.

4) 노동통합 사회적기업의 재정과 지원

정부(중앙정부 또는 지방자치단체)는 사회적기업에 대해서 다음과 같은 재정지원을 한다. 첫째, 사용주가 부담하는 사회보장 분담금을 감면해 준다. 예를 들어, 사회사업에 수익금 내지 분담금을 지불할 경우에 일정 한도에 대해 세금감면 혜택을 부여한다. 아울러, 비영리조직이 사회적기업으로 전환할 경우에는 사회적기업의 자본금으로 전환되는 비영리단체의 순자산에 대해 등기권을 면제해 준다(김광호, 2002). 특히, 활동영역이 경쟁영역인 EI(노동통합기업), ETTI(사회통합 임시직 파견기업), AI(인력파견협회)가 주 혜택 대상이다.

둘째, 취약계층 고용과 관련된 인건비, 사업비 또는 관리비를 보조한다. 대표적인 예는 2005년부터 실시되고 있는 '고용부속계약'이다. 사회적·직업적으로 어려움을 겪는 사람을 고용주가 고용하게 되면 정부에서는 최저시급의 최대 95%를 선지급 형태로 고용주에게 재정보조금을 지원한다(Hecki et al, 2007, p.131). 〈표 2-3-13〉에 정리된 바와 같이, 노동통합 사회적기업에 적용되는 사례로는 EI(노동통합기업)

표 2-3-13. 프랑스의 노동통합 사회적기업의 재정과 지원

유형	활동영역	재정 및 지원
EI (노동통합기업)	경쟁영역	국가보조(일자리 수 기준), 고용주의 사회보험 부담금 면제, 사회활동 보조금, 지방자치단체 보조금, 상업재정(재화 및 서비스 판매)
ETTI (사회통합 임시직 파견기업)	경쟁영역	국고(사례관리비), 고용주의 사회보험 부담금 면제, 상업재정(임시근로)
AI (인력파견협회)	경쟁영역	고용주의 사회보험부담금 면제, 착수 지원금, 상업재정(지방자치단체, 기업)
ACI (직업통합단체)	비경쟁 혹은 혼합영역	국고(사례관리 비용의 일정부분), 착수지원금, 상업재정(일자리 및 훈련 판매 및 관리)

자료: 고용노동부(2013), 사회적기업 활성화를 위한 선진국의 정책 실태 조사, p.274-275, 〈표 3-5-5〉와 〈표 3-5-6〉을 재구성

의 사회통합 일자리 창출 지원, ETTI(사회통합 임시직 파견기업)의 일자리 동행 지원비와 AI(인력파견협회)의 동행 서비스 지원비 등이 있다. 좀 더 구체적으로는 EI(노동통합기업)는 통합서비스에 대한 대가 및 취약계층의 낮은 생산성에 대한 보상 차원에서 공적보조금을 지원받는다. 한편, ACI(직업통합단체)와 같이 혼합영역에서 활동(상업활동을 함과 동시에 사회적 유용성 추구)하는 기관에 대해서는 재정지원 시 특별한 회계관리가 필요하다. 왜냐하면, 정부가 지원하는 사업비가 상업적 용도로 이용될 가능성을 원천적으로는 배제할 수는 없기 때문이다(노대명, 2002, pp.169-170).

셋째 고용창출 및 직업훈련에 대한 지원을 통해 간접적으로 사회적기업을 지원한다. 대표적인 예로 서비스바우처 제도를 들 수 있다. 프랑스 가정이 육아, 노인복지, 학습지원 등 근린서비스가 필요할 때, 바우처를 이용할 수 있는 제도로 사회적 경제적 조직이 운영 파트너로 참여하면서 사회적기업에게 간접 지원하는 효과가 발생한다.

참고문헌

고용노동부 (2013). 『사회적기업 활성화를 위한 선진국의 정책 실태 조사』.

김광호 (2002). "제3섹터형 사회적기업을 통해 본 자활사업의 활성화 방안 연구". 상명대 정치경영대학원 석사학위 논문(미간행).

김성기, 김정원, 변재관, 신명호, 이견직, 이문국, 이성수, 이인재, 장원봉, 장종익 (2014). 『사회적경제의 이해와 전망』. 아르케.

김신양, 신명호, 김기섭, 김정원, 황덕순, 박승옥, 노대명 (2016). 『한국 사회적경제의 역사』. 한울아카데미.

김정원 (2018). "노동통합사회적기업의 측면에서 살펴본 자활기업의 현실과 과제". 『경제와 사회』, 28(2), pp.213-239.

노대명 (2002). 『자활지원사업 활성화를 위한 고용창출 지원체계 구축방안 연구-각국 탈빈곤 정책과의 비교를 중심으로』. 연구보고서 2002-14, 한국보건사회연구원.

보건복지부 (2015). 『보건복지 70년사』. 다니기획.

성공회대학교, 한국노동연구원, 한국보건사회연구원 (2000). 『자활사업 활성화와 사회적 일자리 창출』. 빈곤과 실업극복을 위한 국제포럼.

안정현 (2014). "프랑스 미래고용계약 2년의 성과". 『해외고용리포트』. 한국고용정보원.

정영순, 송연경 (2010). "노동통합 사회적기업 발전 방안 연구: 영국과 한국의 비교 분석". 『사회보장연구』, 24(4), pp.265-292.

행정안전부 및 관계부처합동 (2019. 11.). 『지역 공동체의 사회적경제 추진역량 제고 방안』.

황덕순, 이바르 뢰드멜, 히더 트릭키 (2002). 『근로연계 복지정책의 국제비교』. 연구보고서 2002-13, 한국노동연구원.

Birkholzer, K. (2009). "The role of Social Enterprise in Local Economics Development". 2nd EMES International Conference on Social Enterprise.

Borzaga, C. & Loss, M. (2006). "Profiles and Trajectories of Participants in European Work Integration Social Enterprises". in Nyssens, M. (ed.). *Social*

Enterprise: At the Crossroads of Market, Public Policies and Civil Society. Routledge.

Davister, C., Defourny, J., & Grégoire, O. (2004). "Work Intergration Social Enterprises in the European Union: An Overview of Existing Models". *EMES Working paper* no 04/04. EMES European Research Network.

Erhel, C., Cautie, J., Gazier, B., & Morel, S. (1996). "Job Opportunities for the Hard-to-place". in Schmid, G., O'Reilly, J., & Schoemann, K. (eds.). *International Handbook of Labour Market Policy and Evaluation*. Edward Elgar.

Hecki, E., Pecher, I., Aaltonen, S., & Stenholm, P. (2007). "Study on Practices and Policies in the Social Enterprise Sector in Europe". Office for Official Publications of the European Commission.

IFF Research (2005). *A Survey of Social Enterprise across the UK*. The Small Business Service.

Marshall, B. & Macfarlane, R. (2000). *The Intermediate Labour Market: A tool for tackling long-term unemployment*. Joseph Rowntree Foundation.

Nyssens, M. (2006). *Social Enterprise: At the Crossroads of Market, Public Policies and Civil Society*. Routledge.

O'Conner, P. & Meinhard, A. (2014). Work Integration Social Enterprises (WISESs): Their potential contribution to labour market (re-)integration of at risk populations. *Working Paper Series,* Vol.2. Center for Voluntary Sector Studies.

Spear, R. (2002). "National Profiles of Work Integration Social Enterprises: United Kingdom". *EMES Working Paper*, no 02/06, EMES European Research Network.

Spear, R. & Bidet, E. (2003). "The role of social enterprise in European Labour Markets". *EMES Working paper* no. 03/10, EMES European Research Network.

인터넷자료

국회 의안정보시스템 (http://likms.assembly.go.kr/bill/main.do).

제3장

사회적경제와 일-복지

이찬영·최지혜

인간의 취약성은 무엇을 기준으로 평가할 수 있을까? 하루가 다르게 변하고 불확실해져 가는 사회에서 과거와 같이 소득이나 인적 특성을 기준으로 평가하는 방법은 더 이상 현실을 반영하지 못한다. 따라서 취약성의 기준을 '일(work)'에 두고 접근함으로써 일을 통해 사회적 배제가 해소되는 과정에 집중할 필요가 있다. 그 과정에서 취약계층의 사회적 관계의 회복은 매우 중요한데, 지역 특성 반영적이며 자조와 협력, 호혜의 원리로 작동하는 사회적경제는 그러한 기능을 잘 수행한다. 이와 같은 관점 하에 본 장에서는 일 복지를 정의하고, 한국의 일 복지 현황을 살펴보기로 한다.

3-1 일-복지란?

1. 현시대의 취약계층과 일-복지

한국에서는 복지 정책이나 고용 정책의 대상이 되는 '취약계층'에 대해 법률적으로 일관되게 정의되어 있지 않으며 정책의 타겟팅이 명확하지 않아 정책의 효과성이 낮고, 재정투입의 효율성이 떨어지는 부작용이 존재한다(방하남·강신욱, 2012, p.1).

취약계층의 정의는 단순한 듯하지만, 사회의 급속한 변동과 함께 취약계층을 구성하고 있는 요소나 범주도 변화하기 때문에 복잡하고 가변적이다(박찬임 외, 2007, p.7). 때문에 취약계층이 누구를 지칭하는지를 합의된 하나의 기준으로 제시하는 것은 어렵다. 소득과 관련해서 빈곤선을 기준으로 활용할 수도 있지만, 취업이나 사회적 관계 등에 대해서는 그 기준이 무엇인지 정의하기 힘들다(노대명, 2006, p.117). 이처럼 소득을 기준으로 빈곤 또는 취약성을 정의하는 것의 한계는 저명한 경제학자 아마티아 센(Amartya Sen)이 이야기한 '자유로서의 발전(development as freedom)'에서도 찾을 수 있다. 물론 낮은 소득이 역량 박탈(본 장에서는 취약성)의 주요 요인이 될 수도 있지만, 나이나 성별, 천부적 재능, 장애 및 질병 등 개인의 다양성을 전제로 한다면 소득은 인간 삶의 구성요소의 빈약한 지표에 그치게 된다(Sen(김원기 역, 2013, p.139), 2001). 그런데 노인, 장애인, 여성 등과 같은 인구학적 구분에 따른 취약계층 개념 또한 모호하다. 고소득 노인, 고소득 장애인 등 정책적으로 유용하지 않은 개념이 될 수 있기 때문이다. 따라서 '고정화된 대상집단'은 '욕구에 따른 사각지대 및 취약집단'으로 정교화되어야 필요가 있다(노대명, 2006, p.118).

취약계층에 관한 연구들 중에서 주목할 만한 연구가 있다. 김유선 외(2007)는 빈곤계층을 취약계층으로 정의하는 경우 차상위계층의 배제 문제가 발생하며, 예방을 위했던 정책이나 적극적 노동시장정책의 목표에 비적합한 결과가 발생함을 지적하면서 인적 속성과 일자리 속성상의 취약성이 일시적인지 또는 장기적인지에 따라 취약계층의 사회경제적 타격을 추론하였다. 즉 연구자들은 근로자들이 노동시장에서 열악한 상황에 놓이게 된 인과적 배경에 주목하였다. 이들 연구에 따르면 취약계층의 핵심 문제는 근로빈곤에 해당한다. 인적 속성(여성가구주, 중졸이하 저학력층, 55세 이상 고령층, 25세 이하 청년층)과 일자리 속성(저임금, 저숙련, 실업, 비경제활동 등)에 따라 분류된 취약계층은 노동시장에서 불리한 위치에 있기 때문에 경제적인 빈곤이나 사회적인 빈곤(지속적인 차별)에 처하게 된다. 이들은 자료 분석을 통해 한국의 취약계층은 실업 이후에 비교적 빠르게 취업하여 고용 자체가 문제는 아니지만, 일을 통해 얻는 경제적 소득 면에서 빈곤에 처하게 된다고 설명하였는데, 이러한 현상을 '반복적 빈곤'이라고 불렀다. '반복적 빈곤'은 일을 하기 때문에 복지 수혜와 선별적 정책 면에서도 불리한 조건에 놓일 뿐만 아니라 소득 수준이 지속적으로 악화된다.[1] 이들은 이와 같은 근로빈곤의 문제를 해결하기 위한 방법 중 노동 수요 측면에서 양질의 일자리에 근로자를 고용하는 기업에

1) 반대로 '지속적 빈곤'은 근로능력이 없는 복지 수혜층으로 정책의 대상이 될 가능성이 높다(김유선 외, 2007, p.7).

대한 지원과 기업의 사회적 책임을 강조하였는데, 이는 취약계층의 근로 기회를 확대하는 것으로 오늘날 사회적경제조직의 기능과 역할, 그러한 조직에 대한 정부의 지원 등에 해당한다고 할 수 있다. 또 정책적인 측면에서 노동시장 취약 요인 제거를 통한 사회통합을 강조하였다. '사회통합(social integration)'이라는 개념이 정립되지는 않았지만 이는 사회적경제조직의 궁극적인 목적과 맞닿아 있으며, 노동시장 취약 요인을 제거함으로써 달성하는 사회통합은 결국 '노동통합(work integration)'과 일맥상통한다. 종합하면, 취약계층, 특히 노동시장에서의 취약계층의 소외를 해결하는 방법은 사회적경제의 '노동통합' 기능이 잘 작동하게 하는 것이라는 결론을 얻을 수 있다.

방하남·강신욱(2012)은 취약계층을 '취업활동과 생애 과정에서 부딪히게 되는 각종 사회경제적 위험에 (현재) 노출되어 있거나 노출될 위험성이 높아 정책적 지원과 사회적 보호가 없을 경우 (미래) 빈곤층으로 전락하여 헌법에서 보장하고 있는 '인간다운 삶'을 유지하기 어려운 계층'으로 정의한다. 즉 빈곤, 사망 등 결과적인 사회경제적 상태를 지칭하기보다는 그러한 결과에 놓이게 될 과정적 위험성이 높아서 정책적 지원과 개입이 필요한 계층을 지목한다. 취약성(vulnerability)은 빈곤 자체보다 빈곤화의 위험에 초점을 둔 개념으로 쓰이기도 한다. 이들에 따르면 사회적 취약계층(socially disadvantaged individuals/groups)은 인종, 종교, 국적 등에 따른 사회적 편견과 차등 대우를 받거나, 배제의 대상이 되고 있는 개인과 집단을 말한다.[2] 경제적 취약계층(economically disadvantaged individuals/groups)은 사회적 지원

---

2) 유럽에서는 사회적 배제(social exclusion) 집단에 주목하기도 하는데, 애초에 제도적 안전망의 사각지대에 놓인 집단을 지칭하는 의미로 쓰이다가 최근에는 장기실업자나 장기빈곤층을 지칭하는 개념으로 사용한다(방하남·강신욱, 2012, p.5).

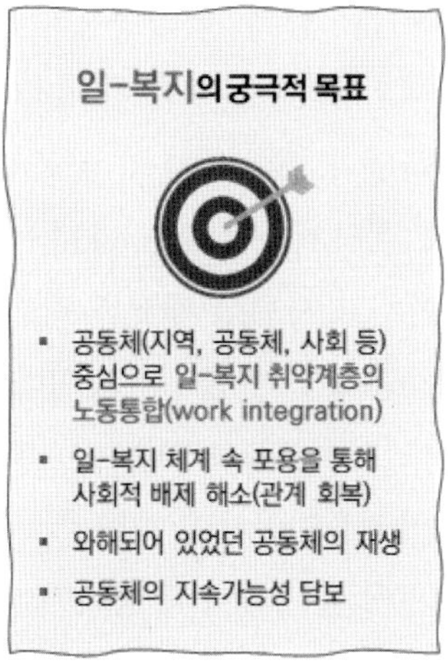

그림 3-1-1. '일-복지'의 궁극적 목표

체계나 법제도적인 보호가 없을 경우 자유시장경제 체제에서 스스로 공정한 경쟁을 통해 기본적인 삶을 영위하기 어려운 개인들이나 집단으로 정의된다. 그에 더해 한국의 고용·복지 측면의 취약계층을 취업(또는 고용)취약계층이라 명명하고, 반드시 저임금일 필요는 없지만 청년, 여성, 고령자, 외국인, 이민자 등 속성적인 요인이나 저학력, 저기술 등 능력적 요인으로 인하여 취업이 어렵거나 불안정한 계층이라 정의한다. 복지 정책 측면에서 취약계층은 사회보장과 사회복지 서비스의 사각지대에 있는 개인들이나, 빈곤층으로 전락할 위험이 높은 소위 차상위 계층이 포함된다. 이러한 정의는 결과적인 소득 기준에 따른 것이다. Dion et al.(1999)은 취업취약계층(the hard-to-employ populations)을 취업에 어려움을 겪는 다양한 집단을 포괄하는 의미로 사용하였으며, 그 중에는 장애인, 알콜중독자, 장기 실직 상태의 복지 수급자 등이 포함된다.

2장의 1절에서 살펴본 새로운 복지패러다임인 '일-복지'로 돌아가

보자. 사회적경제의 확산과 함께 지역 공동체를 중심으로 '노동통합'의 역할과 기능이 확대되고 새로운 복지 패러다임인 '일-복지'를 주도하게 될 것이라고 하였다. '일-복지'의 궁극적인 목적은 공동체(지역, 공동체, 사회) 내의 취약계층이 일(work)을 통해 자활할 수 있도록 도와 노동통합을 이루고 사회적 배제를 해소하는 것이며, 더 나아가 와해되어 있었던 공동체를 재생하는 것이다. 기존 복지 패러다임에서 취약계층이 「국민기초생활보장법(1999)」에 의해 정의된 결과적인 빈곤에 따른 취약계층이었다면, 일-복지 패러다임에서 취약계층은 더 이상 소득수준에 근거하여 규정되지 않는다.

복지 정책 측면에서 취약계층을 지칭할 때, 근로빈곤층(working poor)이라는 용어가 2000년대 초중반에 많이 사용되었으나, '일-복지'체계에서는 통용되기 어려운 용어이다. 우리나라에서 정의하는 근로빈곤층은 기본적으로 빈곤가구(가구소득이 최저생계비 이하)에 속해 있는 근로자(또는 구직자, 또는 근로능력이 있는 자)이다(노대명, 2006, p.119). 즉 정의의 대상이 1차적으로는 '빈곤 수준'에서 걸러지며, 2차적으로는 '근로 능력(또는 근로 의지)의 유무'에서 걸러지는 것이다. 그러나 '일-복지' 체계에서는 1차적으로 '근로 능력(또는 근로 의지)'이 있는 개인이 '일-복지'의 범주에 포함되며, 2차적으로는 그 개인적으로 취약한 형편 때문에 노동의 기회를 얻지 못하는 사람이 '일-복지'의 대상이자 주체가 된다. 따라서 '일-복지 취약계층'은 소득 수준에 관계없이 인적·사회적 취약성(또는 차별)으로 인해 노동시장으로부터 소외되어 사회적으로 단절된 잠재 근로자라 정의할 수 있다. 이러한 일-복지 취약계층과 기존 복지 체계에서의 취약계층의 차이는 다음 〈그림 3-1-2〉에서 비교할 수 있다. 일-복지의 핵심 주체인 사회적경제는 일-복지 취약계층을 노동통합을 통해 사회적 관계 속으로 인도한다. 이 때 일-복지 취약계층은 일-복지의 대상이 될 수도 있으며,

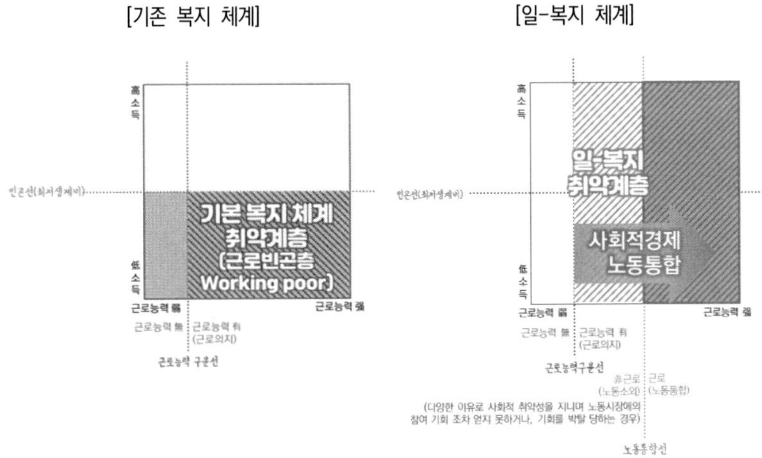

주: 근로빈곤층을 정의할 때 근로(구직)활동을 기준으로 구분하기도 하나, 여기서는 「국민기초생활보장법(1999)」의 자활사업 대상자 선정 기준과 같이 '근로능력(및 의지)'을 기준으로 나타냄.

그림 3-1-2. 기존 복지 체계와 일-복지 체계의 취약계층 차이

사회적경제조직의 구성원이 될 수도 있다.

여기서 기존 복지 체계, 즉 국가의 사회보장의 기능에 대해서 궁금해 할 수가 있다. 위 〈그림 3-1-2〉이 [일-복지 체계]를 보면, 좌측에 하얀색 공백 범위가 있는데 여기에 속한 사람은 소득이나 개인적 취약성에 관계없이 근로능력이 없는 경우이다. 국가의 사회보장 기능은 여기에서 작동하면 된다. 어떻게 보면 국가의 사회보장이 과거의 선별적인 복지제도로 회귀한 것처럼 보일 수 있지만, 사회적경제가 잘 작동하고 있는 일-복지 체계와 국가의 복지제도가 상호 보완적으로 기능한다면 그 사회는 국가의 복지제도와 일-복지로 완전히 메꿔질 수 있다.

2. 노동통합과 일-복지

2장의 2-1절 〈표 2-1-3〉에서 한국의 새로운 복지패러다임에 대해 살펴본 바 있다. 1999년 생산적 복지를 주창하며 등장한 「국민기초생활보장법」은 한국의 근로연계복지의 문을 열었다. 근로연계복지(workfare)를 "공공부조 수급자에게 근로(와 연관된 활동)에 대한 참여를 의무화하는 정책"으로 정의(황덕순 외, 2002, p.6)한다면, 공공부조 차원에서 이뤄지는 근로연계복지는 이와 같이 근로 또는 근로 관련 활동에 대한 참여가 있어야만 실효성이 있다. 더구나 한국의 근로연계복지인 자활급여는 「국민기초생활보장법」 상의 '수급권자'여야만 자활에 필요한 지원을 받을 수 있다. 따라서 소득인정액 이상의 소득을 가진 국민은 근로연계복지 정책의 대상에서 제외된다. 이상의 근로연계복지의 '일'은 'work'라기 보다 'job' 즉 일자리에 가깝다.

한편 적극적 노동시장정책 차원에서 이뤄지고 있는 일자리 창출 정책들이 근로연계복지의 낮은 접근성을 보완하고 있는 것으로 보인다. 노동시장정책이란 고용이나 실업문제를 해결하기 위해 정부가 노동시장에 개입하는 다양한 정책을 일컫는 것으로, 1930년대 대공황과 2차세계대전 이후 케인지안 경제정책을 통한 완전고용이라는 정책목표에 국제적 합의가 이뤄지면서 국가의 적극적인 개입이 확대되었다.[3] 한국에서는 1995년에 실시된 고용보험제도를 통해 적극적 노동시장정책의 개념이 도입되었고(정무권, 1998, p.122),[4] 1990년대 말 외환위기 이후 구조적으로 크게 변화한 노동시장의 환경에 대응하여 다

3) 정무권, 1998, p.123. 참조.

4) 그 이전에는 영세민에 대한 자활 지원 수준에 지나지 않았으며, 당시 정책의 목적도 영세민의 빈곤 탈피를 위한 것이었기 때문에 외환위기를 맞이하기 전까지의 노동시장 정책은 소극적이었다고 평가할 수 있다.

양한 형태로 확대·변형되어 왔다. 오늘날 한국의 적극적 노동시장정책은 고용노동부의 취업성공패키지나 내일배움카드제, 청년취업인턴사업 등을 예로 들 수 있다. 그러나 여전히 이러한 적극적 노동시장정책에서도 일(work) 자체 보다는 일자리(job)에 초점이 맞춰져 있다는 것을 알아차릴 수 있다. 실업을 예방하거나 장기 실업 문제를 해결하기 위한 정책이기 때문이다. Bruni & Zamagni(2015)는 "일자리(job) 활동의 개념과 그보다 훨씬 큰 일(work)의 개념을 구분할 필요가 있다. 사실상 실업이라는 용어는 언제나 일자리의 범주를 가리킬 때 쓰인다."고 말한다.[5)]

사회적경제가 기능하는 노동통합(work integration)은 노동자들의 자질향상을 위한 훈련과 고용이 결합되어 있기 때문에 기존의 일자리 창출 사업과 다르며 영구적으로 노동시장에서 배제될 위험에 처한 취약 대상을 목표로 하여 생산활동을 지속하게 만든다는 점에서도 적극적 노동시장정책 또는 근로연계복지와 확연히 다르다. 따라서 사회적경제의 주요 기능 중 하나인 노동통합(work integration) 영역에서 행해지는 일(work)이야말로 근로연계복지의 일자리(job)를 넘어서는 개념으로 볼 수 있다. 뿐만 아니라 노동 수요자와 공급자 모두 사회적경제 내에서 자활의 주체가 되기 때문에 근로연계복지 하에 취약계층이 지니는 피동성의 한계를 극복한다. 사회적 배제의 위험에 처해 있거나 그런 위험이 있는 잠재 근로자들은 사회적경제로 편입되어 일(work)을 통해 단절되었던 사회적 관계를 회복한다. 따라서 "일-복지"는 '사회적경제의 노동통합 기능에 의해 취약계층의 사회적 관계가 지역 공동체를 중심으로 회복되는 복지 체계'라고 정의할 수 있다.

5) Bruni & Zamagni, 2015(제현주 역), p.284.

3. 왜 일-복지인가?

Bruni & Zamagni(2015)는 우리 시대가 직면한 가장 큰 도전 두 가지를 실업 문제와 새로운 복지의 필요라고 정리한다. 과거의 복지 체제는 개인의 위험을 사회화함으로써 불확실성을 수용 가능한 수준으로 낮추었지만, 오늘날 경제성장이 불확실성을 수반하게 되면서 '오래된' 복지 기구는 더 이상 불확실성에 대해 충분한 보호를 해주지 못한다는 것이다. 실제 사회는 성장이라는 측면에서 불평등, 고용 없는 성장 또는 나쁜 일자리의 증가, 삶의 질 향상을 보장하지 않는 일인당 소득 증가라는 세 가지의 역설에 빠져있는데, 이 세 역설의 공통점은 물질적 자원의 부족과는 관계없이 사회적 결핍 상황을 보여주며, 모두 자유에 심각한 위협을 가한다(Bruni & Zmagni(제현주 역, 2015, pp.280-281), 2004). 실업, 거꾸로 말하면 '일(work)'이라는 것이 자유와 떼려야 뗄 수 없는 관계라는 점은 아마티아 센의 주장을 통해서도 확인할 수 있다. 그는 실업은 단순히 정부의 분배로 메울 수 있는 소득의 결여가 아니라 개인의 자유와 동기, 재능을 심각하게 약화시키는 원천이며, '사회적 배제'를 야기하고 자부심, 자신감, 그리고 심리적, 육체적 건강의 손상에까지 이어지는 요인이라고 하였다. 아마티아 센은 효율성과 효용 측면에서 널리 인정받고 있는 시장 메커니즘에서 거래의 자유는 지나치게 당연시됨으로써 종종 간과된다고 지적하면서 노동공급을 선택할 수 있는 자유, 자유롭게 직업을 가질 자유가 중요하다고 말한다. 그리고 실질적인 사회적 변화를 가져오는 집단적 활동의 사례로 그라민 은행이나 방글라데시 농촌발전위원회(BRAC) 같은 사회적 금융과 협동조합을 소개하면서 시장에서의 거래의 중요성과 경제적 참여의 권리(자유로운 노동의 권리를 포함한), 시장과 관련된 자유의 직접적인 중요성을 강조한다(Sen(김원기 역, 2013, p.139), 2001).

이는 앞서 '일-복지 취약계층'의 개념을 정의할 때 고려한 바와 같이 빈곤(물질적 자원의 부족)을 기준으로 취약성을 규정하면서 발생하는 한계와 연관된다. 실업에 의해 사회적으로 배제되는 경제주체는 개인의 갖은 역량과 사회적 관계를 소실함으로써 취약계층으로 전락한다. 따라서 '취약성'의 기준을 '일'에 두어 접근해도 문제가 없다. '취약성'을 해소하는 방법은 쉽게 앞의 논리를 거꾸로 전개해 나가면 된다. 즉 잃어버린 개인의 역량과 사회적 관계를 다시 찾을 수 있도록 도와주면 되는데, 그러한 과정을 '복지'라고 본다면 결국 복지는 경제주체에게 '일 할 자유'를 제공하고, 실제로도 일을 하게 함으로써 목적을 달성할 수 있다.

여기서 반드시 짚고 넘어가야 할 한 가지 핵심은 '일'이라는 것이 보수라는 노동 공급의 대가로 거래되는 유급노동에 머물러서는 안 된다는 점이다. 소득이 발생하지 않으면 먹고살기 위한 교환에 참여하지 못하는 우리의 현실에 비추어보면 그 일은 유급노동을 지칭하는 것에 지나지 않는다(김정원, 2012, p.174). 앞서 거론한 복지가 취약계층에게 일의 자유를 부여하는 기능을 하고 그들이 일을 하는 과정에서 경험하게 되는 것이 사회적 관계의 회복이라는 사실을 고려하면, 이때의 일은 유급노동의 범주를 훨씬 넘어서는 개념으로 정립된다. 따라서 '지역 특성 반영적(region specific)'적이며, 자조와 협력, 호혜의 원리로 작동하는 사회적경제에서의 '일(work)'은 복지체제를 가동하게 하는 동력이며, 취약계층을 흡수하는 일(노동통합) 그 자체가 동체가 된다. 복지의 목적이 누구나 행복하고 안전한 삶을 누리게 하는 것이라면, 사회적경제가 일과 노동통합을 통해 취약계층의 사회적 관계를 회복하게 하는 것이야말로 복지이다. 사회적경제가 주도하는 복지, 즉 일-복지(work-welfare)는 오늘날 성장의 역설을 극복하는 대안으로서 강조되어야 할 필요가 여기에 있다.

최근 COVID-19의 여파로 일시적 경영난을 겪는 사업주가 고용조정이 불가피한 상황에 대처하기 위해 인건비의 일부를 지원하는 간접 지원 형태로 실업을 예방하는 정책들이 시행되고 있다. 기술은 급격히 진보하는 반면, 인간의 노동을 필요로 하는 영역은 점차 줄어들고 있는 상황에서 예상치 못한 외부 충격에 먼저 타격을 받는 쪽은 인간이며, 그러한 타격의 현장에서 취약계층은 최전선에 위치해 있다. 다가오는 미래에서 취약계층의 범주는 더욱 확대될 것이다. 그렇기 때문에 미래 세대와 후손을 위해서도 일-복지는 더 중요한 의미를 갖는다. 이제는 우리가 새롭게 마주할 일-복지를 평가하고 더 지속가능한 미래를 준비해야 할 때이다.

3-2 한국의 일-복지

1. 한국의 사회적경제기업

한국의 대표적인 사회적경제 조직 또는 사회적경제기업으로는 크게 사회적기업, 협동조합, 마을기업, 자활기업이 있다. 이 분류는 근거법령에 따른 조직일 뿐, 한국의 사회적경제기업이 특정된 범주로 규정되어 있는 것은 아니다. 각 근거법령에 따른 사회적경제기업의 정의는

표 3-2-1. 사회적경제기업의 정의

구분 (근거법령)	근거법령에 따른 정의
사회적기업 (사회적기업육성법)	취약계층에게 사회서비스 또는 일자리를 제공하거나 지역사회에 공헌함으로써 지역주민의 삶의 질을 높이는 등의 사회적 목적을 추구하면서 재화 및 서비스의 생산·판매 등 영업활동을 하는 기업
협동조합 (협동조합기본법)	재화 또는 용역의 구매·생산·판매·제공 등을 협동으로 영위함으로써 조합원의 권익을 향상하고 지역 사회에 공헌하고자 하는 사업조직
마을기업 (도시재생 활성화 및 지원에 관한 특별법)	지역주민 또는 단체가 해당 지역의 인력, 향토, 문화, 자연자원 등 각종 자원을 활용하여 생활환경을 개선하고 지역공동체를 활성화하며 소득 및 일자리를 창출하기 위하여 운영하는 기업
자활기업1) (국민기초생활보장법)	2인 이상의 국민기초생활보장 수급자 또는 차상위자가 상호협력하여 조합 또는 사업자의 형태로 탈빈곤을 위한 자활사업을 운영하는 업체

주: 자활기업의 근거법령은 자활기업의 정의에 대한 규정이 별도로 없어서 한국자활복지개발원 홈페이지의 내용을 발췌함.
자료: 국가법령정보센터 각 근거법령, 한국자활복지개발원 홈페이지

〈표 3-2-1〉과 같다. 이들 정의를 살펴보면, 사회적기업은 취약계층의 일자리 및 사회서비스 제공, 협동조합은 협동 및 조합원 권익 향상, 마을기업은 지역 자원을 활용한 생활환경 및 공동체 활성화, 자활기업은 복지제도 하의 취약계층의 탈빈곤 등을 주목적으로 하여 운영된다는 것을 알 수 있다. 그리고 대체로 사회적경제기업은 조직의 목적을 달성함으로써 궁극적으로 지역사회에 공헌하고자 하는 비전을 갖고 있다는 것을 짐작할 수 있다.

근거법령에 따라 사회적경제기업의 운영 및 관리가 이뤄지기 때문에 각 조직에 대한 통계를 동일한 기준으로 분류하는 것이 매우 어렵다. 또한 조사 보고서마다 조직별 현황의 조사 시점이 차이가 있고, 조직의 폐업이 있는 경우 통계 수치도 몇 차례 바뀐다. 따라서 각 주

표 3-2-2. 한국 사회적경제기업 현황

사회적경제기업	구분	주무부처	기업 수		
			2017	2018	증감
사회적기업	인증	고용노동부	1,877	2,062	185
	예비		901	908	7
협동조합	일반	기획재정부	12,957	14,788	1,831
	사회적		1,093	1,632	539
마을기업		행정안전부	1,514	1,555	41
자활기업	지역	보건복지부	1,055	1,170	115
	광역		34	38	4
	전국		3	3	0
계			19,434	22,156	2,722

주: 각 자료의 조사 시점이 다르며, 사회적기업의 경우 성과보고서를 제출하는 때에 폐업한 경우도 있기 때문에 뒤에서 살펴볼 실태 자료와 수치가 불일치할 수도 있음.
자료: 고용노동부·한국사회적기업진흥원(2019, 『2018 사회적기업 성과분석』), 기획재정부(2019), 행정안전부(2020), 한국사회적기업진흥원 홈페이지 등 에서 발췌하여 정리

무부처나 관리 기관 홈페이지 등을 통해 최대한 유사한 시점의 자료를 확인하여 조직의 수를 파악해본 결과 〈표 3-2-2〉와 같다.

위 대표 사회적경제기업들의 수나 주소, 업종 등 일반적인 현황 정보는 비정기적으로 제공되고 있으나, 주무부처가 서로 달라 통계자료의 구축과 제공 방법이 상이하여 통일된 형태로 실태를 정리하는 것이 어렵다. 게다가 협동조합의 경우에는 「협동조합기본법(2012)」 설립 이후부터 현재까지의 누적 설립현황을 보여주고 있기 때문에 정확한 정보를 파악하는 것이 쉽지 않다. 설립하였다가 폐업하는 협동조합도 있고, 실제 운영되지 않는 협동조합들이 존재하기 때문이다.

그러나 각 주무부처에서는 사회적경제기업들의 설립 현황이나 운영사항 등을 파악하여 정책 등에 활용하고자 하는 차원에서 매년 통계정보를 공개하거나 자체적으로 실태조사를 하기도 한다. 협동조합의 주요 통계는 한국사회적기업진흥원의 협동조합 관련 홈페이지에서 볼 수 있는데, 2012년 12월부터 현재까지 설립된 협동조합의 숫자는 17,668개에 달한다. 또 주무부처인 기획재정부는 2013년부터 2년에 한 번씩 협동조합 실태조사를 실시한다. 이 『2017년 협동조합 실태조사』에 따르면, 2016년 12월말 기준 기획재정부에 설립 신고 된 협동조합 수는 10,615개이며, 이 중 법인 등기된 「협동조합기본법」상 협동조합이 9,547개, 사업운영을 하는 협동조합이 5,100개로 나타났다.

자활기업의 통계는 한국자활복지개발원을 통해 제공되는데 한국자활복지개발원은 「국민기초생활보장법(2019년 1월 개정)」 상 자활지원사업의 개발 및 조사·연구, 자활기업 기술경영지도 및 평가 등의 사업을 수행하는 기관이다. 2018년 기준 전체 자활기업 수는 1,211개로[6] 자활기업에 참여한 사람은 10,849명에 해당한다. 이 자활기업은

「국민기초생활보장법」에 따라 설립·운영되므로 수급자 또는 차상위자만 참여할 수 있다.

주무부처가 고용노동부인 사회적기업의 현황 자료는 타 사회적경제기업에 비해 상대적으로 제공되는 정보가 많고 구체적이다. 사회적기업 정보는 크게 두 가지로 한국사회적기업진흥원에서 제공하는 정보를 통해 확인할 수 있다. 하나는 매년 (인증)사회적기업이 사회적기업 통합정보시스템을 통해 온라인으로 제출하는 사업보고서의 정보를 고용노동부와 한국사회적기업진흥원에서 위탁한 연구용역과제에서 분석하여 발행한 『사회적기업 성과분석』 보고서이다. 이 보고서는 우리나라 전체 인증사회적기업의 경제적 성과나 사회적 성과를 총계나 평균값들을 이용하여 보여주며, 전체 사회적기업의 현황을 보여주기 때문에 대표성을 갖는다. 다른 하나는 '사회적기업 자율경영공시'를 통해 제공되는 자료인데, 자율경영공시란 기업이 사회적 목적 실현과 경영상태 등을 미래 투자자를 포함한 다양한 이해관계자에게 자율적으로 공개하는 제도이다. 자율적으로 제공하는 정보이기 때문에 전체 사회적기업의 정보를 포함하지 못하지만 개별기업의 경영상태나 사회적 성과를 구체적으로 살펴볼 수 있다는 장점이 있다. 2019년도 경영활동에 대한 자율공시를 한 기업은 총 800개로 전년도에 비해 2배가량 증가하였으며, 앞으로도 더욱 증가할 것으로 보인다.

본 장에서는 이와 같이 정보가 상대적으로 풍부하고 구체적으로 제공되는 사회적기업을 중심으로 한국의 일-복지 현황을 살펴보기로 한다.

6) 지역자활기업이 1,170개, 광역자활기업이 38개, 전국자활기업이 3개에 해당한다.

2. 인증사회적기업

한국의 사회적기업은 「사회적기업육성법(2007)」에 따라 특정 요건을 갖추고 고용노동부 장관의 인증을 받은 인증사회적기업과, 최소한의 요건은 갖추고 있으나 일부 요건의 미충족으로 지자체장 또는 중앙부처장의 지정에 따라 예비적으로 사회적기업의 자격을 갖는 지역형 또는 부처형 예비사회적기업으로 나뉜다.

사회적기업으로 인증 받기 위해서는 ①조직형태를 갖추어야 하고 ②유급근로자를 고용하며, ③사회적 목적의 실현, ④이해관계자 참여 의사결정구조 설정, ⑤ 영업활동을 통한 일정 수준 이상의 수입 확보, ⑥정관에의 「사회적기업육성법(2007)」 제9조(정관 등)에 따른 필수사항 포함, ⑦이윤의 사회적 목적 사용의 요건을 충족해야 한다. 이러한 과정을 거쳐 인증이 완료되면 해당 기업은 인증번호를 부여받게 되며 매년 고용노동부에 사업보고서를 제출하고 인증 요건을 계속해서 충족하면 인증이 유지된다.[7] 여기서 근로자란 직업의 종류와 상관없이 임금을 목적으로 사업이나 사업장에서 근로는 제공하는 자(근로기준법 제2조 제1호)로, 사회적기업 인증을 받기 위해서는 유급근로자를 고용함에 있어서 고용보험 가입을 포함하여, 근로기준법, 최저임금법, 직업안정법 등 고용노동관계법령 및 사업 관련 현행법을 준수해야 한다. 앞으로 이야기하는 사회적기업의 근로자는 이와 같은 유급근로자를 말한다.

고용노동부와 한국사회적기업진흥원은 인증사회적기업이 제출하

7) 사회적경제 활성화를 위한 차원에서 인증제를 등록제로 전환하기 위한 작업이 진행되고 있다. 2018년 11월에 발표된 관계부처 합동(2018), 「제3차 사회적기업 육성 기본계획(2018~2022)」에서는 사회적기업 인증제의 등록제 전환의 내용을 담았고, 2019년 8월, 고용노동부는 사회적기업 등록제 전환을 골자로 하는 '사회적기업육성법' 개정안을 국회에 상정하였다.

는 사업보고서를 바탕으로 매년 성과분석 보고서를 발행한다. 『2018 사회적기업 성과분석』 보고서에 따르면, 2018년까지 인증을 받은 전체 사회적기업 중 2019년 3월 기준으로 운영 중인 기업은 2,103개소이며 이 중 사업보고서를 제출한 기업은 2,062개소이다. 사업보고서 제출 시기가 2019년 4월인데, 그 사이 폐업하거나 인증이 취소된 기업이 있기 때문에 일부 차이가 있다.

사회적기업은 「사회적기업육성법(2007)」 제8조 및 동법 시행령 제8조에 따라 독립된 조직형태를 갖추며, 기업의 사회적 목적과 「사회적기업 육성법 시행령(2007)」의 제9조에 따라 인증유형이 설정된다. 조직형태는 크게 관련법령에 따라 공익법인(민법상 법인), 비영리민간단체,

표 3-2-3. 사회적기업의 인증 유형

	조직의 주목적	기준
일자리제공형	취약계층에게 일자리를 제공	전체 근로자 대비 취약계층 고용 비율이 30% 이상
사회서비스제공형	취약계층에게 사회서비스를 제공	사회서비스를 제공받는 사람 중 취약계층 비율이 30% 이상
혼합형	취약계층에게 사회서비스와 일자리를 제공	전체 근로자 대비 취약계층 고용 비율이 20% 이상이며, 사회서비스를 제공받는 사람 중 취약계층 비율이 20% 이상
지역사회공헌형	가) 지역의 인적·물적 자원을 활용하여 지역주민의 소득과 일자리 창출 나) 지역의 사회문제 해결 다) 지역의 사회적경제 조직에 대해 컨설팅·마케팅·자금 지원	가) 전체 근로자 중 지역 거주 취약계층 고용비율 또는 사회서비스를 제공받는 사람 중 지역거주 취약계층 비율이 20% 이상 나)다) 해당 목적에 대한 수입(또는 지출)이 전체의 40% 이상
창의·혁신형(기타형)	비정형	위 기준으로 판단하기 곤란한 경우 사회적기업육성전문위원회에서 결정

자료: 국가법령정보센터, 「사회적기업육성법시행령」 제9조에서 해당 정보를 발췌하여 정리

사회복지법인, 상법상회사, 소비자생활협동조합, 영농조합법인, 일반 및 사회적협동조합으로 나눌 수 있다. 인증유형은 전체 유급근로자 대비 취약계층의 고용 비율과 전체 사회서비스 수혜자 중 취약계층의 비율 등으로 판단할 수 있는데, 일자리제공형, 사회서비스제공형, 혼합형, 지역사회공헌형, 창의·혁신형(기타형)으로 구분된다. 이를 나타내면 〈표 3-2-3〉과 같다.

여기서 취약계층이란 근거법령 상 '자신에게 필요한 사회서비스를 시장가격으로 구매하는 데에 어려움이 있거나 노동시장의 통상적인 조건에서 취업이 특히 곤란한 계층'으로 정의된다. 구체적인 기준에 따른 취약계층은 월평균가구소득이 전국 평균의 60% 이상인 저소득자, 고령자, 장애인, 성매매피해자, 청년 또는 경력단절여성 중 고용촉진장려금 지급대상자, 북한이탈주민, 가정폭력피해자, 한부모가족 보호대상자, 결혼이민자, 갱생보호대상자, 범죄구조피해자, 그 밖의 취약계층(1년 이상 장기실직자, 출소 후 6개월 미경과자, 보호관찰 청소년, 노숙인, 약물·알코올·도박중독자, 선천성 또는 희귀난치병 치료자, 가족부양책임이 있는 여성실업자, 조손가정/외국인근로자/저신용자/학교폭력피해자/학교밖청소년 등 사회서비스 대상 취약계층)으로 매우 다양한 유형으로 나뉜다. 또 사회서비스란 '교육(보육), 보건(청소 등 사업시설 관리), 사회복지(간병 및 가사 지원), 환경(산림 보전 및 관리) 및 문화(문화재 보존 또는 활용 관련/ 예술·관광 및 운동) 분야의 서비스, 그 밖에 이에 준하는 서비스'를 말한다.

〈표 3-2-4〉는 인증유형별로 사회적기업의 취약계층 고용현황과 취약계층 대상 사회서비스 제공 현황을 나타낸 것이다. 일자리제공형이 전체 사회적기업의 67.4%(1,390개)로 높은 비중을 차지하고 있으며, 전체 근로자 대비 취약계층 근로자 비중은 65.1%에 해당한다. 혼합형 사회적기업의 경우 전체 사회적기업 대비 비중이 8.9%(184개)로

창의·혁신형(기타형)을 제외하면 일자리제공형 다음으로 많은 비중을 차지한다. 특히 혼합형 사회적기업은 취약계층 근로자 수가 3,288명으로 전체 근로자의 65.9%에 달하며 이는 일자리제공형의 취약계층 근로자 비중보다 높은 수치이다. 물론 이는 개별 기업별 취약계층 고용 현황이나 취약계층 대상 사회서비스 제공 현황을 나타내는 것은 아니지만, 기업 총계로 봤을 때 그 비중이 혼합형 인증 요건(20% 이상)에 비해 상당하다는 것을 알 수 있다. 이러한 특징으로 본다면 일자리제공형과 혼합형 사회적기업이 다른 인증유형에 비해 취약계층 노동통합의 기능을 더 잘 발휘할 것이라 예상할 수 있다. 따라서 이러한 특징을 반영하여 한국의 일-복지의 범위를 일자리제공형 사회적기업과 혼합형 사회적기업으로 설정하여 이를 세부적으로 살펴보기로 한다.

표 3-2-4. 사회적기업 인증유형 및 조직형태별 주요 현황(2018년)

구분		기업 수 (비중)	취약계층 근로자 수 (비중)	취약계층 사회서비스 수혜 인원 (비중)
인증유형	일자리제공형	1,390 (67.4)	19,959 (65.1)	-
	사회서비스제공형	125 (6.1)	1,659 (53.2)	653,712 (56.6)
	혼합형	184 (8.9)	3,288 (65.9)	910,017 (71.1)
	창의·혁신형(기타형)	243 (11.8)	707 (23.8)	-
	지역사회공헌형	120 (5.8)	473 (47.3)	-
계		2,062 (100.0)	26,086 (61.0)	1,563,729 (64.2)

주: 기업 수의 비중은 전체 기업 수 대비 비중을 말하며, 취약계층 근로자 수의 비중은 전체 유급근로자 수 대비 비중, 취약계층 사회서비스 비중은 전체 사회서비스 수혜 인원대비 비중

자료: 『2018년도 사회적기업 성과분석』 보고서에서 발췌하여 재정리

3. 한국의 일-복지 현황과 실태

본 절은 한국의 일-복지를 한국의 사회적기업 중 일자리제공형 사회적기업과 혼합형 사회적기업을 중심으로 정리한다. 그리고 인증사회적기업의 전체적인 현황을 나타내는 한국사회적기업진흥원의『사회적기업 성과분석』보고서와 개별 기업이 자발적으로 경영 활동에 대한 정보를 제공하는 '자율경영공시' 자료 두 가지를 이용하여 현황과 실태를 살펴보고자 한다. 전술한 바와 같이『사회적기업 성과분석』보고서는 한국의 인증사회적기업 전체 현황을 볼 수 있으나 총계 또는 평균 자료에 국한돼 있는 반면, '자율경영공시'자료는 개별기업의 고용에 대한 질적 자료를 더 세부적으로 살펴볼 수 있다는 장점이 있다. 검토 기간은 최대한 자료의 비교가 가능한 시기인 2012년부터 가장 최근 자료인 2018년까지의 자료이다.

먼저「사회적기업육성법(2007)」에 따른 인증요건을 충족하여 고용노동부로부터 인증을 받은 인증사회적기업의 인증유형별 현황을 보면 아래와 같다. 2018년 기준 인증사회적기업, 정확히는 인증사회적기업 중 고용노동부에 성과보고서를 제출한 기업이 총 2,062개소이며, 앞의 〈표 3-2-4〉에서 확인한 것과 같이 이 중 일자리제공형 사회적기업이 1,390개소(전체의 67.4%), 혼합형 사회적기업이 184개소(전체의 8.3%)이다. 일자리제공형 사회적기업은 2012년부터 2018년까지의 연평균 증가율이 20.4%일 정도로 빠르게 증가해왔다. 일자리제공형 사회적기업이 전체 사회적기업에서 차지하는 비중은 꽤 높은 편인데, 2012년 약 61%에서 2010년대 중반에 70%까지 증가하였다가 2015년 이후 소폭 감소하여 2018년 현재 67.4%에 이른다. 혼합형 사회적기업은 지난 6년간 매년 평균적으로 6.7%씩 증가한 것으로 나타났다. 한편 혼합형 사회적기업의 경우 전체 사회적기업 대비 비중이 2012년 16.6%에서

표 3-2-5. 사회적기업 인증유형별 현황 및 추이(2012-2018년)

(단위: 개소, %)

	사회적기업 계	일자리제공형	혼합형	그 외 유형
2012	751 (100.0)	457 (60.9)	125 (16.6)	169 (22.5)
2013	993 (100.0)	648 (65.3)	146 (14.7)	199 (20.0)
2014	1,228 (100.0)	861 (70.1)	149 (12.1)	218 (17.8)
2015	1,460 (100.0)	1,024 (70.1)	150 (10.3)	286 (19.6)
2016	1,653 (100.0)	1,151 (69.6)	164 (9.9)	338 (20.4)
2017	1,825 (100.0)	1,255 (68.8)	170 (9.3)	400 (21.9)
2018	2,062 (100.0)	1,390 (67.4)	184 (8.3)	488 (23.7)
연평균 증가율	18.3	20.4	6.7	19.3

주: ( ) 안의 값은 전체 사회적기업 수 대비 해당 유형의 비중
자료: 연도별『사회적기업 성과분석』보고서에서 발췌하여 재정리

2018년에는 그 절반인 8.3%로 감소하였다. 이는 혼합형 사회적기업의 수적 증가에도 불구하고 일자리제공형 사회적기업의 수가 더 크게 증가하면서 상대적으로 혼합형 사회적기업의 비중이 감소한 것으로 풀이할 수 있다.

다음은 인증사회적기업 중 '자율경영공시'를 한 기업의 인증유형별 분포를 살펴본 것이다. 대체로 '자율경영공시'를 한 기업의 인증유형별 분포도 전체 사회적기업의 분포(〈표 3-2-5〉)와 유사하다. 단 자율경영공시를 하는 기업의 증가 속도가 사회적기업의 증가 속도보다 더 빠른 것으로 나타났는데, 자율경경공시 기업의 지난 6년간 연평균 증가율이 33.1%에 달한다. 이처럼 자율경영공시에 참여하는 기업은 각종 혜택을 받을 수 있는데, 2020년 4월 기준으로 고용노동부 재정지원사업(일자리창출 재심사) 지원 시 가점 부여, 사회적 가치지표(SVI) 측정 시 경영공시 참여사항 반영, 한국사회적기업진흥원 경영컨설팅 지원사업 참여 시 가점 부여 등 다양한 혜택 사항이 존재한다.[8] 특히 2018년

표 3-2-6. 자율경영공시 사회적기업의 인증유형별 현황 및 추이(2012-2018년)

(단위: 개소, %)

	사회적기업 계	일자리제공형	혼합형	그 외 유형
2012	81 (100.0)	46 (56.8)	125 (17.3)	169 (25.9)
2013	116 (100.0)	67 (57.8)	146 (18.1)	199 (24.1)
2014	218 (100.0)	150 (68.8)	149 (13.3)	218 (17.9)
2015	270 (100.0)	191 (70.7)	150 (9.3)	286 (20.0)
2016	367 (100.0)	259 (70.6)	164 (9.3)	338 (20.2)
2017	483 (100.0)	329 (68.1)	170 (7.9)	400 (24.0)
2018	800 (100.0)	538 (67.3)	184 (7.9)	488 (24.9)
연평균 증가율	33.1	36.0	20.7	32.5

주: ( ) 안의 값은 전체 사회적기업 수 대비 해당 유형의 비중
자료: 한국사회적기업진흥원, 연도별 사회적기업 '자율경영공시' 자료에서 발췌하여 재정리

에 전년대비 자율경영공시 기업 수가 대폭 증가한 것으로 보아, 향후 혜택 사항이 더 다양해질 경우 자율경영공시 기업도 더 크게 증가할 것으로 보인다.

이제 사회적기업의 사회적 목적 중 하나인 '취약계층의 고용'에 관한 현황을 살펴보자. 사회적기업의 취약계층의 고용의 양적 또는 질적 측면에 관한 정보는 다른 여타 정보에 비해 '일-복지'의 실태를 잘 보여준다고 할 수 있다.[9)]

8) 고용노동부·한국사회적기업진흥원(2020)의 「2020년 사회적기업 자율 경영공시 참여기업 모집안내문」 참고, 자율경영공시는 사회적기업의 투명성을 증진시키고 사회적성과 및 공감대를 확산시키고자 하는 목적에 실시되며, 혜택 사항은 참여 연도에 따라 다름.

9) 취약계층 고용의 안정성(정규직 또는 비정규직, 고용보험 등)에 대한 정보 또한 중요하나, 일반 연구자가 해당 정보에 접근하는 데는 제약이 따른다. 고용보험 DB 정보 또는 정규직 등의 고용형태에 관한 정보는 『사회적기업 성과분석』 연구에 직접 참여하거나 고용노동부 관련 공무원 등에 한해 제공된다.

『사회적기업 성과분석』 보고서에 따르면 2018년 기준 사회적기업에 고용된 취약계층 근로자 수는 총 26,086명으로 지난 6년간 연평균 15.3%씩 고용 인원이 증가하였다. 일자리제공형 사회적기업의 취약계층 근로자가 전체 사회적기업의 취약계층 근로자 중에서 차지하는 비중은 76.5%에 해당한다. 이는 일자리제공형 사회적기업의 비중이 높기 때문이기도 하지만, 기업 수의 비중이 67.4%(〈표 3-2-5〉)인 것에 비하면 상대적으로 일자리제공형 사회적기업에서 취약계층 근로자의 고용이 많이 이뤄지고 있음을 짐작할 수 있다. 특히 2015년에는 그 비중이 80%에 달했다. 그러나 2018년에 전체 취약계층 근로자 수가 전년대비 증가한 데 반해 일자리제공형 사회적기업의 취약계층 근로자 수는 감소하여 타 유형에서 취약계층 근로자 고용이 크게 증가하였다. 2018년 혼합형 사회적기업의 취약계층 근로자 수는 3,288명이었다. 혼합형 사회적기업 수가 전체 사회적기업에서 차지하는 비중은 8.3%로 10%에 못미치지만, 동 유형의 취약계층 근로자가 전체 취약계층 근로

표 3-2-7. 사회적기업 인증유형별 취약계층 근로자(2012-2018년)

(단위: 명 %)

	취약계층 근로자 계	일자리제공형	혼합형	그 외 유형
2012	11,091 (100.0)	8,306 (74.9)	1,593 (14.4)	1,192 (10.7)
2013	14,179 (100.0)	10,904 (76.9)	2,135 (15.1)	1,140 (8.0)
2014	17,009 (100.0)	13,565 (79.8)	2,236 (13.1)	1,208 (7.1)
2015	21,096 (100.0)	16,884 (80.0)	2,418 (11.5)	1,794 (8.5)
2016	23,858 (100.0)	18,993 (79.6)	2,902 (12.1)	1,963 (8.2)
2017	25,529 (100.0)	20,330 (79.6)	2,908 (11.4)	2,291 (9.0)
2018	26,086 (100.0)	19,959 (76.5)	3,288 (12.6)	2,839 (10.9)
연평균 증가율	15.3	15.7	12.8	15.6

注: ( ) 안의 값은 해당 인증유형별 전체 유급근로자 대비 취약계층 근로자의 비중
자료: 연도별『사회적기업 성과분석』 보고서에서 발췌하여 재정리

표 3-2-8. 자율경영공시 사회적기업의 인증유형별 취약계층 근로자(2012-2018년)

(단위: 명, %)

	취약계층 근로자 계	일자리제공형	혼합형	그 외 유형
2012	1,645 (100.0)	1,123 (68.3)	293 (17.8)	229 (13.9)
2013	2,813 (100.0)	1,932 (68.7)	710 (25.2)	171 (6.1)
2014	3,969 (100.0)	2,621 (66.0)	963 (24.3)	385 (9.7)
2015	5,785 (100.0)	4,353 (75.2)	967 (16.7)	465 (8.0)
2016	6,711 (100.0)	4,676 (69.7)	1,334 (19.9)	701 (10.4)
2017	8,096 (100.0)	5,959 (69.1)	1,452 (17.9)	1,049 (13.0)
2018	10,601 (100.0)	7,599 (71.7)	1,796 (16.9)	1,206 (11.4)
연평균 증가율	26.2	27.0	25.4	23.1

注: ( ) 안의 값은 해당 인증유형별 전체 유급근로자 대비 취약계층 근로자의 비중
자료: 한국사회적기업진흥원, 연도별 사회적기업 '자율경영공시' 자료에서 발췌하여 재정리

자 중에서 차지하는 비중은 12.6%로 일자리제공형 사회적기업과 같이 취약계층 근로자의 고용이 활발히 이뤄지고 있음을 알 수 있다. 지난 6년간 혼합형 사회적기업의 취약계층 근로자 수의 연평균 증가율은 12.8%이다.

〈표 3-2-8〉은 '자율경영공시' 자료의 취약계층 근로자 분포를 나타낸 것이다. 위의 〈표 3-2-7〉의 전체 인증사회적기업의 취약계층 근로자 분포와 큰 차이는 없으나, 혼합형 사회적기업의 경우 취약계층 근로자 비중이 약간 더 높다. 상대적으로 취약계층 근로자 수가 많은 혼합형 사회적기업이 자율경영공시를 하는 경향이 있을 거라 유추할 수 있다.

〈그림 3-2-1〉은 2012년부터 2018년까지의 해당 인증유형별 전체 유급근로자 대비 취약계층 근로자의 비중을 나타낸 것이다. 자료 출처에 관계없이 지난 2017년까지 유급근로자 대비 취약계층 근로자 비중이 높았던 인증 유형은 일자리제공형이다. 2018년에는 혼합형 사

인증사회적기업

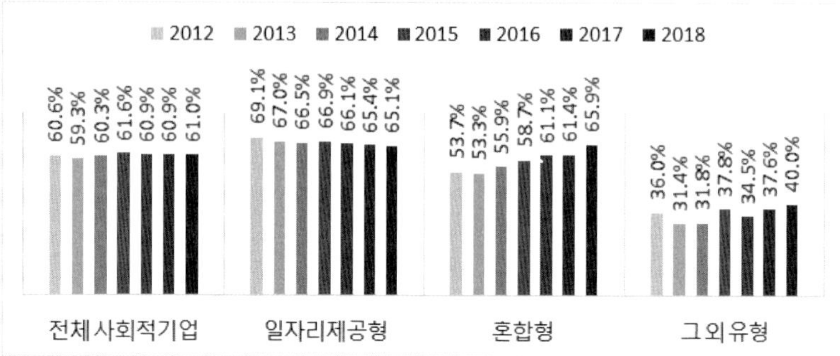

자율경영공시 기업

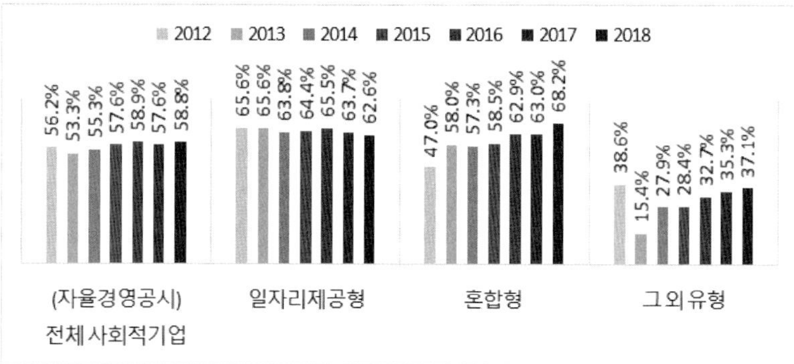

자료: 연도별 『사회적기업 성과분석』 보고서와 '자율경영공시' 자료에서 발췌하여 재정리

그림 3-2-1. 사회적기업 인증유형별 전체 유급근로자 대비 취약계층 근로자 비중

회적기업의 유급근로자 대비 취약계층 근로자 비중이 가장 높은 것으로 나타났다. 또한 혼합형 사회적기업의 취약계층 근로자 비중이 증가 추세를 보임을 확인할 수 있다. 이처럼 일자리제공형 사회적기업과 혼합형 사회적기업의 일-복지 시스템은 양적·질적으로 활발히 움직이고 있는 것으로 보여진다.

기업 수의 변화 등을 고려하여 (기업당) 평균 취약계층 근로자 수를

〈그림 3-2-2〉에 나타내 보았다. 2018년 기준 인증사회적기업의 평균 취약계층 근로자 수가 가장 많은 기업의 유형은 혼합형으로, 기업당 17.9명의 취약계층 근로자가 고용된 것을 알 수 있다. 전반적으로 평균 취약계층 근로자 수가 감소 추세에 있는 반면, 혼합형 사회적기업의 경우 증가 추세를 보이고 있다. 자율경영공시기업의 경우 평균 취약계층 근로자 수가 기업당 약 30명 수준으로 매우 높은데, 자율경영공시를 하는 사회적기업은 그렇지 않은 기업에 비해 상대적으로 취약계층 근로자를 많이 고용하고 있다고 볼 수 있다.

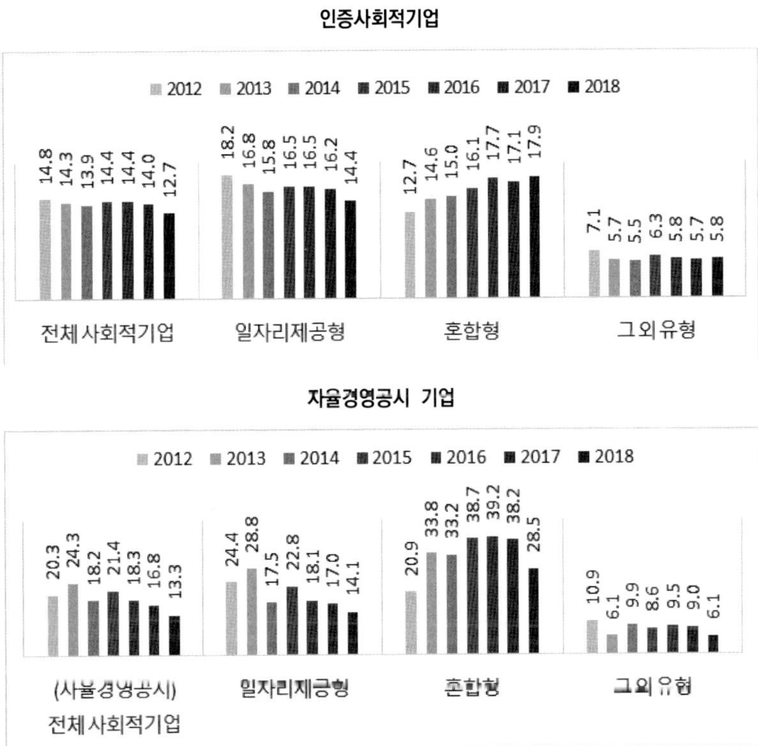

자료: 연도별 『사회적기업 성과분석』 보고서와 '자율경영공시' 자료에서 발췌하여 재정리

그림 3-2-2. 사회적기업 인증유형별 평균 취약계층 근로자 수(명)

표 3-2-9. 사회적기업 인증유형별·취약유형별 근로자 수(2013-2015년)

인증 유형	취약유형 연도	취약계층 근로자 계	고령자	장애인	저소득자	결혼 이민자	청년 및 경단 여성	장기 실업자	한부모 가족 보호 대상자	북한 이탈 주민	성매매 피해자	가정 폭력 피해자	갱생 보호 대상자	범죄 구조 피해자 및 기타
전체 사회적 기업	2013	14,179 (100)	7,017 (49.5)	3,947 (27.8)	2,075 (14.6)	277 (2.0)	194 (1.4)	373 (2.6)	159 (1.1)	103 (0.7)	9 (0.1)	2 (0.01)	8 (0.1)	15 (0.1)
	2014	17,009 (100)	8,829 (51.9)	4,564 (26.8)	2,304 (13.5)	379 (2.2)	242 (1.4)	278 (1.6)	156 (0.9)	102 (0.6)				155 (0.9)
	2015	21,096 (100)	11,940 (56.6)	5,012 (23.8)	2,722 (12.9)	407 (1.9)	340 (1.6)	277 (1.3)	161 (0.8)	96 (0.5)				141 (0.7)
일자리 제공형	2013	10,904 (100)	5,140 (47.1)	3,747 (34.4)	1,299 (11.9)	242 (2.2)	91 (0.8)	178 (1.6)	91 (0.8)	94 (0.9)	1 (0.01)	1 (0.01)	6 (0.1)	14 (0.1)
	2014	13,565 (100)	6,649 (49.0)	4,367 (32.2)	1,629 (12.0)	336 (2.5)	131 (1.0)	157 (1.2)	106 (0.8)	87 (0.6)				103 (0.8)
	2015	16,884 (100)	9,056 (53.6)	4,826 (28.6)	2,027 (12.0)	340 (2.0)	195 (1.2)	160 (0.9)	106 (0.6)	78 (0.5)				96 (0.6)
혼합형	2013	2,135 (100)	1,369 (64.1)	90 (4.2)	451 (21.1)	20 (0.9)	65 (3.0)	88 (4.1)	39 (1.8)	3 (0.1)	8 (0.4)	0 (0.0)	2 (0.1)	0 (0.0)
	2014	2,236 (100)	1,589 (71.1)	105 (4.7)	380 (17.0)	28 (1.3)	66 (3.0)	39 (1.7)	19 (0.8)	2 (0.1)				8 (0.4)
	2015	2,418 (100)	1,793 (74.2)	111 (4.6)	357 (14.8)	30 (1.2)	63 (2.6)	30 (1.2)	21 (0.9)	3 (0.1)				10 (0.4)
그 외 유형	2013	1,140 (100)	508 (44.6)	110 (9.6)	325 (28.5)	15 (1.3)	38 (3.3)	107 (9.4)	29 (2.5)	6 (0.5)	0 (0.0)	1 (0.1)	0 (0.0)	1 (0.1)
	2014	1,208 (100)	591 (48.9)	92 (7.6)	295 (24.4)	15 (1.2)	45 (3.7)	82 (6.8)	31 (2.6)	13 (1.1)				44 (3.6)
	2015	1,794 (100)	1,091 (60.8)	75 (4.2)	338 (18.8)	37 (2.1)	82 (4.6)	87 (4.8)	34 (1.9)	15 (0.8)				35 (2.0)

주: 1) 성매매피해자, 가정폭력피해자, 갱생보호대상자는 2013년 정보만 제공되는 관계로, 2014년 이후자료는 기타로 산입함.

2) ( ) 안의 값은 취약계층 근로자 계 대비 해당 취약유형 근로자의 비중

자료: 2013~2015년『사회적기업 성과분석』보고서에서 발췌하여 재정리

사회적기업 취약계층 근로자의 취약유형은 앞 절에서 설명한 바와 같이 저소득자, 고령자, 장애인, 성매매피해자, 청년 또는 경력단절여성 중 고용촉진장려금 지급대상자, 북한이탈주민, 가정폭력피해자, 한부모가족 보호대상자, 결혼이민자, 갱생보호대상자, 범죄구조피해자, 그밖의 취약계층 등으로 매우 다양하다. 2013~2015년『사회적기업 성과분석』보고서에서는 취약유형별 근로자 수를 인증유형별로 보여준다. 이를 정리하면 〈표 3-2-9〉와 같다. 전체적으로 보면 취약계층 근로자 중 고령자가 가장 많은 비중을 차지하며 다음으로 장애인, 저소득자 순으로 많은 편이나, 일자리제공형을 제외한 다른 유형은 고령자 〉 저소득자 〉 장애인 순으로 많다. 어쨌든 이 세 가지 취약 유형이 전체 취약계층 근로자의 대부분을 차지한다. 2015년 기준 고령자, 장애인, 저소득자를 합한 비중은 93.3%에 달한다. 일자리제공형 사회적기업의 경우 장애인 비중이 다른 유형에 비해 상대적으로 높은 편이며, 혼합형 사회적기업의 경우 고령자 비중이 여타 유형에 비해 압도적으로 높다. 2015년에 인증사회적기업의 전체 취약계층근로자 중 고령자 비중은 56.6%였으며, 혼합형 사회적기업의 취약계층 근로자 중 고령자 비중은 74.2%로 17.6%포인트나 더 높게 나타났다. 이러한 분포 양상을 통해 고령의 취약계층의 노동통합이 활발한 유형은 혼합형이며, 장애가 있는 취약계층의 노동통합이 활발한 유형은 일자리제공형 사회적기업이라 유추해 볼 수 있다.

'자율경영공시' 자료의 경우 취약유형별 근로자 수가 제공되는 시기는 2012년도뿐이다. 앞의 〈표 3-2-9〉의 취약유형별 근로자의 분포와 비교하기 위해 2012년에 자율경영공시를 한 사회적기업의 인증유형별·취약유형별 근로자 수를 나타낸 결과, 〈표 3-2-10〉과 유사한 분포를 확인할 수 있었다. 일자리제공형 사회적기업의 경우 타 유형에 비해 장애인 근로자의 비중이 높았으며, 혼합형 사회적기업의 경우

표 3-2-10. 자율경영공시 사회적기업의 인증유형별·취약유형별 근로자 수(2012년)

인증유형	취약계층근로자 계	고령자	장애인	저소득자	결혼이민자	청년 및 경단여성	장기실업자	한부모가족보호대상자	북한이탈주민	성매매피해자	가정폭력피해자	갱생보호대상자	범죄구조피해자 및 기타
전체	1,648 (100)	788 (47.8)	287 (17.4)	388 (23.5)	48 (2.9)	27 (1.6)	54 (3.3)	17 (1.0)	39 (2.4)	0	0	0	0
일자리제공형	1,126 (100)	486 (43.2)	263 (23.4)	237 (21.0)	41 (3.6)	22 (2.0)	30 (2.7)	8 (0.7)	39 (3.5)	0	0	0	0
혼합형	293 (100)	223 (76.1)	16 (5.5)	42 (14.3)	5 (1.7)	1 (1.0)	3 (1.0)	3 (1.0)	0 (0.0)	0	0	0	0
그 외 유형	229 (100)	79 (34.5)	8 (3.5)	109 (47.6)	2 (0.9)	4 (9.2)	6 (9.2)	6 (2.6)	0 (0.0)	0	0	0	0

주: 1) 성매매피해자, 가정폭력피해자, 갱생보호대상자는 2013년 정보만 제공되는 관계로, 2014년 이후자료는 기타로 산입함.
2) ( ) 안의 값은 취약계층 근로자 계 대비 해당 취약유형 근로자의 비중
자료: 2013~2015년 『사회적기업 성과분석』 보고서에서 발췌하여 재정리

고령자의 비중이 크게 높았다.

『사회적기업 성과분석』 보고서나 '자율경영공시' 자료로 근로자의 정규직 또는 비정규직의 고용 형태를 알 수는 없지만, 취약계층 및 비취약계층의 근로자 유형에 따른 (월)평균임금 수준과 (주당)평균근로시간 정보를 구할 수 있다.[10)] 이를 이용하여 시간당임금을 계산하면, 2018년 기준 취약계층 근로자의 시간당임금은 12,196원으로 비취약계층 근로자 시간당임금 대비 약 81%(=0.81) 수준에 해당한다. 이 취약계층 근로자의 상대임금은 2012년에 0.71이었던 것에 비해 크게

10) 사회적기업의 유급근로자는 고용보험에 가입된 자가 인정되나, 65세 이후에 새롭게 고용되거나 자영업을 개시한 근로자나 주 15시간 또는 월 60시간 미만의 단시간 근로자는 고용보험 적용 대상에서 제외된다.

증가하였다. 또한 시간당임금의 연평균증가율을 보면 취약계층 근로자 시간당임금의 연평균 증가율이 8.8%로 다른 근로자 유형에 비해 증가 속도가 더 빠른 것을 확인할 수 있다. 사회적기업으로 인증 받기 위해서는 유급근로자를 고용하는 데 있어서 앞서 언급한 고용보험을 포함한 사회보험 가입 여부와 최저임금 준수 여부 등을 증빙해야 하므로 일반적으로 사회적기업이 근로자에게 최저임금 이상의 임금을 지급하고 있을 것이라 예상할 수 있다. 따라서 최저임금 연평균 증가율과

표 3-2-11. 사회적기업 근로자 유형별 임금 및 근로시간(2012-2018년)

	월평균임금(천원)			주당평균근로시간(시간)			시간당임금(원)1)		
	전체	취약	비취약	전체	취약	비취약	전체	취약	비취약
2012	1,246	1,058	1,537	36.5	36	37.3	7,878	6,782 (0.71)	9,509
2013	1,278	1,104	1,531	36.2	35.8	36.8	8,147	7,116 (0.74)	9,601
2014	1,362	1,170	1,647	35.8	35.2	36.6	8,780	7,670 (0.74)	10,385
2015	1,451	1,319	1,787	35.6	35.1	36.4	9,406	8,672 (0.77)	11,329
2016	1,535	1,347	1,827	34.5	34.1	35.2	10,268	9,116 (0.76)	11,978
2017	1,623	1,414	1,950	34.1	33.2	35.5	10,984	9,829 (0.78)	12,676
2018	1,827	1,605	2,175	34.1	32.9	36.1	12,364	11,258 (0.81)	13,904
연평균 증가율	-	-	-	-	-	-	7.8%	8.8%	6.5%

주: 1) 동 보고서에서는 월평균임금과 주당평균근로시간 정보만 제공되는 관계로, 1개월을 약 4.34주로 간주하여 시간당임금을 계산하였음.

2) ( ) 안의 값은 비취약계층 근로자 대비 취약계층 근로자의 시간당임금 수준으로 상대임금을 의미함.

자료: 연도별 『사회적기업 성과분석』 보고서에서 발췌하여 재정리

사회적기업 유급근로자의 시간당임금의 연평균 증가율을 비교해본다면, 사회적기업의 고용의 질을 대략적으로 가늠할 수 있다. 2012년 당시 최저임금이 4,580원이었고, 2018년 기준 최저임금이 7,530원이므로 2012-2018년 최저임금의 연평균증가율은 8.6%이다. 최저임금의 연평균증가율과 비교한다면, 사회적기업에 고용된 취약계층의 임금상승률이 약간 더 높다는 것을 알 수 있다.

위와 같은 방법으로 인증유형별로 취약계층 근로자의 시간당임금을 계산하면 〈표 3-2-12〉와 같이 나타낼 수 있다. 2018년 기준 일자리제공형 사회적기업의 취약계층 근로자의 시간당임금은 11,319원으로 전체 취약계층 시간당임금(11,258원)에 비해 약간 높은 편이다. 또 일자리제공형의 취약계층 근로자 시간당임금은 연평균 9.1%씩 증가하였는데, 전체 취약계층 근로자의 시간당임금의 연평균증가율(8.8%)과 최저임금의 연평균증가율(8.6%)에 비해 높은 수준이다. 혼합형 사

표 3-2-12. 사회적기업 인증유형별 취약계층 근로자의 시간당임금(원)

	전체 취약계층	일자리제공형	혼합형	최저임금
2012	6,782	6,706	6,817	4,580
2013	7,116	7,039	7,066	4,860
2014	7,670	7,601	7,536	5,210
2015	8,672	8,690	8,108	5,580
2016	9,116	9,191	8,558	6,030
2017	9,829	9,881	9,367	6,470
2018	11,258	11,319	11,072	7,530
연평균증가율	8.8%	9.1%	8.4%	8.6%

주: 1) 동 보고서에서는 월평균임금과 주당평균근로시간 정보만 제공되는 관계로, 1개월을 약 4.34주로 간주하여 시간당임금을 계산하였음.
2) ( ) 안의 값은 비취약계층 근로자 대비 취약계층 근로자의 시간당임금 수준으로 상대임금을 의미함.
자료: 연도별 『사회적기업 성과분석』 보고서에서 발췌하여 재정리

회적기업의 취약계층 근로자의 시간당임금은 11,072원으로 취약계층 전체에 비해 약간 낮으며, 임금의 연평균증가율 또한 낮다.

사회적기업의 인증유형은 기업의 목적에 따라 다르기 때문에 업종 및 업태 등에 상호 차이가 있을 것이며, 그에 따라 임금 수준도 격차가 있을 수 있다. 따라서 취약계층의 고용의 질적 측면, 즉 임금 수준을 검토하려면려면, 비취약계층 근로자 대비 취약계층 근로자의 상대임금을 살펴보는 것이 더 적절할 것이다. 〈그림 3-2-3〉은 이와 같이 취약계층 근로자의 상대임금을 인증유형별로 나타낸 것이다. 그림에서 보면 알 수 있듯이 혼합형 사회적기업의 취약계층 근로자의 상대임금 수준이 매우 높다. 2018년 기준 0.96으로 취약계층 근로자의 임금수준이 비취약계층 근로자 임금의 약 96%에 해당한다는 뜻이다. 혼합형 사회적기업의 경우 2012년부터 상대임금이 0.9 이상을 유지해 왔

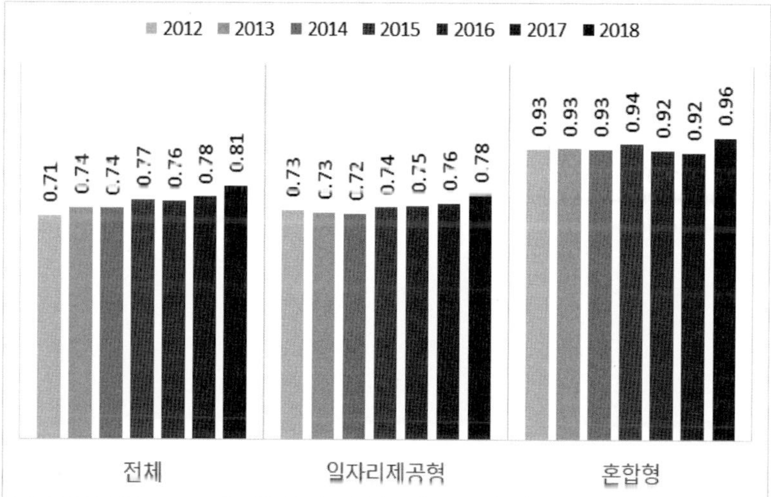

주: 상대임금은 비취약계층 근로자 시간당임금 대비 취약계층 근로자의 시간당임금
자료: 연도별 『사회적기업 성과분석』 보고서에서 발췌하여 정리

그림 3-2-3. 사회적기업 인증유형별 취약계층 근로자의 상대임금

으며, 비취약계층 근로자의 임금 수준과 큰 격차가 없음을 알 수 있다.

이러한 현황들을 종합해보면, 정량적으로는 일자리제공형 사회적기업이 취약계층의 노동통합에 기여하고 있으며, 혼합형 사회적기업은 정성적으로 취약계층의 노동통합에 기여하고 있을 것이라 예상할 수 있다. 다만, 더욱 정확한 평가를 위해서는 근로자들의 만족감이나 성취감 등에 대한 설문조사가 필요할 것이다.

참고문헌

고용노동부, 한국사회적기업진흥원. 『2020년 사회적기업 자율 경영공시 참여기업 모집안내문』
(https://www.socialenterprise.or.kr/social/board/view.do?m_cd=D019&search_word=%EC%9E%90%EC%9C%A8%20%EA%B2%BD%EC%98%81%EA%B3%B5%EC%8B%9C%20%EC%B0%B8%EC%97%AC%EA%B8%B0%EC%97%85%20&board_code=BO02&search_type=&category_id=&category_sub_id=&com_certifi_num=&magazine=&title=&selectyear=&pg=&seq_no=242165).

기획재정부 (2019). 『2019년 협동조합 실태조사 및 정책수립을 위한 기초연구』.

김유선, 한준, 김영미, 안수범 (2007). 『취약계층 근로자의 규모추이와 일자리 이동 분석 및 취약계층 취업촉진 정책방안 연구』. 노동부 정책연구보고서. 한국노동사회연구소.

김정원 (2012). 『현장에서 읽는 노동연계복지 - 자활사업에서 사회적기업까지』. 아르케.

노대명. (2006), "취약계층을 위한 일자리 창출방안 연구 - 취업취약계층을 중심으로". 『장애인 고용』, 16(1), pp.115-146.

박찬임, 박성재, 김화순, 김종일 (2007). 『취약계층 고용서비스 이용실태 및 서비스 강화방안』. 한국노동연구원 정책자료 2007-02. 한국노동연구원.

방하남, 강신욱 (2012). 『취약계층의 객관적 정의 및 고용과 복지를 위한 정책방안』. 경제사회발전 노사정위원회 보고서.

정무권 (1998). "'적극적 노동시장정책'의 정치경제: 한국에서의 제도적 정착을 위한 모색". 『한국정책학회보』, 7(3), pp.121-157

관계부처 합동 (2018. 11.). 『제3차 사회적기업 육성 기본계획(2018~2022)』.

한국사회적기업진흥원, 고용노동부. 연도별 『사회적기업 성과분석』 보고서.

한국사회적기업진흥원. 2019년도 자율경영공시자료.

(https://www.socialenterprise.or.kr).
행정안전부 (2020). 『마을기업 육성사업 시행지침』.

Dion, M. R., Derr, M. K., Anderson, J., & Pavetti, L. (1999). *Reaching all job-seekers: Employment programs for hard-to-employ populations*. Mathematica Policy Research, Inc.

Bruni, L. & Zamagni, S. (2015). *Economia civile: efficienza, equità, felicità pubblica.* Il mulino, 2004(제현주 옮김, 『21세기 시민경제학의 탄생』, 북돋움).

Sen, A. (2013). *Development as freedom.* Oxford University Press, 2001(김원기 옮김, 『자유로서의 발전』, 갈라파고스).

제4장

사회적경제의 지속가능성을 위한 제반 이슈

이찬영·최지혜

한국의 사회적기업은 정부 의존성이 높기 때문에 정부의 재정지원이 중단될 경우 존폐의 위기에 처할 수 있다. 그런 측면에서 지속가능성 논제를 종합적이고 체계적인 틀을 가지고 분석해 볼 필요가 있다. 아울러, 사회적기업은 사회경제저 가치를 창출하는 조직이다. 사회구성원의 공감대를 얻기 위해서는 부형의 가치를 표면화시키는 노력이 뒷받침되어야 한다. 왜냐하면 가치를 측정하는 새로운 방법의 개발은 제반 유형의 가치를 인식하고 가치 창출을 도모하는 데 전제가 되기 때문이다. 그런 점에서 사회적기업이 창출하는 노동통합의 가치를 평가해 보고자 한다. 취약계층이 사회적기업에 참여함으로써 얻게 되는 노동통합의 가치를 '일-복지 연계' 차원에서 해석할 수 있는 계기가 될 것이다.

4-1 정부지원 의존적 사회적경제와 지속가능성 논제

1. 사회적(경제)기업의 정부지원 의존성

취약계층의 노동통합, 지역 주민의 삶의 질 향상, 소외계층의 사회적 관계 회복과 같은 사회적경제가 창출하는 사회적 가치의 순기능이 알려져 있음에도 불구하고 사회적기업과 같은 사회적경제조직의 양적 확대 이면에는 비판의 시각이 존재한다. 특히 한국은 사회적기업육성법(2007) 제정 이후 인증 제도를 통해 사회적기업이 양적으로 팽창하고 있는 가운데, 정부의 '사회적기업 육성 기본계획' 발표가 세 차례 발표되는 등 적극적인 정부주도의 육성이 이뤄지면서 사회적기업의 정부 의존성에 대한 우려가 끊이지 않고 있다. '실업'이라는 문제가 한국을 포함한 대부분의 국가들의 주요 문제로 등장한 이래로 정부의 노동시장 정책이 일자리 창출에 집중되어 왔다는 명백한 사실에 더해, 한국의 사회적기업이 외환위기 이후 실업과 근로취약계층에 대한 해결책 중 하나로서 등장했다는 점에 비춰 본다면 사회적기업이 정부 의존성을 지니고 있을 것이라 으레 짐작이 가능하다.

현재 인증사회적기업의 지원금 구조는 정부지원금과 민간지원금으로 나뉘며, 민간지원금에는 기업후원, 모기관지원, 일반기부 등이 있다. 2018년 기준 인증사회적기업 2,062곳 중 정부 또는 민간으로부터 지원금을 받은 기업은 총 2,042곳으로 전체의 99%를 차지한다. 그

표 4-1-1. 지원기관별 지원금 수령 인증사회적기업 수

(단위: 개소, %)

연도	정부	민간				지원금 전체	전체 인증기업 수
		기업후원	모기관 지원	일반기부	기타2)		
2012	698 (92.9)	99 (13.2)	57 (7.6)	161 (21.4)	716 (95.3)	748 (99.6)	751 (100)
2013	902 (90.8)	110 (11.1)	55 (5.5)	195 (19.6)	913 (91.9)	976 (98.3)	993 (100)
2014	1,112 (90.6)	124 (10.1)	68 (5.5)	213 (17.3)	1,154 (94.0)	1,209 (98.5)	1,228 (100)
2015	1,240 (84.9)	121 (8.3)	63 (4.3)	211 (14.5)	1,411 (96.3)	1,460 (100.0)	1,460 (100)
2016	1,387 (83.9)	133 (8.0)	48 (2.9)	212 (12.8)	83 (5.0)	1,420 (85.9)	1,653 (100)
2017	1,397 (76.5)	156 (8.5)	51 (2.8)	234 (12.8)	1,273 (69.8)	1,691 (92.7)	1,825 (100)
2018	1,682 (81.6)	142 (6.9)	50 (2.4)	250 (12.1)	2,012 (97.6)	2,042 (99.0)	2,062 (100)

주: 1) ( )는 전체 인증사회적기업 대비 해당 기관으로부터 지원금을 받은 기업의 비중
2) 지원금이나 후원금이 아닌 기업의 이자수익 또는 잡이익 등의 영업외수익이 발생한 기업

자료: 연도별 『사회적기업 성과분석』 보고서에서 발췌하여 재정리

리고 정부지원금을 받은 기업은 1,682곳으로 전체 인증사회적기업의 81.6%에 달한다. 반면, 2018년 기준 기업후원이나 모기관지원을 받은 기업은 전체 기업의 10%에도 못미치며, 일반기부금을 받은 기업은 전체 기업의 12.1%에 그친다.[1] 더욱이 이러한 민간지원을 받은 기업

1) 『사회적기업 성과분석』 보고서의 지원금 현황을 보면, 민간 지원금의 종류에 '기타 민간지원'을 포함하고 있으나, 정확히는 지원금이나 후원금이 아닌 기업의 이자수익이나 잡이익 등의 영업외수익에 해당하는 영역이다. 이는 사회적기업이 매년 온라인으로 제출하는 사업보고서의 작성 시스템 상 민간지원 영역의

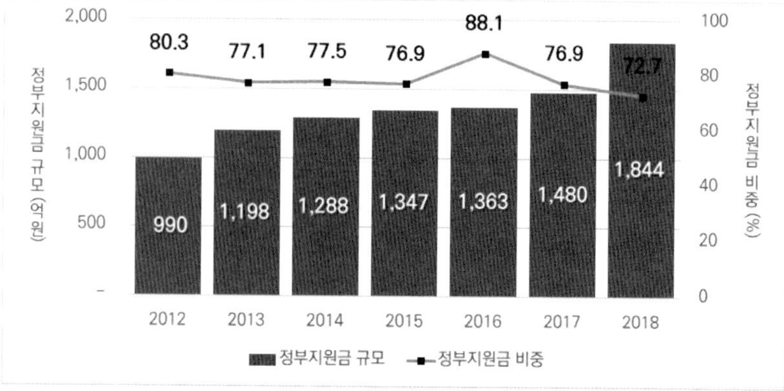

주: 인증사회적기업이 받은 전체 지원금 대비 정부지원금의 비중
자료: 연도별 『사회적기업 성과분석』 보고서에서 발췌하여 정리

그림 4-1-1. 인증사회적기업의 정부지원금 현황

의 비중은 빠른 감소추세를 보이고 있다.

다음으로 지원금의 규모를 살펴보면, 2018년에 사회적기업이 받은 정부 지원금 총액은 약 1,844억원이었다. 이는 인증사회적기업이 2018년에 정부와 민간(기업 후원, 모기관 지원, 일반 기부 등)으로부터 받은 전체 지원금의 72.7%에 해당한다. 과거에 비해 그 비중이 점차 줄어들고 있는 추세이나, 민간지원금 수준에 비해 정부지원금 규모가 현저히 큰 것으로 보아 정부 이외에도 시장이나 지역사회로부터의 자원 확보 채널이 다양해질 수 있도록 지원 구조의 변화가 필요함을 알 수 있다.

〈그림 4-1-2〉는 지원기관별 지원금의 기업당 평균 규모를 나타낸 것이다. 2018년 기준 기업당 평균 정부지원금은 약 1억 960만원, 평균 기업후원금은 약 7,370만원, 평균 모기관지원금은 약 8,590만원, 평균

하위 항목에 기타(영업외수익)가 있기 때문인 것으로 보인다.

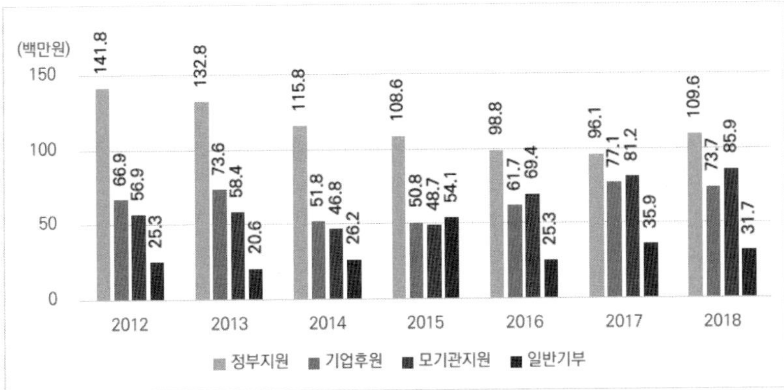

주: 지원기관별 지원금 총액을 해당 지원금을 받은 기업의 수로 나눈 값임.
자료: 연도별 『사회적기업 성과분석』 보고서에서 발췌하여 정리

그림 4-1-2. 인증사회적기업의 지원기관별 지원금 평균 현황

일반기부금이 약 3,170만원 수준이었다. 2012년에 비하면 정부지원금과 민간지원금 간 격차가 크게 줄어들었지만, 한 기업당 받는 지원금 규모는 정부지원금이 민간지원금에 비해 그 규모가 현저히 크다.

한편, 인증사회적기업이 받는 정부지원금은 크게 일자리창출사업 지원금, 전문인력 지원사업 지원금, 사업개발비, 사회보험료, 정책자금, 기타로 나뉜다. 이 중 일자리창출사업 지원금과 전문인력지원사업 지원금은 해당연도에 해당 사업에 참여한 사회적기업의 신규 채용 인력에 대한 직접적인 인건비에 해당한다. 사업개발비는 기업이 브랜드나 기술개발, 홍보, 시장수요조사, 특허출원, 교육훈련, 시제품제작, 홈페이지 제작 등 사업 개발을 위한 지원금을 신청하여 받는 지원금이며, 사회보험료는 사업주 부담의 사회보험료를 정부에서 일부 지원해주는 것이다. 정책자금은 정부의 정책적 필요성에 따라 정부재정이나 기타의 방법으로 재원을 조성하여 융자, 출연, 보조, 보험, 보증 출자 등의 방식으로 지원하는 것이고, 기타 지원금은 위 5가지 지원

금 이외에 정부, 지자체, 공공기관으로부터 받는 지원금이다. 정책 및 사업적 성격이 있는[2] 이 두 지원금은 다른 지원금에 비해 단위(기업당 평균) 규모가 크다.

일자리창출사업 지원금은 기업이 최초 지원을 받은 때로부터 최대 5년간(예비 2년, 인증 3년)의 지원을 받을 수 있다. 일자리창출사업을 통해 고용된 신규 채용 근로자의 인건비(사회보험료 포함)에 대한 지원 비율은 예비사회적기업 1~2년차가 각 50%(취약계층 + 20%), 인증사회적기업 1~3년차 각 40%(취약계층 + 20%)이다.[3] 또 지역 자율사업(계속고용 등)을 통해 예산 범위 내에서 추가 지원이 가능하며 중복 적용될 경우 인건비의 최대 90%까지 지원이 된다. 이 사업은 개인 근로자 차원에서 「근로기준법」에 따른 기준 근로시간(1일 8시간, 주 40시간 이내)의 한도는 있지만, 최대 지원 인원이 한정돼 있는 것은 아니다. 기업이 일자리창출사업에 신청하여 원하는 만큼의 신규 채용을 하고 지원 회차에 따라 신규채용 인력 인건비의 일정 비율은 지원받으면 된다. 단 동 사업의 지원을 받으려면 신규채용 근로자의 30% 이상이 취약계층 근로자여야 하며, 일자리제공형 사회적기업은 50% 이상이어야 한다.

그런데 이러한 정부 직접 지원 형태의 인건비 지원 사업은 사회적 기업지속가능성 문제가 주로 제기되는 영역 중 하나이다. 만약 자립기반이 약한 어떤 기업이 이러한 인건비 지원사업에 지나치게 의존해 왔다면, 지원이 종료되는 시점에 가서는 생존이 어려워질 것이다. 현

---

2) 이러한 이유에서인지 고용노동부의 재정지원사업 업무지침에는 일자리창출사 지원금, 전문인력 지원사업 지원금, 사업개발비, 사회보험료에 관한 지침만 소개되어 있다. (고용노동부, 2016. p.79.)

3) 2019년 이후 인·지정·재참여 사회적기업 대상, 2019년 이전의 경우에는 연차별 차등지원(1년차 60% → 2년차 50% → 3년차 40%)의 형태였으나 최근 변경됨.

재 일반 연구자에게 제공되는 자료 수준에서 사회적기업의 정부 의존성을 정확하게 평가하기 어렵지만, 『사회적기업 성과분석』 보고서의 인증유형별 정부 지원금 구조를 통해 어느 정도 가늠할 수 있다.

인증유형별로 정부지원금 구조를 살피는 이유는 〈표 3-2-4〉에서 살펴본 것과 같이 사회적기업 및 근로자가 일자리제공형 사회적기업에 집중 분포해 있기 때문이다. 게다가 취약계층 근로자의 노동생산성은 비취약계층 근로자에 비해 낮기 때문에[4] 취약계층 근로자에게 최저임금 수준 이상의 임금을 지급해야하는 기업 입장에서는 인건비로 쓰이는 비용이 부담이 될 가능성이 높다. 따라서 취약계층을 일정 비율 이상 의무 고용해야 하는 일자리제공형 사회적기업의 경우, 일자리창출사업 지원금에 대한 수요가 매우 클 것이라고 예상할 수 있다. 이러한 추론이 맞다면 일자리제공형 사회적기업의 정부지원금 구조가 불균형적으로 형성되어 있을 것이다.

〈표 4-1-2〉에서 보면, 일자리제공형 사회적기업이 받는 정부지원금의 규모가 2018년 기준 약 1,325억원으로 전체 지원금의 71.8%에 달한다. 일자리제공형 사회적기업이 전체 사회적기업의 약 2/3 수준이므로 예상 가능한 규모이다. 더 자세히 살펴보기 위해 기업당 평균 정부지원금 규모를 〈그림 4-1-3〉에 나타내었다. 2012년 당시 일자리제공형 사회적기업의 평균 정부지원금 규모는 약 1억 6,419만원으로 여타 인증 유형에 비해 큰 규모를 가졌으나 점차 감소하는 추세를 보인다. 이는 동 유형의 인증을 받은 사회적기업 수가 크게 증가한 데 기인한 것으로 보인다. 총규모로 보나 평균 규모로 보나 일자리제공형 사회적기업에서 받는 정부지원금 규모가 여타 유형에 비해 높은 수준이며, 최근에 와서 그 격차가 감소하고 있음을 알 수 있다.

---

4) 최지혜·이찬영, 2019, pp.23-24.

표 4-1-2. 인증유형별 사회적기업의 정부지원금 규모

(단위: 억원, %)

	일자리제공형	사회서비스 제공형	혼합형	기타형	지역사회공헌형
2012	699 (70.6)	42 (4.2)	119 (12.1)	121 (12.2)	8 (0.8)
2013	885 (73.9)	42 (3.5)	125 (10.4)	129 (10.8)	16 (1.4)
2014	1,009 (78.3)	35 (2.7)	106 (8.2)	120 (9.3)	19 (1.5)
2015	1,324 (78.4)	62 (3.7)	108 (6.4)	136 (8.1)	60 (3.5)
2016	1,051 (76.7)	69 (5.1)	82 (6.0)	118 (8.6)	50 (3.6)
2017	1,033 (71.4)	93 (6.4)	102 (7.1)	122 (8.5)	95 (6.6)
2018	1,325 (71.8)	99 (5.3)	117 (6.4)	195 (10.6)	108 (5.9)

주: ( )는 정부지원금 총액 대비 해당 유형의 사회적기업이 받은 지원금 비중
자료: 연도별 『사회적기업 성과분석』 보고서에서 발췌하여 재정리

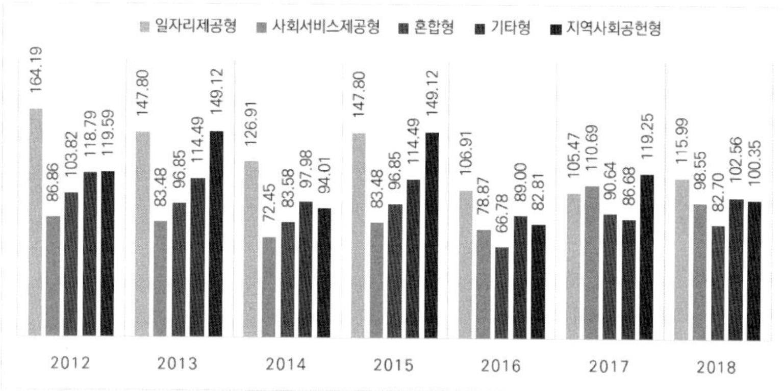

주: ( )안의 값은 전체 정부지원금 대비 일자리제공형 사회적기업이 받은 정부지원금의 비중임.
자료: 연도별 『사회적기업 성과분석』 보고서에서 발췌하여 정리

그림 4-1-3. 인증유형별 사회적기업의 평균 정부지원금

정부지원 의존적인 특성을 가지는지 더 명확하게 파악하기 위해서는 정부지원금 종류별로 분포를 살펴봐야 할 것이다. 전술한 것처럼 일자리창출사업과 같은 직접 지원금은 취약계층 근로자 고용 의무를

지닌 사회적기업의 지원 신청 유인이 크게 작용할 가능성이 높다. 『사회적기업 성과분석』 보고서는 정부지원금의 종류별 분포를 보고하고 있지 않기 때문에 다른 자료를 활용해야 한다. 매년 인증사회적기업이 추구하는 사회적 목적 실현 여부와 운영성과를 미래의 투자자를 포함한 다양한 이해관계자에게 자율적으로 공개하는 '자율경영공시' 자료에서는 정부지원금 현황을 종류별로 살펴볼 수 있다. 단, 자율적으로 공시를 한 기업의 자료만 볼 수 있기 때문에 이 자료가 사회적기업 전체를 대표하는 것은 아니다.

표 4-1-3. 자율경영공시 사회적기업의 정부지원금 수령 현황(2018년)

(단위: 개소, %)

인증유형 / 정부지원금	계	일자리 제공형	사회서비스 제공형	혼합형	기타형	지역사회 공헌형
일자리창출사업	443 (61.4)	288 (58.5)	31 (72.1)	37 (68.5)	41 (53.9)	46 (80.7)
전문인력채용	318 (44.0)	216 (43.9)	23 (53.5)	27 (50.0)	26 (34.2)	26 (45.6)
사업개발비	210 (29.1)	133 (27.0)	14 (32.6)	17 (31.5)	24 (31.6)	22 (38.6)
사업보험료	293 (40.6)	217 (44.1)	22 (51.2)	15 (27.8)	22 (28.9)	17 (29.8)
정책자금	41 (5.7)	31 (6.3)	1 (2.3)	3 (5.6)	3 (3.9)	3 (5.3)
기타	526 (72.9)	356 (72.4)	32 (74.4)	39 (72.2)	59 (77.6)	40 (70.2)
계	722 〈90.5〉	492 〈91.8〉	43 〈86.0〉	54 〈85.7〉	76 〈86.4〉	57 〈93.4〉
자율경영공시 기업 수	800 〈100〉	538 〈100〉	50 〈100〉	63 〈100〉	88 〈100〉	61 〈100〉

주: ( )는 정부지원금 중 해당 사업의 지원을 받은 기업의 비중, 〈 〉는 자율경영공시 기업 중 정부지원금을 받은 기업의 비중을 의미

자료: 한국사회적기업진흥원, '2019년도(2018년 경영활동) 자율경영공시' 자료

다음으로 인증유형별 사회적기업의 정부지원금 수령 현황 및 지원금 규모를 살펴볼 것인데, 여기서는 사회적기업의 정부 의존적인 특성은 지원금 수요자(기업)의 욕구에서 발생하는 것이라 보고, 정부 정책이나 지역 단위 사업 성격을 갖는 정책자금과 기타 지원금에 대한 설명은 제외하기로 한다. 〈표 4-1-3〉은 자율경영공시 사회적기업의 지원금 수령 현황을 인증유형별로 나타낸 것이다. 2018년에 정부지원금을 받은 722개 기업 중 일자리창출사업 지원금을 수령한 기업 수가 443개로 가장 많은 비중(61.4%)을 차지한다. 다음으로 전문인력채용 지원금을 수령한 기업의 비중이 44.0%로 높은데, 일자리창출사업 지원금과 전문인력채용 지원금은 모두 인건비 직접 지원금에 해당한다. 인증유형별로 살펴보더라도 일자리창출사업 지원금, 전문인력채용 지원금 순으로 수령 기업의 수가 많은 것을 알 수 있다.

다음 〈표 4-1-4〉는 앞서 살펴본 자율경영공시 사회적기업의 지원금의 규모를 나타낸 것이다. 2018년에 자율경영공시를 한 기업이 받은 정부지원금 총액은 약 915억원이며 이 중 일자리창출사업 지원금이 271억 5천만원으로 총액의 29.7%에 해당한다. 자율경영공시기업이 받은 정부지원금의 규모는 전체 지원금의 75% 수준으로 〈그림 4-1-1〉의 전체 사회적기업의 정부지원금 비중(72.7%)과 유사하여 자율경영공시 자료가 어느 정도 대표성을 띤다고 볼 수 있다. 기업당 평균 지원금 규모를 비교해보면, 정책자금과 기타 지원금을 제외하고 일자리창출사업의 평균 지원금이 약 6,129만원으로 그 규모가 가장 크다. 사회서비스제공형과 지역사회공헌형 사회적기업은 그 기업 수가 적기 때문에 지원금의 절대적인 규모가 크진 않지만, 정부 정부지원금 중에서 일자리창출사업 지원금이 차지하는 비중이 약 40% 수준으로 매우 높은 비중을 차지하고 있다.

이제 인증유형별로 정부지원금의 평균 규모를 살펴보면 사회적기

표 4-1-4. 자율경영공시 사회적기업의 지원금 규모(2018년)

(단위: 억원, 만원, %)

구분		총액	평균 (만원)	일자리 제공형	사회서비스 제공형	혼합형	기타형	지역사회 공헌형
정부 지원금	일자리창출 사업	271.5 (29.7)	6,129	190.6 (28.8)	21.1 (41.3)	15.8 (26.2)	16.7 (23.3)	27.3 (39.5)
	전문인력채용	82.7 (9.0)	2,600	56.9 (8.6)	6.3 (12.3)	5.2 (8.5)	6.6 (9.2)	7.8 (11.3)
	사업개발비	66.1 (7.2)	3,147	40.9 (6.2)	6.1 (11.8)	4.1 (6.8)	7.1 (9.8)	8.0 (11.5)
	사업보험료	41.1 (4.5)	1,404	31.0 (4.7)	3.9 (7.6)	2.9 (4.8)	1.8 (2.5)	1.6 (2.2)
	정책자금	68.2 (7.5)	16,638	56.9 (8.6)	0.7 (1.4)	4.7 (7.8)	2.4 (3.3)	3.5 (5.1)
	기타	385.3 (42.1)	7,325	286.2 (43.2)	13.1 (25.6)	27.7 (45.9)	37.2 (51.8)	21.1 (30.4)
	계	915.0 〈75.0〉	12,673	662.4 〈79.9〉	51.1 〈81.0〉	60.4 〈67.4〉	71.8 〈45.5〉	69.2 〈85.8〉
민간지원금 계		305.1 〈25.0〉	3,857	166.3 〈20.1〉	12.0 〈19.0〉	29.3 〈32.6〉	86.0 〈54.5〉	11.5 〈14.2〉
지원금 전체		1,220.1 〈100〉	15,289	828.7 〈100〉	63.1 〈100〉	89.7 〈100〉	157.8 〈100〉	80.7 〈100〉

주: ( )는 정부지원금 중 해당 사업의 지원을 받은 기업의 비중, 〈 〉는 자율경영공시 기업 중 정부·민간지원금을 받은 기업의 비중을 의미

자료: 한국사회적기업진흥원, '2019년도(2018년 경영활동) 자율경영공시' 자료

업이 대체로 '일자리창출'사업에 의존하고 있을 것이라 예상할 수 있다. 〈표 4-1-5〉에서 알 수 있듯이 사회적기업이 받는 정부지원금 평균 규모는 인증유형에 관계없이 모두 일자리창출사업 지원금의 평균 규모가 가장 크다.[5] 일자리창출사업 지원금 평균 다음으로 사업개발비 지원금 평균 규모가 높다. 전문인력채용 지원금의 평균 규모는 세

5) 정책자금과 기타 지원금을 제외한 정부지원금만을 말함.

번째로 높은데, 2018년 기준 기업당 약 2,600만원의 전문인력채용 지원금을 받은 것으로 나타났다. 일자리창출사업 지원금과 전문인력채용 지원금은 인건비에 직접적으로 지원되기 때문에 이러한 지원금에 의존하는 기업은 해당 지원금이 중단되면 기업의 생산비용에 부담으로 작용하여 경영 활동이 위축될 가능성이 높다. 인건비 지원이 중단되면 기업은 기존에 고용해왔던 인력 규모만큼 채용하는 일이 어려워질 것이고 심각할 경우 기존 인력 중 일부는 실업에 처할 수도 있다. 뿐만 아니라 기업의 생산활동에 기여했던 인력이 줄어들면 생산도 감소할 수밖에 없다. 그런데 지금 살펴본 자료와 같이 직접지원금인 일자리창출사업 지원금과 전문인력채용 지원금의 규모는 다른 지원금 규모에 비해 월등히 큰 규모이다. 이는 〈그림 4-1-4〉를 보면 쉽게 파악할 수 있는데, 일자리제공형 사회적기업의 경우, 정부지원금 중 인건비 직접지원금(일자리창출사업 지원금 평균 + 전문인력채용 지원금)은 9,251만원으로 그 외 지원금(사업개발비 평균 + 사회보험료 평균) 규모인 4,500만원의 약 두 배에 달한다.

표 4-1-5. 자율경영공시 사회적기업의 평균 정부지원금 규모(2018년)

(단위: 억원)

구분	전체	일자리 제공형	사회서비스 제공형	혼합형	기타형	지역사회 공헌형
일자리창출사업	6,129	6,618	6,808	4,260	4,077	5,941
전문인력채용	2,600	2,632	2,732	1,910	2,534	3,000
사업개발비	3,147	3,072	4,322	2,430	2,946	3,623
사업보험료	1,404	1,428	1,764	1,939	821	914
계	12,673	13,463	11,887	11,190	9,449	12,142

주: 정부지원금 중 정책 및 사업 성격을 갖는 정책자금과 기타 지원금 정보는 제외하였음.
자료: 한국사회적기업진흥원, '2019년도(2018년 경영활동) 자율경영공시' 자료

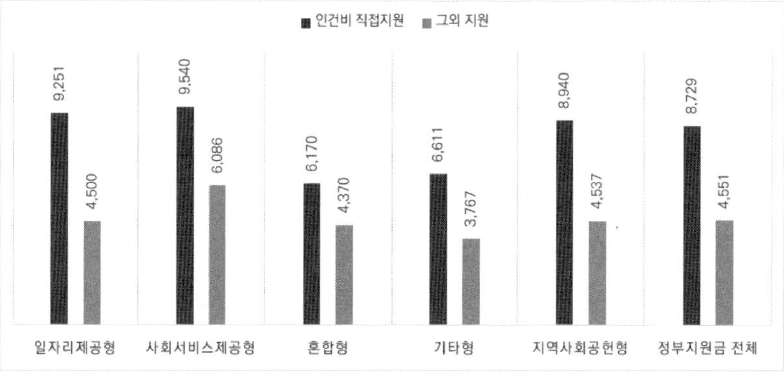

(단위: 만원)

자료: 한국사회적기업진흥원, '2019년도(2018년 경영활동) 자율경영공시' 자료

그림 4-1-4. 자율경영공시 사회적기업의 인건비 직접지원금(2018년)

사회적기업은 지역 사회의 자원 확보 채널이 다양하고 접근이 쉬울 때 기업의 사회적 목적 달성이 용이해진다. 물론 정부의 지원을 통해 기업의 성장 기반을 다질 수 있지만 일방적인 자원 흐름을 갖는 관계가 고착화된다면 이 자원의 흐름이 끊길 경우, 재정을 포함한 사회적 자원, 인력, 사회적 가치 등의 손실을 가져올 위험이 크다. 특히 조금 전 살펴본 것과 같이 인건비 직접지원의 중단은 실업으로 이어질 가능성이 크기 때문에 일-복지 측면에서 치명적인 상황을 초래할 수 있다.

최근 정부는 인건비 직접지원 방식의 단기적 효과의 한계를 인지하고 「제3차 사회적기업 육성 기본계획('18~'22)」을 통해 사회적기업의 외연 확대 방안을 발표한 바 있다. 인증유형별 지원체계를 개편하거나 지역·민간 중심의 지원체계 조성 등을 통해 정부지원형 구조에서 정부협력형 구조로 변화되어 가는 동시에 사회적기업도 이러한 한계를 극복하고 지속가능성을 강화하기 위한 노력들을 시도해나간다면 사회적경제는 궁극적인 목표에 다가갈 수 있을 것이다.

2. 지속가능성 논제

앞서 정부지원 의존성을 중심으로 사회적경제의 지속가능성을 살펴봤다면, 이제는 범위를 더 확장하여 지속가능성 그 자체와 영향 요인들을 선행연구들을 바탕으로 검토하기로 한다. 단 여기서 말하는 지속가능성은 사회적경제 또는 사회적경제조직의 지속성에 국한할 것이다. 넓은 의미로는 '지속가능발전(Sustainable Development)[6)]' 속에서 사회적경제의 역할을 말할 수 있겠지만, 이는 보다 광범위하고 구체적이며 다차원적인 접근이 필요하다. 따라서 본 절에서는 사회적경제는 지속가능발전을 추구하는 것을 기본 전제로 하며, 사회적경제 조직의 존립 유지와 사회적 가치 창출의 지속성에 초점을 두었다. 또한 사회적경제를 주관심 또는 분석 대상으로 하면서 '지속가능성(sustainability)' 또는 '지속가능(sustainable)'을 직접적으로 명시한 연구 범위에 한정하였다.

사회적경제의 지속가능성을 검토한 연구들을 어떤 기준에 따라 구조화하는 작업은 쉽지 않은 일이다. 전술한 것처럼 지속가능성의 범

6) 1987년, 환경과 개발에 관한 세계위원회(WCED : World Commission on Environment and Development)가 『우리 공동의 미래 (Our Common Future)』 보고서에 발표한 개념으로, '미래 세대가 그들의 필요를 충족시킬 수 있는 가능성을 손상시키지 않는 범위에서 현재 세대의 필요를 충족시키는 개발'을 의미한다.(채종헌·이종한, 2009, p.14). 이후 1992년 브라질 리우에서 환경개발회의가 열리고 국제연합 산하에 지속가능발전위원회(UNCSD)가 설치된 뒤로 지속가능발전은 국제사회의 새로운 흐름으로 정착해왔고, 국내에서도 이러한 흐름에 동의하여 2007년 「지속가능발전기본법」 제정과 함께 "지속가능성"이란 '현재 세대의 필요를 충족시키기 위하여 미래 세대가 사용할 경제·사회·환경 등의 자원을 낭비하거나 여건을 저하시키지 아니하고 서로 조화와 균형을 이루는 것'이라고 정의하고 있다.(이남철, 2007, p.4; 채종헌·이종한, 2009, p.15).

위를 어떻게 설정하느냐에 따라 개념 정의가 달라질 수 있는 문제가 있고, 협소한 범위라 하더라도 정립된 개념이 없어서 연구방법론이 파편화되어 있다. 또한 연구자 나름대로 개념을 조작하여 정의한다고 하더라도 그 정도(degree)의 판단은 매우 주관적이게 될 것이다. 이러한 이유 때문인지 사회적경제의 지속가능성에 관한 대부분의 연구는 '지속가능성'의 측정보다는 사회적경제의 기능과 역할이 계속될 수 있는 가능성과 그 요인에 관심을 두고 있다. 또 계량화된 자료가 구축된 것이 없기 때문에 실증연구보다 질적 연구가 많다. 연구자별로 상이한 방법론을 통해 사회적경제의 지속가능을 검토하고 있지만, 내용을 파헤쳐보면 유사한 지속가능성의 영향 요인들과 그 경로를 파악할 수 있는데, 이를 도식화하면 〈그림 4-1-5〉와 같다.

지속가능한 사회적경제(D)의 요인은 크게 세 가지 범주로 나눌 수 있다. 사회적경제조직의 특성과 역량(A), 사회적경제조직이 속한 환경 및 생태계(B), 그리고 사회적경제조직의 성과 및 성공(C)이 그것이다. 그리고 이러한 경로를 따라 지속가능성을 이끄는 핵심 동력인 이

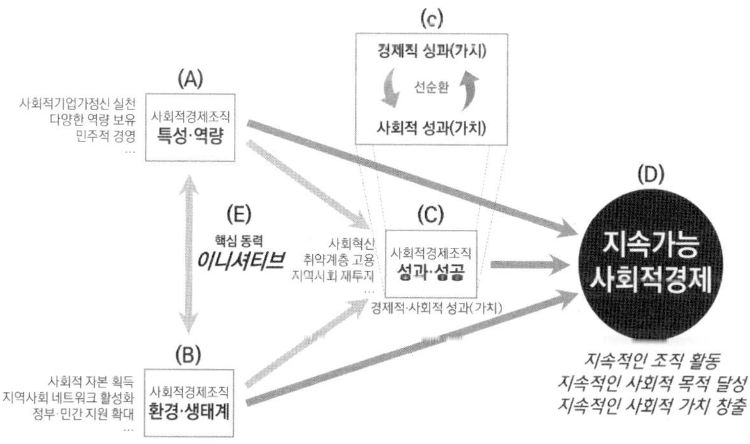

그림 4-1-5. 지속가능한 사회적경제의 달성 경로 및 달성 요인

니셔티브(E)가 있다. 그림에서 보면 알 수 있듯이 이니셔티브(E)가 동력이 되어 사회적경제의 지속가능성을 달성하는 데에는 (A) → (D), (B) → (D), (A) → (C), (B) → (C), (C) → (D), 또는 (A) → (C) → (D) 등 여러 경로가 존재한다. 또 경제적 성과와 사회적 성과로 구분되는 성과(C)를 사회적인 목적 달성과 더불어 사회적 수요를 반영한 상품을 공급하는 사회혁신을 통해 경제적 성과를 높이며, 높아진 경제적 성과가 다시 사회적 목적에 재투자 되어 양자 간에 선순환 구조(c)가 형성되는 것으로 보기도 한다. 선행연구들을 보면, 이러한 경로와 해당 범주의 요인들이 유사하기도, 또 서로 다르기도 하며, 개별 연구 내에서도 이러한 경로와 요인들이 혼재되어 있다. 위와 같은 여러 경로 중에서 요인들의 범주에 따라 몇 가지를 간단하게 소개하고자 한다.

1) 사회적경제조직의 특성 및 역량 (A)

사회적경제조직의 사회적(경제)기업의 지속가능성은 혼합조직인 사회적기업이 '가치 융합'을 얼마나 잘 실현하느냐에 달려있으며, 여타 조직과 다른 특성을 지닌 사회적기업에서 리더 역할은 중요하다(조희진·장용석, 2016). 대체로 사회적경제조직 중에서도 사회적기업의 경우, 최고경영자와 같은 리더들을 '사회적기업가(social entrepreneur)'라고 부르며, 이러한 리더들이 사회적 가치를 추구하는 정신을 '사회적기업가정신(social entrepreneurship)'이라고 부른다.[7] 조희진·장용석

7) 최윤미 외(2015)에 따르면, 사회적기업가정신에 대한 정의는 크게 특성에 대한 접근(심리적 or 기능적), 사회적기업가정신의 발현 대상에 대한 접근(개인적 or 집단적), 용어의 관심에 대한 접근(사회적 or 기업가정신)으로 구분할 수 있으며, 본질적으로 사회적기업가정신을 구성하는 공감, 혁신, 실용의 세 요소는 사회적 가치 창출이라는 기업 본연의 목적 달성을 위해 끊임없이 상호작용하며

(2016)은 사회적기업의 리더는 환경, 복지, 인권 등의 주제와 국가의 지속가능발전을 위협하는 문제 해결에 관심이 있으며, 사회문제 해결을 위해 경제적 이윤을 높일 수 있는 전략을 마련한다는 점에서 '사회적기업가정신'이 일반 기업 경영 차원의 '기업가정신'과 다르다고 하였다. 이러한 관점에서 이들은 전국 사회적기업 300곳을 대상으로 한 설문조사에서 가치 융합적 태도(사회적기업가정신을 사회적 가치와 경제적 가치를 상호 연결해서 접근해야 한다고 보는 지)에 대한 응답 점수(1점~11점)를 변수로 조작하여 이러한 태도가 사회적기업의 지속가능성에 미치는 영향을 살펴보았다. 이들은 사회적기업가정신의 대리변수인 가치융합적 태도가 사회적경제의 성과에 긍정적인 영향을 미침으로써 지속가능성을 확보할 수 있다는 결과를 제시하였다.

추구하는 가치 측면에서 유사하게 사회적기업의 공익적·윤리적·경제적 가치의 점수를 활용하여 분석함으로써 윤리적 가치가 지속가능성에 중요하다는 것을 제안한 연구도 있다. 최아름(2018)은 (사)경제정의연구소에서 제시하는 좋은 사회적기업에 선정된 사회적기업이 사회적 성과관리 및 경영공시에 충실할수록 윤리적 가치 등의 전반적인 가치 점수가 높게 나온다는 것을 확인하였다. 그는 최근 부각되고 있는 윤리적 소비나 투명경영, 기업윤리의 중요성은 사회적기업의 설립 목적과 부합하기 때문에 윤리적 가치가 지속가능성에 있어서 중요하다고 설명한다. 또 한국은 일자리제공형 사회적기업이 많고 인증유형의 특성상 공리적 가치의 점수는 높지만 윤리적 가치에 대한 인식제고가 부족하기 때문에 다양한 의사결정구조, 공시의 지속성, 윤리경영, 준법경영, 환경경영 등을 통해 지속가능성을 유지할 수 있을 것이라고 보았다. 이러한 윤리적 가치를 통해 지속가능성을 추구하고자

사회적기업가와 기업을 성장시킨다.

하는 태도는 사회적기업가정신에 녹아 있는데, 반드시 최고경영자 같은 리더들만의 정신만 해당하는 것이 아니다. 리더를 포함한 사회적경제조직 구성원 모두가 윤리적 가치에 대한 공감대를 형성하여 기업의 목표를 달성함으로써 지속가능성을 확보할 수 있는 것이다.

이영범 외(2012)는 이론적 개념이자 사회적기업의 성과로 지칭되는 사회적 가치와 경제적 가치의 창출이 동시에 달성되면 그것이 곧 사회적기업이 성공에 이른 정태적 개념의 상태이며, 이 상태가 지속적으로 유지·발전되는 동태적인 의미를 내포하는 것이 사회적기업의 지속가능발전이라고 개념화 하고 있다. 즉 성과 → 성공 → 지속가능발전의 단계로 이어진다는 것이다. 이들은 이러한 개념 체계 하에 인증사회적기업 구성원을 대상으로 한 심층 면접을 통해 사회적기업의 지속가능발전 요인을 전략적 요인과 중재적 요인으로 구분하였다. 전략적 요인에는 상품 및 서비스 경쟁력 강화, 사업의 전략적 관리, 조직 관리, 기업 및 시장 파악, 마케팅 강화가 있으며, 중재적 요인에는 조직 문화, 기관 연계 및 지원, 사회적기업가 정신, 사회적 영향력 등으로 사회적기업이 보유한 다양한 역량이라고 할 수 있다.

전은영·변병설(2017)은 설문조사를 통한 질적 자료에 사회적기업 자율경영공시자료를 보완한 자료를 이용하여 지속가능성 영향 요인들과 사회적기업의 성과에 영향을 미치는 요인들을 함께 검토했다. 요인들 중에서도 의사결정구조나 경쟁전략과 같은 기업의 특성·역량의 영향력을 분석하였는데, 이는 위 〈그림 4-1-5〉에서의 (A) → (D), 또는 (A) → (C)의 경로를 가진다고 연구가설을 설정한 것이다. 이들은 사회적기업의 지속가능성은 기업이 창출하는 가치와 밀접하다는 점(김재홍·이재기, 2012), 보조금에 의존하지 않고 재정적으로 지속가능하고, 수입은 영리활동을 통해 확보해야하며, 경제적 목표와 사회적 목표를 동시에 달성해야한다는 점(DTI, 2002; Tracey & Anne, 2008)을 들어 지속가능성을 '안정적인 수익구조를 통한 자생력'이라고 정의하였다. 특이한 점은 일반적인 예상과 달리 사회적기업의 의사결정구조가 경제적 성과나 사회적 성과에 부정적인 영향을 미친다는 결과가 나왔는데, 노사협의회운영은 경제적 성과에 부정적이며 위원회의 공식절차는 사회적 성과에 부정적이라는 결과를 보여주고 있다. 이들은 다양한 이해관계자가 의사결정에 참여하는 구조는 사회적경제조직이 갖는 독특한 특성 중에 하나이지만, 민주적인 의사결정구조에도 불구하고 의견의 중요도에 따라 의사결정이 이뤄지거나 쌍방향 의사전달 수준에 머물고 있어 기대하는 기능이 작동하지 않기 때문으로 해석할 수 있다고 하였다(곽선화, 2009; 김종수, 2009; 장영란 외, 2012). 또 민주적 의사결정기구를 활용하는 기업은 늘고 있지만, 그러한 구조가 신속성을 저해한다는 비판에 따라 의사결정 과정을 소홀히 하거나 실질적인 참여가 보장되지 않는 관행이 있고(한국노동연구원, 2014; 한국사회적기업진흥원, 2015), 의사결정의 수준이 저차원적(회의체 구성원 현황, 회의 시행 현황, 구조 내용 등을 확인하고 관리하는 수준)이라고 지적하였다. 이러한 점에 비추어봤을 때, 사회적경제조직 의사결정구조가 잘 작동하고 있는지에 대한 검토가 필요하다. 기대와 달리 잘 작동하지 않는 의사결정구조 하에 사회적경제가 운지인다면 지속가능성을 담보하지 못하는 한계에 빠질 수 있다.

2) 사회적경제조직의 환경 및 생태계 (B)

최석현 외(2012)는 사회적기업이 지역사회의 연결망을 재구조화하는 전략을 통해서 사회자본(또는 사회적 자본)을 창출할 수 있으며, 그 재구조화 과정에 참여하는 지역 행위자들이 이해지향적이 되도록 하는 방향으로 재구조화가 이뤄져야 한다고 주장했다. 사회적 자본은 일반적으로 신뢰, 규범, 네트워크 등과 같은 사회적 관계에서 형성되는 무형의 자산을 말한다.[8] 이들은 사회적기업은 이해관계자들과의 관계(연결망) 속에서 자원의 종속에 따라 지속가능성이 약화되는 것을 막기 위해 영리활동을 통한 자본 확충, 지역사회와 기업의 기부, 정부 등의 자원 공급원을 보유함으로써 사유재적인 사회자본을 확보할 수 있다고 설명한다. 그에 더해 사회적기업이 지역사회에서 분절된 연결망들을 자원교류의 중심적 위치에서 매개함으로써 미시적 사회자본을 공공재적인 사회자본으로 집합할 수 있다고 보았다. 특히 이러한 연결망의 재구조화는 사회적으로 배제되어 있던 사람들을 포섭하고 지역사회통합이라는 비전, 목표, 핵심가치의 공유 및 전파를 통해 확장성이 구축되고, 공동체 내 신뢰를 바탕으로 정보교환, 공유, 협력을 거쳐서 다양한 연결망들의 중첩성이 구축되도록 하는데 목적을 두어야 한다고 강조한다. 이들은 2011년도에 조사한 사회적기업의 지속가능성 설문조사 자료를 바탕으로 고용, 중재자, 참여적 지배구조 측면에서 현황을 검토함으로써 지역사회 연결망의 재구조화의 필요성을 증명한다. 즉 고용 부문에서의 불안정성[9], 지역사회 내 중재자 역할의 한계[10], 참여적 지배구조의 기능 부재[11]를 확인하였다.

---

8) 정갑영·김동훈, 2019, p.3.

9) 정부의 정책적 지원 목표에 따른 고용 증가라는 결과로 볼 수 있으며, 이는 피고용자 입장에서 볼 때 일자리의 안정성을 저해하는 요인이 될 수도 있다. 이들의 설문조사 결과에 의하면 사회적기업 총근로자수 중 정규직 근로자가 약 61% 수준에 그쳤으며, 선행연구(곽선화, 문홍석, 2010, p.209)에 나타나 있듯이 주 업종이 사회서비스와 비숙련 분야에 집중돼 있다는 점에서 사회적 연결망의 질이 낮을 것이라 짐작할 수 있다(최석현 외, 2012, p.140).

10) 사회적기업이 지역자산에 기반한 경영에 초점을 두기보다 중앙정부나 지자체의 지원과 공공조달사업 등에 의존하여 경영을 하고 있다는 점에서 지역사회 내에서 구축된 사회적기업의 연결망 구조가 장애물로 작용할 수 있다고 보았다. 또한 역설적이게도 비인증 사회적경제조직의 지역자산 활용도 네트워크가 인증 조직에 비해 더 강한 것으로 나타났다(최석현 외, 2012, pp.142-143).

11) 사회적기업의 네트워크상에서 주요 단체들이 기업 운영에 참여할 수 있음에도

이들은 사회자본은 사회적기업의 노력을 통해서 창출될 수 있는 자원이며, 지역사회 행위자들과의 관계에 의해서 유발될 수 있지만 그렇다고 정부의 지원정책과 분리해서 볼 수 없다는 점에서 다음과 같은 결론을 내린다. 먼저 고용의 질을 우선시 하는 지원 정책으로의 변화가 필요하며, 사회적기업의 연결망 재구조화를 지원할 수 있는 정책적 지원의 확대가 요구되며, 마지막으로 참여적 지배구조를 확대할 수 있는 정책을 고려해야 한다고 제안한다.

앞 절에서 짚어본 바와 같이 사회적기업이 정부로부터 받는 재정지원은 상당하다. 그러나 적극적인 정부 주도 하에 일자리 창출과 사회서비스 공급이라는 정책에 맞춰 성장해 온 사회적기업은 인건비 지원 등 정부 지원금을 통해 사업 기반을 조성하고 인증을 받았다는 점에서 독립성 약화에 대한 우려에서 벗어날 수 없다. 장구보·이혜정(2015)은 그러한 점에서 사회적기업이 지속가능하려면 금융재원조달이 필요하다고 강조하였으며, 인천 지역의 사회적기업의 설문 자료를 통해 그 근거를 제시한다. 특히 시장경쟁체제 내에서 일반기업과 경쟁을 통해 지속가능성을 높이기 위해서는 자본조달이 가장 중요하고, 그것은 지역밀착형의 특성을 지니며 운영되어야 한다고 하였다. 이들의 설문 조사에 따르면 영세한 규모의 사회적기업이 사업운영을 위한 자금조달은 상대적으로 양호했지만, 정책자금을 마련하는 데 있어서는 접근성이 상당히 낮았다. 연구자들은 양준호·윤효중(2013)이 언급한 '금융배제(financial exclusion)' 현상의 두 가지 측면인 금융접근성 측면과 금융거래비용 측면에 관심을 두고 설문 결과를 분석하였다. 이 중 접근성 측면의 금융배제의 사례로는 어느 비영리기관인 사회적

불구하고 제대로 참여하지 못하는 것으로 해석된다(최석현 외, 2012, pp.145-146).

기업이 장애인 고용을 하면 대출을 해주는 신용보증재단의 특례보증을 받고자 하였으나, 지침 상 비영리기관은 대상이 되지 않아 진행이 중단된 경우가 있었다. 대부분의 정책자금에 대한 자금조달은 원리금균등분할상환 방식인데, 사회적기업 특성 상 매출액의 변동성이 크고 중간재 구입 시 자금을 먼저 확보해야 한다는 점을 감안하다면, 단기적 자금조달 형태가 더 적합하기 때문에 금융거래비용 측면에서 불리하다는 점에서 접근성 측면에서 금융배제적이다. 연구자들은 이와 같은 구체적인 사례들을 통해 사회적금융기관이 활성화될 필요가 있다고 제안한다. 그 필요성은 설문조사 결과에서도 나타났는데, 사회적기업이 지속적으로 매출 증대를 달성하고 사업을 확장하기 위해서는 자금조달이 필요하다는 것을 증명한다고 하였다. 지역 내 사회적금융기관이 없는 것은 아니지만, 실질적으로 자금지원이 활성화되어 있지 않다는 점도 전화인터뷰 내용을 들어 밝히고 있다.

최근 정부의 적극적인 사회적금융 활성화 정책으로 금융 관계기관들 간의 지원·연계가 강화되고 사회적금융 공급의 확대가 이뤄지고 있다. 앞선 연구들에서 제시한 것과 같이 금융배제의 현상이 곳곳에 나타나고 있을 가능성이 존재하며, 지역별 형편도 각양각색일 것이므로 지역밀착형 사회적금융의 시행 이전에 지역밀착형 사전 조사가 선행되어야 할 것이다. 이러한 과정이 잘 진행된다면, 사회적기업이 정부의존성은 점점 낮추면서 재원조달을 지역 내에서 해결하고 이것을 다시 사회적 재투자를 통해 지역에 환원하는 선순환 구조를 형성할 수 있을 것이다.

3) 사회적경제조직의 성과 및 성공 (C)

사회적경제의 지속가능성의 원천으로 사회적경제조직의 성과를 지목하는 것보다, 성과를 곧 지속가능성으로 간주하는 경우가 많다. 이해진(2019)은 이와 같은 지속가능성을 '성과모델 지속가능성'이라고 표현했는데, 가용 자료가 제한적이어서 이러한 성과모델 지속가능성 연구는 정량적 지표를 추출할 수 있는 사회적기업의 자율경영공시자료를 활용하는 면이 있다고 하였다. 실제 일반 연구자가 활용할 수 있는 객관적이면서 개별 사회적경제 조직 수준의 정보를 가진 자료는 한국사회적기업진흥원에서 제공하는 자율경영공시자료에 한정된다. 사회적경제의 성과는 주로 경제적인 성과와 사회적인 성과로 구분되는데, 사회적경제가 사회적 목적 달성을 위해 경제적 이익을 창출한다는 특징을 반영한 것으로 보인다. 경제적 성과를 나타내는 항목은 매출액, 당기순이익, 수익률 등과 같은 사회적경제 조직의 재무성과가 대표적이며, 사회적 성과로는 주로 취약계층 고용, 사회서비스 제공, 사회적 목적의 재투자 등이 있다.

최근에 사회적경제의 지속가능성을 검토한 연구들은 성과를 중심으로 지속가능성을 평가하는 경우 조사 시점을 기준으로 한 과거의 결과만이 반영되므로 미래의 가치를 내포하지 못한다고 지적하기도 한다(이승용·차재훈, 2017; 이해진, 2019).[12] 그렇다고 지속가능성 차원에서 사회적경제의 성과를 논외로 두기에는 성과와 지속가능성 간의 상관성을 무시할 수가 없다. 사회적으로나 경제적으로 성과가 있다면 그 성과는 다음 기의 사회적경제의 활동에 긍정적인 영향을 미쳐서 또 다른 성과를 낳고 그 효과가 지속될 수 있다. 따라서 사회적경제 조직의 성과와 지속가능성 간의 연계성을 전제로 하고 다양한

12) 이해진(2019)은 사회적경제 조직의 정체성, 인적자원이나 참여의 동원 능력, 공공사업과 공공조달 시장의 창출 역량, 민간의 지원과지지 역량, 전문가 및 정보 확보 역량을 지속가능성의 측정 지표로 보고, 이를 역량강화모델 지속가능성이라고 하였다.

차원－조직의 특성, 조직 내 역량, 지역사회의 자원 및 환경, 정부 정책 및 제도 등－에서 사회적경제 조직의 성과를 높일 수 있는 요인들을 찾고, 나아가 지속가능성의 영향 요인으로까지 확대하는 방법의 연구들도 일부 있다.

4) 지속가능성을 견인하는 핵심 동력 : 이니셔티브 (E)

사회적경제와 지속가능성의 개념은 최근 몇 년 동안 두 가지 이유에서 점진적으로 수렴한 것으로 볼 수 있는데, 하나는 지속가능성 개념이 확대됨에 따라 복잡하고 다차원적이면서 강하게 상관된 측면을 포함하는 광범위한 용어로 사회변화를 다뤄야 한다는 것이며, 다른 하나는 기업가적 역할을 하는 사회적경제조직들이 변화의 주역으로 점점 더 관여하고 있다는 점 때문이다(Picciotti, 2017, pp.233-234). Picciotti는 새로운 수요에 대처하고 해결책을 제시할 수 있는 능력은 사회적경제, 특히 사회적기업의 주요 특권 중에 하나라고 설명한다. 그는 사회적기업은 주로 사회복지 서비스를 공급하는데(Kerlin, 2013; Bacq & Jansen, 2011; Defourny & Nysens, 2010), 최근 들어 환경보호나 청년 일자리 창출, 지역사회 사회연계 활성화 등의 새로운 사회적 수요의 출현으로 지속가능한 발전을 위한 사업과 활동이 빈번하게 검토되고 있으며, 혁신 전략의 역할도 맡고 있다(Ridely-Duff et al., 2016; Cameron, 2009)고 보았다. 사회의 새로운 요구와 변화에 대응하는 혁신을 주도하는 힘을 이니셔티브라고 부르는데, Picciotti(2017)는 이탈리아에서 이러한 혁신을 실행하는 이니셔티브의 구체적인 사례들을 소개하고 있다. 그리고 선행연구들을 통해 이니셔티브는 사회적기업가 정신의 실천과 사회문제해결 의지에서 발생하는데, 주로 그 사회문제가 발생하는 지역(특히 개도국)에서 잘 나타난다고 보았다. 또 이니셔티브는 공공 및 민간, 영리 및 비영리 기관들 간의 협력과 거버넌스에 연관되며, 이는 사회적기업가정신의 능력에 기초한다고 하였다.[13] 이러한 점에서 앞서 살펴본 사회적기업가정신과 같은 조직의 특성 및 역량(A)은 이니셔티브(E)를 출현시키는 요인 중 하나라고 볼 수도 있다.

Picciotti(2017)가 소개한 이니셔티브 사례 중 ABN 컨소시엄이 수행한 '1,000개의 솔라 루프 프로젝트(The 1,000 Solar Roofs' project)'는 주목할 만하다. 솔라 루프는 태양광발전 시스템을 활용해서 설계된 지붕을 말한다. 이 ABN 컨소시엄은 이탈리아 재생 에너지 분야의 최초의 사회적 협동조합이라고 한다. 여느 사회적경제조직과 같이 ABN 컨소시엄은 지역사회 복지와 소외계층의 고용과 같은 목적을 추구한다.[14] 사례 연구에 따르면 조합원들은 20년 동안 솔라 루프를 통해 무료 전력을 얻을 수 있고 유지보수를 받을 수 있으며, 조합원의 수요를 초과한 에너지는 판매되어 조합의 수입원이 된다. 지역 주민들은 조합원으로 참여하기 전에 과거에 관료 체계(정부 권한 및 행정 등)로 접근이 어려웠으나, 무료 전력과 유지보수 이외에도 설치나 기술 등의 접근성도 낮출 수가 있다. 또 고용된 취약계층을 적절한 직무(엔지니어링, 조달, 금융)에 배치하여 그들이 활동할 수 있게 하였으며, 시장에서 얻은 이익은 배당을 통해 조합원들에게 분배되게 하였다.

국내에도 이와 유사한 협동조합의 사례가 있는데 바로 안산 시민햇

---

13) Picciotti(2017)는 사회적기업이 칼 폴라니의 접근법(Polany, 2001)과 같이 시장, 재분배, 상호주의라는 세 가지 경제적 원칙을 결합하고, 공공협력관계를 구축하면서 혁신 활동을 하기 때문에 지속가능한 발전과 사회적 변화를 목표로 하는 개념 및 역량, 새로운 시장 기회의 식별, 전략적 선택의 수립, 적절한 조직 구성 채택 등으로 특징지어질 수 있다고 보았다(Picciotti, 2017, pp.236-237).

14) 논문 내용에 따르면 당시 약 2,500명의 직원 중 570명의 취약계층이 근무하였다(Picciotti, 2017, p.238).

빛발전 협동조합이다.[15] 이 협동조합은 '재생에너지 보급 및 확대, 시민참여에 의한 기후위기 대응실천'을 설립목적으로 하여 2012년 12월에 출범하였으며, 2019년 말 기준 1,022명의 조합원이 참여하고, 약 38억 원의 출자금과 시민펀드를 조성하였다.[16] 안산 시민햇빛발전 협동조합은 재생에너지사업, 협동조합 간 공동사업, 교육홍보사업, 연대사업, 지역사회 공헌사업 등을 수행한다. 재생에너지사업의 대표 사업인 햇빛발전사업은 조합원들로부터 출자를 받아 사용되지 않는 공공기관 건물이나 교육시설 건물 등을 임대하여 시민참여형 태양광발전소를 설치·운영하는 사업이다. 시민햇빛발전소는 2012년 1호를 시작으로 2019년 12월 현재 제22호까지[17] 운영(누적 용량 2,511kWp, 누적 전력생산량 6,971MWh)되어 왔으며, 연간 탄소 절감 효과는 약 3천 톤 이상[18]에 달한다. 지역사회 공헌사업으로는 필리핀 아시아 유치원&클리닉 센터 태양광 설치, 저소득층 대상 미니태양광 무상 설치, 취약계층 가정 조명 개선 사업, 사회적경제 상생기금 조성 등 다양하며 활발한 활동을 전개하고 있다. 또한 2020년 7월에는 광덕종합시장 내에 '안산 에너지마켓 1호점'을 개장하여 태양광제품 등 54종류의 에너지 절약·전환 제품을 판매하고, 운영에 따른 수익은 지역사회 에너지 취약계층을 위한 사업을 위해 쓰이도록 하였다. 동시에 에너지 상담사 출

15) 안산 시민햇빛발전 협동조합 관련 내용은 홈페이지(http://www.ansansolar.kr/) 및 홈페이지의 협동조합 총회 자료집 등을 참고함.

16) 2017년에는 지역사회공헌형 사회적기업으로 인증을 받기도 했으며, 경기도의 에너지자립 선도 사업에 여러 차례 선정되는 등 지자체와 협력관계를 맺고 있다.

17) 23-24호기는 2019년 12월부터 발전기를 가동하여 누적 전력생산량에서 제외되어 있음(http://www.ansansolar.kr, 안산 시민햇빛발전 협동조합 2020 총회 자료집 참고).

18) 안산녹색환경지원센터 환경뉴스를 참조하였으며 관련 링크는 다음과 같음, http://www.agec.or.kr/sub05/sub02.php?option=&keyword=&id=1260&page=1&mode=read.

신의 매니저를 두어 마켓 방문 시민 대상으로 에너지 컨설팅과 각 가정 특성에 맞는 에너지 효율화 솔루션도 제공하였다. 이와 같이 안산 시민햇빛발전 협동조합은 조직의 명확한 설립목적과 적극적인 활동을 통해 안산 지역에 사회적 자본을 형성하고 획득하며, 사회적 가치를 창출한다는 점에서 지역의 사회혁신을 주도하는 이니셔티브라고 할 수 있다. 또한 Picciotti(2017)가 언급한 것처럼 칼 폴라니의 세 가지 경제 원칙인 시장, 재분배, 상호주의를 결합하고, 공공협력관계를 구축하면서 사회혁신을 수행하면서 지속가능한 사회적경제를 이끈다.

미니태양광 설치 사례

취약계층 가정 LED 조명 전달식

안산 에너지마켓

안산 햇빛발전지도

주: 안산 햇빛발전지도는 시민햇빛발전소의 위치를 보여줌.
자료: 안산 시민햇빛발전 협동조합 홈페이지(http://www.ansansolar.kr/).

그림 4-1-6. 안산 시민햇빛발전 협동조합의 주요 활동 및 햇빛발전지도

두 번째 이니셔티브 사례로 관광 분야 최초의 사회적기업인 Le Mat가 소개되고 있다. Le Mat는 작은 호텔을 운영하는 협동조합에서 시작하여 2004년에 출범한 (프랜차이즈 시스템에 기반을 둔) 사회적 프랜차이징이다. Le Mat는 조직 네트워크의 통합, 조직 및 관리의 혁신적 모델로서 참여자들이 동일한 원칙과 표준 하에 상품 서비스의 품질 및 관리 모델을 공유하는 프랜차이즈 방식의 협동조합이다. 또한 운영하고 있는 호텔이 지역 생산품을 우선 구매하도록 하고 있어 지역사회의 공익성도 갖는다.[19] Le Mat는 수년간 사회적기업의 우수 모델로 꼽혀왔으며, 실제 유럽위원회에 의해 사회혁신의 경험으로 인정받고 있다고 한다. Le Mat의 또 다른 특징은 관광(숙박) 서비스는 기업이 고용하는 마약 중독이나 정신질환 등의 경험이 있는 취약계층을 포함한 근로자에 의해서 제공되며, 고객의 다수도 장애인이라는 점이다. 즉 서비스의 공급자와 수요자가 모두 취약계층인데 사회적으로 배제되어 있던 사람들은 고용의 기회를 얻고, 반대로 사회적 배제로 인해 관광 서비스를 누리기 어려웠던 취약계층은 여행의 주 고객이 되어 삶의 즐거움을 만끽할 수 있는 것이다. 또한 다른 호텔에 비해 3성급의 작은 규모인 Le Mat의 이용료에 취약계층이 느끼는 부담이 적기 때문에 소비를 확보할 수 있으며, 지속적으로 수익이 날 수 있을 것이다. 문화나 여가 부문의 취약계층의 사회적 배제를 상품 및 서비스의 수요-공급 양쪽이 결합하여 해결할 수 있다는 이 Le Mat의 사례는 지속가능성을 향한 참신한 방식을 안내한다.

19) 여인옥, 2015-02-23, "[사회적기업 기자단] 소셜 프랜차이징 '코뮤니티 솔리달리와 르마", 내용을 참조한 한국사회적기업진흥원 블로그 사이트는 아래와 같다.
https://m.blog.naver.com/PostView.nhn?blogId=se365company&logNo=220280511608&proxyReferer=https:%2F%2Fwww.google.com%2F

마지막 이니셔티브 사례는 이탈리아의 反마피아 협동조합 컨소시엄의 Libera Terra 프로젝트로, Libera Terra는 '해방된 땅'을 뜻한다. 이 컨소시엄은 이탈리아 남부의 농업 및 농업 분야에서 활동하는 10개의 사회적협동조합을 통합 조직하여 프로젝트를 설계하고, 마피아로부터 몰수된 토지와 재산을 관리하도록 했으며, 압수 자산은 사회에 환원할 수 있게 하였다. 마피아 관계자의 재산이 불법 활동의 결과물로 판단될 경우 법률 제109호 따라 자산이 압수되고, 유기농업을 원하는 협동조합(취약계층을 고용하여 상품과 서비스를 생산하는)은 토지를 임대해 농사를 지을 수 있다. 그리고 이 유기농 농산물을 팔아 수익을 창출하는데 상품은 Libera Terra라는 브랜드로 생산자협동조합의 유기농 직거래 매장, 공정무역 판매점, 소비자협동조합 등을 통해 공급된다. 따라서 협동조합들 간의 협동이 잘 나타난다. Libera Terra 프로젝트는 협동조합이 태생적으로 소비자의 권익에 중심을 두는 경향이 있다는 한계를 벗어나 지역의 고착화된 범죄 문제 해결의 대안을 제시했다는 점에서 지역의 주요 사회적 문제와 이니셔티브의 목표가 밀접하게 연관된 구체적이며 혁신적인 이니셔티브라고 간주된다.[20)]

위와 같은 사례를 통해 조직의 특성 및 역량, 조직이 속한 환경 및 생태계에 따라 출현하는 사회적경제 이니셔티브는 경제·사회적인 성과(가치)를 달성하게 하며, 궁극적으로 지역사회에 영향을 미침으로써 사회적경제를 지속가능하게 한다는 것을 알 수 있었다. 이러한 점에서 정부의 지원 정책은 다음과 같은 방향으로 설계되어야 할 것이다. 정부는 어떤 특정 부문의 사업 범위를 설정하여 재정지원을 해주는 형태가 아니라 지속가능성 요소들(특성 및 역량, 환경 및 생태계, 경

---

20) 김태열, 2010, pp.89-97; SAPENet(2018.08.11.), 세계 속 사회적 경제, "이탈리아의 협동조합이 마피아의 영토에서 지속 가능한 농업을 펼치다. (http://icoop.coop/?p=7992285)"

제·사회적 가치 창출)을 발전시킬 수 있는 방향으로 전환되어야 한다. 물론 초기 성장 단계에 있는 사회적경제조직에 대해서는 초기 자본이나 사업개발과 같은 재정지원이 필수적이겠지만, 조직이 지원 중단 이후에도 지속가능하도록 하는 것이 오늘날 사회적경제의 더 큰 과제이다. 또한 각 사회적경제조직 마다 유리한 지속가능성 요소들은 각양각색일 것인데, 그러한 다양성이 반영된 이니셔티브를 이끌어 낼 수 있는 좋은 방법은 지자체가 중개자(또는 조력자)가 되어 지역 민간부문 및 사회적경제조직들 간의 협력 관계를 형성하게 해 주는 것이다. Libera Terra의 사례에서 보았듯이 지역의 법률(및 조례)로서 공유 자산 형성의 투명성이 확보됨으로써 사회적협동조합이 번영되었다는 점을 인식할 필요가 있다.[21)]

21) 유럽협동조합·사회적기업연구소(EURICSE) 보고서의 저자이자 협동조합 연구원인 Michela Mosca는 법률 제109호에 의거하여 지자체는 마피아로부터 몰수한 자산을 협동조합한테 투명한 절차로 임대해 줌으로써 사회적협동조합이 번영할 수 있는 유리한 환경을 조성했다고 설명하였나(SAPENet(2018.08.11.), 세계 속 사회적 경제, "이탈리아의 협동조합이 마피아의 영토에서 지속 가능한 농업을 펼치다", http://icoop.coop/?p=7992285).

4-2 사회적 가치 측정 논제

1. 가격의 한계와 가치의 의미

시장은 상품 및 서비스들의 거래가 이루어지는 물리적 또는 비물리적 장소이며, 시장에서는 물물교환에 필요한 시간과 비용을 절약하기 위해 화폐를 매개물로 사용된다. 시장에서 가치는 거래가 성사될 때만 실현되고 그 가치는 구매자와 판매자의 합의 내용과 해당 시장에서 통용되는 거래규칙의 지배를 받는다. 결국 시장의 가치는 가격으로 표기된다. 문제는 가격이 형성되는 과정에서 거래가 거래에 직접적으로 참여하지 않은 사람들에게 영향을 미친다는 점이다. 그리고 이러한 영향의 비용 및 편익이 합의된 가격에 포함되는 정도는 이용 가능한 정보의 양이나 거래하는 사람들이 이러한 영향을 어느 수준 내지 어떤 범위까지 고려하느냐에 따라 결정된다.

좀 더 제도적인 측면에서 이를 살펴보면, 가치 평가 또는 가격이 매겨질 때 사용되는 제반 프레임워크와 표준은 고객에게 정보를 제공하기 위해 개발된다. 고객은 기치를 평가할 수 있는 표준과 프레임워크를 사용하면서 때로는 이에 대한 개선 또는 입법을 요구하기도 한다. 표준은 미래의 제도적 기반을 법률 형태로 제시하고 법률은 표준을 시행하는 역할을 한다. 고객의 요구가 변화되면 이를 반영하기 위해 표준이 변경되고, 법률은 이러한 표준을 지원하므로 더 많은 가치를 인정받을 수 있다. 이러한 요인의 변화는 거래가 합의되는 환경을 변화시키고 가격을 변화시킨다. 이러한 점을 종합적으로 고려하면, 시장에서 성사된 거래에서 발생하는 가격은 가치를 대신하는 것이지만 불완전하다고 볼 수 있다. 왜냐하면 거래와 관련이 없는 사람들에게 미치는 거래의 영향에 대한 비용과 이익을 간과하기 때문이다. 뿐만 아니라 불완전한 정보에 기초하여 결정을 내린 거래 관련자들의 비용이나 이익이 제대로 반영하지 못할 수 있다. 사회적으로는 가격을 가치의 대용물로 여김으로써 거래되지 않는 것의 가치를 놓칠 수 있다는 뜻이다.

그런 점에서 금전적으로 표기된 가격은 제품의 절대가치가 아니라 제품의 상대적 가치를 나타낸다고 볼 수 있다. 뿐만 아니라 위에 열거한 제반 요인들의 상호작용으로 인해 금전적으로 표시된 가격이 가치를 정확하게 나타낼 가능성은 희박하다. 그 가격은 끊임없이 변화하는 가격 집합에 불과하기 때문이다. 그런 점에서 정보는 중요한 요소이다. 다만 정보에 의해 더 많은 가치를 인정받을 수 있지만, 더 많은 정보와 그 정보에서 나타나는 상대적 가치의 변화 사이의 관계는 그리 단순하지 않다. 예를 들어, 유기농 식품의 판매 증가는 그 제품이 유기농인지 아닌지에 대한 정보에 달려 있다. 이 경우에는 정보와 이에 대한 가치에 따른 행위 변화 사이에 명확한 관계가 성립한다. 반면에, 사람들은 항공기를 많이 이용할수록 지구 온난화가 심화된다는 것을 알고 있으면서도 항공기 수요는 계속적으로 증가하고 있다. 이 경우에는 정보가 가치 측정이나 사람들의 행동 변화를 견인하지 못한다고 볼 수 있다. 위의 예들은 인간의 인식과 행동 사이에는 단선적으로 파악할 수 없는 복잡한 일련의 상호작용이 있음을 시사한다.

주지하는 바와 같이 사회적기업 내지 사회적경제의 주된 관심사 중 하나는 불평등 해소이다. 사회 불평등은 가치를 측정하는 데 굉장히 중요한 요인이다. 많은 경우에 개인이 시장에서 교환을 통해 금전적 이득을 보더라도 더 많은 소득이 반드시 행복이라는 가치로 직결되는 것은 아니다. 이는 소득을 증가시키는 의사결정이 가치를 증가하는 경로로 이해될 수 없음을 의미한다. 그런 점에서 불평등은 경제적 의사결정이 가치 증가로 이어지지 않고 오히려 불평등을 해소하기 위해 세금을 내야 하는 사람들에게 비용 증가를 초래하는 특성을 가지고 있다.

만약 사회적 비용에 대한 더 나은 정보가 시장에서의 상대 가격을 변화시킨다면, 불평등과 사회적 배제를 줄일 수 있다. 다만, 상대 가격을 변화시키는 모든 결정이 모든 이해관계자들에게 유익을 가져다 준다고는 볼 수 없다. 불평등을 줄이고 상대적인 가치를 더 정확하게 반영하는 가격을 개발하기 위해, 고객의 가치 측정, 고객이 파악할 수 있는 정보 확대, 거래의 투명성 확보를 목표로 삼을 필요가 있다. 이를 통해 거래에 참여하지 않지만 거래로부터 영향을 받는 모든 사람들에게 책임이 있는 시장을 형성할 수 있게 된다.

무엇보다도 상품과 서비스의 제공으로 야기되는 모든 영향을 포함할 일련의 가격이 존재하지 않는다는 것을 인식하는 것이 중요하다. 이해의 증가는 보다 지속 가능하고 공정한 결정에 기여할 수 있으며, 이것은 제품과 서비스의 상대 가격을 변화시킬 것이다. 결국 새로운 제품과 서비스를 자극할 것이며, 기회의 접근을 개선함으로써 불평등을 줄이는데 전념하는 사회적기업 내지 사회적경제를 지향하는 기관의 출현을 도울 수 있다.

2. 사회적기업은 왜 새로운 가치를 추구하는가?

사회적기업이 불평등 해소에 기여하는 상품과 서비스를 제공하는 기업으로서 환경 및 경제적 가치를 포함하는 사회적 가치를 창출할 수 있다고 인식하는 사람이 점점 많아지고 있다. 게다가 기존에는 이윤획득만을 고려한 비즈니스 모델에 집착했던 기업도 사회적 가치를 인식하고 이를 관리할 수 있는 방법을 모색하는 경향을 보이고 있다. 전반적으로 사람들의 인식과 기업의 비즈니스 유형에 관한 스펙트럼이 예전에 비해 넓어지고 있음을 알 수 있다. 이러한 모습은 한쪽 극단에는 사회적 가치 창출을 주된 목적으로 삼고 있는 사람들이 있고 다른 극단에는 오로지 금전적 이득만을 추구하는 사람들이 있는 긴 줄을 연상케 한다. 결국, 개인생활 영위 또는 사업 운영에 있어서, 사회구성원 또는 기업 운영자가 어디에 위치해 있느냐로 그들이 사회적 가치를 어떻게 인식하고 측정할 것인지에 대한 관심 정도를 평가할 수 있다.

그렇다면 사회구성원 내지 사회적기업을 운영하는 사람들이 사회적 가치에 관심을 가질 수밖에 없는 보다 근본적인 이유는 무엇일까? 사회적기업은 시장경제하에서 제대로 공급되지 않는 사회적 수요를 충족시킴과 동시에 취약계층의 빈곤 내지 계층 간의 불평등 문제를 해소하기 위해 운영되며, 이에 대한 가치를 부여한다. 문제는 사회적기업이 만든 제품이나 서비스에 관한 시장이 따로 구분되지 않는 상황에서 사회적기업도 금전적 가격 또는 경쟁이 중시되는 일반 시장에서 거래를 진행한다는 점이다. 설령, 사회적기업이 보다 장기적이고 구조적인 측면을 강조한다 할지라도 이를 전혀 고려하지 않는 다른 시장경쟁자들에 비해서 불리한 위치에 놓일 수 있다. 예를 들어, 사회적기업은 사회적 가치를 창출하는 데 일반적으로 더 많은 비용을 부담한다. 노인, 여성, 장애인 등의 취약계층이 생산에 상당 부문 투입되기 때문이다. 그런데 이러한 사회적기업을 자본주의 시장에서 통상적으로 적용되고 있는 일반적인 기준을 가지고 평가할 수 있느냐라는 의문을 가질 수 있다. 이러한 질문은 사회적기업이 사회적 가치를 측정하는 데 더 큰 관심을 갖는 동인이 된다. 궁극적으로 사회적기업은 사회적 가치를 이해하고 측정하는 방법을 통해 기업의 성과를 개선시키고자 한다. 일련의 과정은 사회적기업이 고객 내지 사회의 요구사항을 충족시킬 뿐만 아니라 새로운 상품과 서비스를 창출하는 원동력의 역할을 한다.

새로운 가치의 추구는 이러한 가치를 어떻게 측정하느냐는 문제를 야기한다. 지난 역사를 통해 볼 때, 가치 측정의 변화가 의사결정에 반드시 영향을 미친다고 볼 수는 없지만 사람의 인식이나 행동의 변화가 가치의 발견과 새로운 가치 측정에 의해 비롯된 경우는 꽤 많다. 변화는 새로운 측정 방법의 필요성을 증가시키고 새로운 측정 방법이 변화를 자극하는 것도 이와 무관하지 않다. 그런 점에서 가치를 측정하는 새로운 방법의 개발은 제반 유형의 가치를 인식하고 가치 창출을 도모하는 데 있어서 전제되어야 한다. 법률제정의 노력이 일차적으로 진행되지만 보다 궁극적으로는 재무보고의 방식이 변화될 필요가 있다. 실례로, 지난 세기 동안의 비즈니스 회계 발전은 계약 관계에 있는 비즈니스 당사자의 관심사뿐만 아니라 외적인 요인(소유주에게, 공급사에게, 고용인에게, 지역사회 등)까지 감안한 측면이 있다.

3. 가치 측정의 발전

가치 측정의 발전은 크게 두 가지 측면에서 진행된 것으로 보인다. 첫째는 새로운 지표나 가치 척도를 발굴하는 것이다. 둘째는 가치를 이해하고 비교하는 절차를 표준화하는 것이다. 사회적기업 역시 시장중심의 체제하에서 온전히 자리매김하기 위해서는 이러한 흐름을 적극 수용할 필요가 있다. 역사는 증명하고 있다. 새로운 측정 방법을 통해 사회의 무형적 또는 잠재적 가치가 화폐로 전이되고 그 방식과 기준이 사회에서 통용될 때에 그 가치는 사회발전의 토대로써 그 역할을 하게 된다.

그 동안 조직이 창출하는 환경 및 경제적 가치를 이해하고 관리하고 보고하는 프로세스가 지속적으로 발전되어 왔다. 초창기에는 환경과 관련된 많은 보고 활동 및 표준 수립이 왕성하게 진행되었다. 1997년의 교토 원칙, 1999년의 다우존시 지속가능성 지수, 2003년 탄소 거래 계획 등이 대표적인 예이다. 기후 변화의 중요성과 환경 문제에 대한 시스템 개발이 시대적으로 요구되면서 이와 관련한 논의가 왕성하게 진행된 결과로 볼 수 있다.

2000년대 들어서는 본격적으로 사회의 지속가능한 발전을 담보하기 위한 목적에서 다양한 가치 표준이 논의되고 있다. AA1000(지속가능성 보고서의 보증 표준), Social Accounting(사회적 계정) 등을 예로 들 수 있다. 다만, 이러한 표준들은 기존의 환경 관련 표준에 비해 진일보한 측면이 있다. 이는 가치 측정 방식의 상이함에서 비롯된다. 기존의 방식을 두 유형으로 구분하면, 하나는 조직이 지향하는 사회적 영향을 달성하고 있는지를 측정하는데 초점을 두고 있는 반면에 다른 하나는 조직이 창출하고 있음에도 누락되어 있는 가치를 어떻게 표면화시킬 수 있는지에 초점을 둔다. 결국, 가치 측정의 발전은 전자에서 후자 방식으로의 확대를 의미한다. 예를 들어, 초창기 사회적기업의 성과는 취약계층 고용 비율, 취약계층 서비스 수혜 비율 등의 성과지표 달성에 초점을 두었다. 최근 들어서는 민주적 거버넌스 구축, 노동통합 내지 사회통합 가치 등 사회적기업이 창출하고 있지만 누락되어 있던 가치를 어떻게 드러낼 것인지에 대한 연구로 확산되고 있는 점이 이러한 주장을 뒷받침한다.

그림 4-2-1. 사회적 가치 측정의 발전

기업과 소비자의 의사결정이 사회적 가치 창출과 연관되어 있음을 보여주는 프레임워크와 표준 마련이 시급하다. 사회적 가치에 대한 관심이 증가하고 있고 사회적기업의 수도 점진적으로 증가하고 있지만 아직 소비자로서의 사회구성원과 생산자로서의 기업이 가진 가치에 대한 인식은 그리 높지 않은 편이다. 가치 측정의 변화가 수요의 성격을 변화시키는 수준에 이르기 위해서는 추가적인 노력이 요구되는 대목이다. 사회적 가치 실현을 위해 점점 나아간다는 것을 성공을 향한 선형 경로로 이해되기 보다는 점진적 변화가운데 다양한 비용과 편익을 총체적으로 파악하려는 집체적 인식이 필요하다.

실천적인 측면에서 일부 영역에서라도 일부 결과를 측정하는 혁신이 필요하다. 즉, 결과 및 지표가 서로 다른 시장에서 다른 목표를 가진 이해관계자에 따라 다르게 인식될 수 있기 때문에 부문별 접근법이 먼저 개발될 필요가 있다. 설령, 일부 가치 지표가 누락된다 할지라도 일반적인 가치 측정으로의 접근을 용이하게 할 수 있다. 이는 사회적 가치를 표준화하려고하는 입장에서는 가치 측정 작업이 다소 더디게 진행될 수 있음을 용인하는 것이다.

한편, 이해관계자는 가치를 이해하는 원천이라는 점에서 이해관계자(예를 들어, 기업과 소비자)가 조직에 직접 관여하여 조직의 가치를 평가할 필요가 있다. 아울러, 직접적인 이해 당사자뿐만 아니라 계약이 이행될 때 외부적으로 영향을 받는 사람들이 있을 수 있다는 점도 염두에 두어야 한다. 예를 들어 새로운 건물이 신축되었거나 지역의 개발로 인한 혼잡함은 건물 개발과 관련된 당사자를 포함하여 여러 이해관계자들에게 영향을 준다. 그런 점에서 가치 측정에 있어서 이해관계자 접근 방식은 생산에서 소비까지 전 단계에 걸쳐서 영향을 받는 모든 사람들을 고려하고 가치 창출에서 각 단계별 주체의 역할에 대한 이해를 요구한다. 현재까지는 사회적기업의 가치를 측정할 때 단순히 생산과 소비 등의 단면에 국한하여 이를 수량화하려는 경향이 있었다.

한편, 가치 측정 역시 상대적이며 지배이데올로기 내지 권력의 영향을 받는 경향이 있다. 즉, 사회적 가치를 측정하는 시스템은 결과가 상대적이며 권력을 행사하는 서로 다른 이해관계자 간의 협상에 따라 가치의 크기가 다소 상이하게 도출될 수 있다. 결국, 다양한 가치 측정의 프로세스가 존재하더라도 이해관계자가 보다 지배적인 위치에 있을 때에 이 프로세스의 이점은 실현될 수 있다.

4. 사회적 가치 창출 측면에서 사회적기업의 기회와 위험

어떤 측면에서 사회적기업은 경쟁력을 높이는 수단으로 사회적 가치의 인식을 잘 활용할 수 있다. 일반기업에 비해 비록 점유율이 상대적으로 낮지만 사회적 가치 창출에 대한 높은 인지도와 관심을 받고 있는 점을 비교우위 요인으로 내 세울 수 있다. 실제적으로 사회적기업이 창출하는 사회적 가치를 시장에서 부분적으로 인정받을 수 있다. 경우에 따라서는 사회적기업이 단기적으로 경쟁 우위를 점하는 경우도 발생할 수 있다.

다만, '사회적 가치를 이해하고 관리하는 것이 투자'라는 인식을 높인다하더라도 비용을 낮추는 데는 근본적인 한계가 있다. 또한, 사회적 가치를 창출하거나 제공하고자 하는 노력이 공공부문의 일반적인 기능과 중복될 수 있다는 우려도 있다. 근본적으로 사회적 가치를 창출하는 기업이 다른 기업보다 성공적인 위치에 오르기 위해서는 시장 및 시장에서 활동하는 기업의 가치를 변화시키는 데 그치지 않고 경쟁 우위를 어떻게 확보하느냐의 문제에 직면하게 된다.

사회적기업은 자체적으로 처할 수 있는 위험요인도 있다. 첫째는 기존의 사회적기업이 창출된 사회적 가치 척도보다는 법적 구조와 이익에 함몰되어 사회적기업의 고유성을 망각할 수 있다. 이는 사회적 가치 창출의 범위를 제한하고 사회적 가치를 이해하고 관리함을 통해 기대할 수 있는 투자 수준을 감소시키는 부작용을 유발할 수 있다. 동일한 맥락에서, 대부분의 공공 유한회사들은 그들이 얻는 이익의 극히 일부만을 분배하고, 그들이 제공하는 상품과 서비스를 통해 사회적 목표를 달성하고 있다며 스스로 안주할 수 있다.

두 번째는 사회적기업이 사회적 가치를 측정하고 창출함으로써 금전적 거래에 기초한 시장공간을 축소해 공공 서비스의 제공과 동일시 되는 것이다. 사회적기업의 가치가 부문적으로 공공 서비스의 직접 제공 또는 공공재 제공 수단으로 전락한다면 사회적기업의 미래가 불투명해 질 수 있다. 따라서 사회적기업의 가치 창출에 관한 제반 행위가 민간 부문의 계약에 따른 협소한 '부가가치'로 정의되기 보다는 가치 사슬 전반에 걸쳐 탐색될 때, 사회적기업의 영속성은 담보될 수 있다.

4-3 한국 사회적기업의 노동통합 가치 평가

1. 한국 사회적기업의 노동통합 가치 평가 필요성[22)]

한국의 사회적기업은 외환위기 이후 취약계층의 실업이 지속되고 사회서비스에 대한 수요가 증가하면서 이를 타개하기 위한 하나의 방편으로 시작되었다. 취약계층에게 있어서 지속적인 실업은 생산활동 내지 노동시장에서의 단절을 의미한다. 그런 측면에서 사회적기업은 무한경쟁, 승자독식의 체제가운데 노동시장에서 설 자리를 잃어버리기 쉬운 사람들에게 일자리를 제공하는 목적을 갖는다. 즉, 노동으로부터 소외되는 취약계층을 생산 활동에 다시 진입시킴으로써 노동통합(work integration)을 추구한다. 사회적기업을 인증할 때 장애인, 고령층, 저소득층 등의 취약계층 참여비율을 일정 수준 의무화하는 것도 이러한 이유이다.

그러나 사회적기업의 노동통합 역할에 대해서는 '자원배분을 왜곡' 시킨다는 시각과 '포용을 통한 사회의 지속가능성을 담보'한다는 상충된 시각이 존재한다. 신자유주의 시각에서는 사회적기업 운영으로 인한 자원배분과 가격의 왜곡을 경계한다. 취약계층을 생신활동에 적

22) 본 절은 본 총서의 집필진(최지혜·이찬영)이 한국경제연구 제 37권 제 2호에 게재한 논문("한국 사회적기업의 노동통합 가치 평가: 생산함수 및 노동의 한계생산성 추정에 기초하여")을 재구성하여 작성하였음을 미리 밝혀둔다.

극적으로 참여시키기 보다는 그에 상응하는 선택적 복지를 제공하여 생산의 비효율성을 예방하는 것이 효율적이라는 입장을 견지한다. 암묵적으로는 노동통합에 큰 가치를 부여하지 않는다. 반면에 포용사회를 지향하는 시각에서는 인간의 생존 가치 부여 및 관계 회복을 통한 사회의 지속가능성 추구라는 대의를 추구한다(우명동, 2019). 이에 따라 근로여력이 있는 사회구성원에게 노동의 기회를 최대한 제공하는 것을 우선시한다. 이런 점에서 포용사회는 노동통합에 큰 가치를 부여한다고 볼 수 있다.

이러한 상황에서 우리는 상반된 두 의견을 어떻게 비교 검토할 수 있을까라는 문제에 봉착한다. 일반적으로 노동통합은 추상적이고 가치 측정이 불가능한 범주에 속해 있는 것처럼 보인다. 즉, 금전적인 환산이 어려운 영역으로 여겨진다. 그 동안 무형의 가치를 정량화하려는 다양한 노력이 있었지만 납득할만한 결과를 도출하지 못한 점도 이를 반증한다. 이에 따라 2000년대 중반 이후 계속되고 있는 사회적기업의 역할 또는 사회적기업의 지속가능성에 대한 논쟁은 담론수준에 머물러 있다. 4장 2절에서 언급한 대로 사회적기업의 운영 목적 가운데 창출되고 있는 노동통합의 가치는 현재까지 가지 측성에 있어서 누락되어 왔다.

본 장에서는 이러한 배경하에 사회적기업의 가치를 노동통합의 관점에서 측정할 수 있는 방법을 국내외 최초로 제안하고[23] 실제로 한

23) 기존 연구는 대개 사회적기업의 가치를 경제적 가치, 사회경제적 가치, 사회적 가치로 구분하고(Emerson et al., 2000, pp.137-139), 일반 영리기업이 추구하는 경제적 가치에 화폐가치로 환산이 가능한 사회경제적 가치를 더해 사회적기업의 사회적투자수익률(SROI)을 계산하는 데 주안점을 두었다. 이러한 분석에서는 사회경제적 가치 평가 시 암묵적으로 취약계층의 고용에 따른 혜택과 비용을 고려하고 있지만, 노동소외나 노동통합의 관점은 제대로 취급되지 않았다. 또한 대다수의 기존 연구는 사회적기업에 투입되는 정부지원금의 고용창출 효

국의 사회적기업 데이터를 적용하여 사회적기업의 노동통합에 대한 상반된 시각을 실증적으로 평가해 본다.

2. 한국 사회적기업의 노동통합 가치 평가 방법

노동통합의 가치를 정량화하기 위해서는 노동소외라는 정반대의 상황에 대한 평가가 병행되어야 한다. 즉, 취약계층이 처할 수 있는 시나리오를 노동소외와 노동통합이라는 상호배타적(mutually exclusive) 상황으로 단순화할 필요가 있다. 첫 번째 시나리오에서는 취약계층이 노동소외에 처해 있는 것으로 가정한다. 이럴 경우에 취약계층은 노동시장에서 영구적으로 배제되고 정부의 사회복지 체계에 전적으로 의존하게 된다. 일반적으로 시장은 한계생산에 부합하는 임금을 피고용주에게 제공한다. 그러나 피고용주의 생산력이 시장임금을 하회할 경우에는 고용주가 취약계층에게 근로기회를 제공하지 않는다. 이러한 상황에서 정부는 취약계층의 사회보장을 위해 복지지출을 하게 된다. 편의상 취약계층이 노동시장에서 배제될 때 정부가 보조하는 금액을 E1이라고 하자.

두 번째로 취약계층이 사회적기업을 통해 노동시장 참여 기회를 얻고 이를 통해 노동통합이 이루어지는 경우이다. 사회적기업이 미자립 상황인 점을 고려하면 이 시나리오가 작동되기 위해서는 정부의 지원금이 필요하다. 이 때 정부가 사회적기업에게 제공하는 금액을 E2라고 하자. 그런데 E2는 취약계층에게 제공하는 인건비뿐만 아니라 사회적기업을 운영하는 데 들어가는 사업운영비 등을 포괄한다. 따라서 E1과 E2를 단순히 비교한다면 노동통합의 가치를 제대로 평가하기

과를 정량적으로 파악하는데 초점을 두었다.

어렵게 된다.

차선책으로 정부가 임금(w)과 취약계층의 한계생산성(MPL) 차이 만큼을 지원한다고 가정할 수 있다. 취약계층이 사회적기업의 생산활동에 참여하고, 제품을 생산하게 되면 투입요소의 양과 가격 및 생산액 정보를 이용하여 각 요소의 생산기여도(또는 한계생산성)를 도출할 수 있다. 취약계층의 노동을 하나의 투입요소라고 가정하면 취약계층의 한계생산을 도출할 수 있고 이를 취약계층이 받는 임금과 비교할 수 있다. 일반적으로 취약계층의 제반 인적 특성(장애인, 고령층, 저소득층 등)을 감안하면 취약계층의 한계생산은 임금보다 낮을 것이다. 이러한 경우, 임금과 한계생산성의 차이만큼은 정부가 사회적기업의 노동통합을 위해 지원한다고 간주할 수 있다.

아래 <그림 4-3-1>은 지금까지 서술하였던 내용을 종합적으로 보여준다. 취약계층이 처할 수 있는 상호배타적인 두 시나리오를 가정하여 최종적으로는 E1과 E3의 크기를 비교함으로써 정부의 지원이 사회적기업의 노동통합 목적에 부합한지 여부를 간접적으로 평가해 볼 수 있다. 미리 언급할 것은 E1을 엄밀하게 추산하는 데는 어려움이 따른다.

그림 4-3-1. 사회적기업의 노동통합 가치 평가 방법

사회적기업에서 일하는 취약계층이 다양하고[24] 취약계층 유형에 따라 정부의 지원금 규모 또한 상이하다. 게다가 사회적기업의 인증 유형에 따라 취약계층의 구성비도 동일하지 않다. 이를 고려하여 사회적기업에 참여하고 있는 취약계층의 유형별 구성비를 가중치로 이용하여 E1의 규모를 추산하고자 한다. 예를 들어, 일자리제공형 사회적기업에서 일하고 있는 취약계층이 장애인 60%, 고령자 30%, 저소득층 10%로 구성되어 있고, 각 계층에 대한 정부의 지원금이 E장애인, E고령자, E저소득층이라고 한다면 E장애인*0.6 + E고령자*0.3 + E저소득층*0.2가 E1이 된다.

E3가 계산되기 위해서는 사회적기업의 생산과정에 대한 추정이 전제되어야 한다. 사회적기업의 투입물과 산출물 정보를 이용하여 생산함수 추정을 통해 각 투입요소의 생산성을 파악할 수 있다. 또한, 사회적기업에는 취약계층뿐만 아니라 비취약계층이 근로자로 참여하고 있기 때문에 이를 구분하면 각 요소가 생산과정에 기여한 크기를 분해할 수 있다. 여기서는 사회적기업의 생산이 비동차생산과정이라고 가정하여 Translog생산함수에 기초하여 한계생산성을 추정한다.[25] 실

---

24) 사회적기업 육성법 시행령 제2조에 의하면 취약계층은 저소득자(가구 월평균소득이 전국가구 월평균소득의 60% 이하인 사람), 고령자, 장애인, 성매매피해자, 청년 또는 경력단절 여성 중 고용촉진지원금 지급 대상자, 북한이탈주민, 가정폭력 피해자, 한부모가족 보호대상자, 결혼이민자, 갱생보호대상자, 범죄구조피해자 등을 포함하고 있다.

25) 생산함수의 형태는 다양하다. Cobb-Douglas 생산함수와 Translog 생산함수가 대표적으로 사용되는데 Cobb-Douglas 생산함수는 투입요소를 동시에 같은 비율로 증감했을 때 산출량도 같은 비율로 변화된다는 의미에서 1차 동차함수라고 불린다. 반면에 Translog 생산함수는 동차성(homogeneity)과 분리성(separability)의 제약이 없어 보다 유연한 함수로 알려져 있다. 사회적기업은 일반적으로 자본보다는 노동에 의존 비율이 높다. 즉, 자본과 노동을 동시에 같은 비율로 증감시키기는 어렵다. 그런 점에서 Translog 생산함수를 이용해 한계생산성을 추정하는 것이 본 연구의 취지에 부합하다고 여겨진다.

증적으로 360개 사회적기업의 생산함수를 추정하기 위해 종속변수로 사회적기업의 매출액(Q), 독립변수로 유급근로자 수(L), 자본(K)을 우선 사용하여 분석하였으며, 추가로 유급근로자 수를 비취약계층 유급근로자 수(Lnw), 취약계층 유급근로자 수(Lw)로 세분화한다. 이에 대한 자세한 내용은 참조에 정리되어 있다.

참조: Translog 생산함수를 활용한 한계생산성 추정

Translog 생산함수에 기초한 사회적기업의 생산과정은 식(1)과 식(2)처럼 표현할 수 있다. 두 식은 Cobb-Douglas 기본 생산함수와 각 투입요소의 교차항과 제곱항이 결합된 형태로 구성된다. 개별요소의 탄력성은 투입요소가 2개(유급근로자, 자본)일 경우에는 식(3)~식(4)로 나타낼 수 있으며 투입요소가 3개(비취약계층근로자, 취약계층근로자, 자본)일 때는 식(5)~식(7)처럼 정리할 수 있다.

(식1) $$\ln Q = \alpha_0 + \alpha_L \ln L + \alpha_K \ln K + \frac{1}{2}\beta_L(\ln L)^2 + \frac{1}{2}\beta_K(\ln K)^2 + \beta_{LK}\ln L \ln K + \epsilon$$

(식2) $$\ln Q = \alpha_0 + \alpha_{nw}\ln L_{nw} + \alpha_w \ln L_w + \alpha_k \ln K + \frac{1}{2}\beta_{nw}(\ln L_{nw})^2 + \frac{1}{2}\beta_w(\ln L_w)^2 + \frac{1}{2}\beta_k(\ln K)^2 + \beta_{nw,w}\ln L_{nw}\ln L_w + \beta_{nw,k}\ln L_{nw}\ln K + \beta_{w,k}\ln L_w \ln K + \epsilon$$

(식3) $$\gamma_L = \frac{\partial \ln Q}{\partial \ln L} = \alpha_L + \beta_L \ln L + \beta_{LK}\ln K$$

(식4) $$\gamma_K = \frac{\partial \ln Q}{\partial \ln K} = \alpha_K + \beta_K \ln K + \beta_{LK}\ln L$$

(식5) $$\gamma_{nw} = \frac{\partial \ln Q}{\partial \ln L_{nw}} = \alpha_{nw} + \beta_{nw}\ln L_{nw} + \beta_{nw,w}\ln L_w + \beta_{nw,k}\ln K$$

(식6) $$\gamma_w = \frac{\partial \ln Q}{\partial \ln L_w} = \alpha_w + \beta_w \ln L_w + \beta_{nw,w}\ln L_{nw} + \beta_{w,k}\ln K$$

(식7) $$\gamma_k = \frac{\partial \ln Q}{\partial \ln K} = \alpha_k + \beta_k \ln K + \beta_{nw,k}\ln L_{nw} + \beta_{w,k}\ln L_w$$

E3를 추산하기 위해서는 일차적으로 노동의 한계생산(성)을 도출해야 한다. 일반적으로 한계생산성(MP)은 타 생산요소가 일정한 상태에서 생산요소를 1단위 증가시

켰을 때 변화하는 생산량이다. 그러므로 개별생산요소의 MP는 식(3)~식(7)에서 도출한 개별 생산요소의 탄력성을 이용하여 식(8)~식(12)과 같이 정리할 수 있다.

식(8) $$MP_L = \frac{\partial Q}{\partial L} = \frac{\partial Q}{\partial \ln Q} * \frac{\partial \ln Q}{\partial \ln L} * \frac{\partial \ln L}{\partial L} = \gamma_L * \frac{Q}{L}$$

식(9) $$MP_K = \frac{\partial Q}{\partial K} = \frac{\partial Q}{\partial \ln Q} * \frac{\partial \ln Q}{\partial \ln K} * \frac{\partial \ln K}{\partial K} = \gamma_K * \frac{Q}{K}$$

식(10) $$MP_{nw} = \frac{\partial Q}{\partial L_{nw}} = \frac{\partial Q}{\partial \ln Q} * \frac{\partial \ln Q}{\partial \ln L_{nw}} * \frac{\partial \ln L_{nw}}{\partial L_{nw}} = \gamma_{nw} * \frac{Q}{L_{nw}}$$

식(11) $$MP_w = \frac{\partial Q}{\partial L_w} = \frac{\partial Q}{\partial \ln Q} * \frac{\partial \ln Q}{\partial \ln L_w} * \frac{\partial \ln L_w}{\partial L_w} = \gamma_w * \frac{Q}{L_w}$$

식(12) $$MP_k = \frac{\partial Q}{\partial K} = \frac{\partial Q}{\partial \ln Q} * \frac{\partial \ln Q}{\partial \ln K} * \frac{\partial \ln K}{\partial K} = \gamma_k * \frac{Q}{K}$$

3. 한국 사회적기업의 노동통합 가치 평가 결과

취약계층이 처할 수 있는 첫 번째 시나리오는 노동시장에서 구조적으로 배제되어 정부가 제공하는 복지체계에 전적으로 의존하는 경우이다. 문제는 비근로 취약계층이 수혜를 받을 수 있는 복지체계가 매우 복잡하고 다차원적이어서 이를 정확히 파악하기 어렵다는 점이다. 또한, 취약계층이 노동시장에 참여하지 않을 때 받을 수 있는 금전적 혜택은 취약계층의 여건에 따라 다르다. 장애인의 경우에는 장애 등급에 따라 수령액이 달라진다. 고령층은 나이에 따라, 저소득층은 가구의 재정 취약 정도에 따라 지원받는 금액이 다르다. 이는 취약계층이 근로에 참여하지 않을 때 받을 수 있는 복지수령액을 특정 수치로 제시하는 것이 불가능함을 시사한다. 차선책으로 본 장에서는 취약계층의 제반 조건을 고려하여 이들이 비근로시 수령할 수 있을 복지 금액을 범주 형태로 나타내고자 한다.[26)]

표 4-3-1. 비근로 취약계층을 위한 정부 복지 내역

항목	장애인	고령자	저소득자
연금 및 수당	• 장애인연금 * 단독(부부)가구 소득인정액이 100만원(160만원) 이하인 자 * 22.4만원(차상위초과)~27.4만원(생계, 의료급여수급자) • 장애수당 * 2만원(시설수급자)~4만원(기초 및 차상위)	• 기초연금 * 65세 이상 & 단독(부부)가구 소득인정액이 100만원(160만원) 이하인 자 * 20.2만원	
생계 보장 및 기초 활동	• 장애인활동지원 * 방문조사 결과 220점 이상인 장애자 * 등급별 45~106.3만원	• 기초생활보장 * 일반생계급여(31.4만원)+주거급여(19.5만원, 서울거주 기준)	• 기초생활보장 * 일반생계급여(31.4만원)+주거급여(19.5만원, 서울거주 기준)
취업 및 훈련	• 취업성공패키지 * 만 18세~64세 이하 미취업자 저소득층, 청·장년층 취약계층 * 참여(15만원, 월 2.5만원) 및 훈련(28.4만원, 최대6개월)	• 취업성공패키지 * 65세 미만 적용 * 참여(15만원, 월 2.5만원) 및 훈련(28.4만원, 최대 6개월)	• 취업성공패키지 * 만 18세~64세 이하 미취업자 저소득층, 청·장년층 취약계층 * 참여(15만원, 월 2.5만원) 및 훈련(28.4만원, 최대6개월)
소계	100.3만원 (=22.4+2+45+2.5+28.4) ~107.3만원 (=27.4+4+45+2.5+28.4) * 장애등급은 최하위 등급 적용	• 65세 이상 71.1만원 (=20.2+50.9) • 65세 미만 81.8만원 (=50.9+2.5+28.4)	81.8만원 (=50.9+2.5+28.4)

주: 1) 2016년 기준(사회적기업에 참여한 취약계층의 생산함수 추정이 2016년 자료에 기초)
2) 본 내용은 "2016 장애인복지사업안내"(보건복지부), "2016년 국민기초생활보장 수급자 현황"(보건복지부), "2016 노인일자리 및 사회활동 지원사업"(보건복지부) 내용에 기초 하여 저자 작성

26) 취약계층의 복지수령액은 개인 및 가구특성, 신체능력, 지역 등에 따라 달라진다. 본 장에서는 취약계층의 노동시장 참여여부에 따른 복지지출 비용을 비교한다는 점에서 가장 일반적인 상황을 고려한다. 이에 대해서는 이견이 있을 수 있음을 미리 밝혀 둔다.

정부가 제공하는 복지 항목은 〈표 4-3-1〉처럼 크게 세 가지로 구분한다. 중장기 생활 기반인 연금 및 수당, 현재의 생계유지 및 기초활동에 필요한 경비, 근로 참여 의지 제고를 위해 지원되는 취업 및 훈련비로 정리할 수 있다.

먼저 장애인은 소득인정액이 일정수준 이하이면 장애인연금을 받을 수 있다. 차상위 초과자에게는 22.4만 원, 생계, 의료급여 수급자에게는 27.4만 원이 지급된다. 장애인활동지원비는 장애등급에 따라 차등 제공된다. 본 연구에서는 장애인이 사회적기업에 참여하지 않고 정부 복지체계에 의존하는 경우를 고려하기 때문에 생산활동 참여가 가능한 장애인(장애등급이 가장 낮은 상황)이 수혜를 입을 수 있는 생계보장 및 기초활동비(45만 원)를 가정한다. 취업성공패키지는 18~64세 미취업 장애인, 고령자, 저소득자가 수혜 대상이다. 프로그램에 참가에 대한 인센티브로 15만원에 제공되고 훈련 프로그램에 참가할 때는 최장 6개월 동안 월 28.4만 원의 훈련수당을 추가로 지급 받는다. 최종적으로 비근로 장애인이 정부 복지체계에 전적으로 의존하게 되면 약 100만원 가량을 지원받는다.

고령자는 65세를 기준으로 복지 혜택 금액이 다르다. 65세 이상이면 소득인정액 기준보다 낮은 소득일 경우에 20.2만원의 기초연금을 수령하게 된다. 65세 미만 고령자는 기초연금을 받지 못하지만 취업성공패키지의 취업 및 훈련 프로그램에 지원 가능하다. 기초생활보장액은 나이와 상관없이 자격조건만 충족되면 제공된다. 고령자가 받을 수 있는 복지수령액을 종합하면 71.1만원(65세 이상)~81.8만원(65세 미만)이다.

저소득자는 연금 및 수당은 따로 없이 기초생활보장과 취업성공패키지 지원을 받을 수 있다. 일반생계급여와 주거급여를 합하여 50.9

만원(서울거주 기준)이고 취업성공패키지는 월 수령액으로 30.9만원을 수혜받을 수 있다. 결국, 저소득자는 81.8만원의 복지지원 혜택이 가능하다.

사회적기업의 노동통합 가치를 실증적으로 평가하기 위해 한국사회적기업진흥원의 2017년도 『사회적기업 자율경영공시』(대상: 2016년 활동 인증사회적기업)자료를 이용하여 Translog 생산함수를 추정한다. 대부분의 사회적기업이 정부의 정책적 지원을 통해 운영되고 있는 점을 고려할 때, 정부지원금, 매출액, 제반 근로자 수 및 임금 정보에 대한 신뢰성이 분석을 하는 데 중요하다. 따라서 일반적인 설문조사 자료보다는 일정 정도의 객관성이 확보된 정부의 공시자료가 사회적기업의 한계생산성을 추정하는데 더 부합할 것으로 판단된다. 사회적기업진흥원에서 제공하는 원자료는 367개의 사회적기업 관련 정보가 포함되어 있다. 대기업과 연관된 기업(유급근로자 수가 300인 이상 또는 매출액이 1,000억 상회)이라고 판단되는 7개 기업을 제외하고 최종적으로 360개 인증사회적기업을 분석대상으로 삼았다.

한편, 3장의 〈표 3-2-3〉에 정리된 것처럼 사회적 목적과 취약계층 고용비율 및 취약계층의 수혜비율 등의 기준에 따라 사회적기업은 5개 유형으로 분류된다. 여기에서는 노동통합형 사회적기업에 초점을 두기 위해 일자리제공형과 혼합형 사회적기업을 중심으로 서술을 한다.

360개 사회적기업의 기술통계량이 〈표 4-3-2〉에 제시되어 있다.[27] 전체 사회적기업의 약 71%(256개)를 일자리제공형 사회적기업이 차지하고 있고 이들 기업의 평균매출액은 약 12억 8천만 원이고 연평균 매

---

27) 일반적으로 자율경영공시에 참여한 사회적기업의 재무상태, 고용여건 등이 참여하지 않은 기업에 비해 상대적으로 양호할 가능성을 염두해 둘 필요가 있다.

출액은 평균 14억 원 수준이다. 전체 사회적기업의 기업당 유급근로자 수는 24.5명이고 이중에서 비취약계층 근로자 수는 9.3명이고 취약계층 근로자 수는 15.2명이다. 전체 유급근로자에서 취약계층근로자 차지하는 비율은 약 62%이다. 취약계층근로자는 주로 장애인, 고령층, 저소득층으로 구성되어 있으며, 장애인이 취약계층에서 차지하는 비중은

표 4-3-2. 사회적기업 인증유형별 기술통계량

(단위: 천원, 명)

<table>
<tr><th colspan="2"></th><th>전체
〈360〉</th><th>일자리제공형
〈256〉</th><th>혼합형
〈32〉</th></tr>
<tr><td colspan="2">매출액</td><td>1,284,533</td><td>1,402,764</td><td>860,636</td></tr>
<tr><td colspan="2">전체근로자수</td><td>24.5</td><td>24.2</td><td>33.5</td></tr>
<tr><td></td><td>비취약계층</td><td>9.3
(38.0)</td><td>7.8
(32.2)</td><td>13.4
(40.0)</td></tr>
<tr><td></td><td>취약계층</td><td>15.2
(62.0)</td><td>16.4
(67.8)</td><td>20.1
(60.0)</td></tr>
<tr><td rowspan="4">취약
유형별
근로자수</td><td>장애인</td><td>9.4
(38.4)</td><td>9.9
(40.9)</td><td>15.3
(45.7)</td></tr>
<tr><td>고령자</td><td>2.6
(10.6)</td><td>3.5
(14.5)</td><td>0.7
(2.1)</td></tr>
<tr><td>저소득</td><td>2.1
(8.6)</td><td>2.0
(8.3)</td><td>2.7
(8.1)</td></tr>
<tr><td>기타</td><td>1.0
(4.1)</td><td>1.0
(4.1)</td><td>1.4
(4.2)</td></tr>
<tr><td colspan="2">자본액</td><td>300,273</td><td>319,786</td><td>253,966</td></tr>
<tr><td rowspan="3">월평균
임금</td><td>전체근로자</td><td>1,570</td><td>1,574</td><td>1,405</td></tr>
<tr><td>비취약계층</td><td>1,788</td><td>1,831</td><td>1,549</td></tr>
<tr><td>취약계층</td><td>1,382</td><td>1,435</td><td>1,252</td></tr>
</table>

주: 1) 〈 〉는 사회적기업 수
2) ( )는 전체근로자 대비 비중

약 62%이다. 취약계층 근로자 비중은 일자리제공형과 혼합형에서 높은 것으로 나타났다. 두 유형의 기업에서 전체 유급근로자 중 장애인 근로자 비중은 각각 40.9%와 45.7%이다. 자본액은 사회적기업당 약 3억 원 정도이며 일자리제공형 기업은 전체평균을 소폭 상회하는 반면에 혼합형은 전체평균보다 낮은 수준이다.

〈표 4-3-3〉은 사회적기업의 생산과정에 투입요소가 두 가지인 경우를 가정한다. 취약계층과 비취약계층 취업자를 구분하지 않고 전체유급근로자로 간주한다. 다른 투입요소는 자본이다. 반면에 〈표 4-3-4〉에서는 유급근로자를 비취약계층과 취약계층으로 세분화하여 3가지 요소가 투입된 생산함수를 추정한 결과이다.28)

표 4-3-3. 사회적기업의 생산함수 추정: 전체유급근로자

	2 **투입요소**(L, K)
α_L	1.210***[0.140]
α_K	-0.453***[0.050]
β_L	0.060***[0.022]
β_K	0,051***[0.003]
β_{LK}	-0.099***[0.011]
Log Likelihood	-334.657
R2	0.698
F-value	F(5, 354) = 203.5
N. of Obs	360

주: 1) [ ]는 robust 표준오차
2) ***. **. *는 각각 1%, 5%, 10% 통계적 유의수준을 의미

28) 추정결과를 제시할 뿐 이에 대한 자세한 설명은 생략한다.

표 4-3-4. 사회적기업의 생산함수 추정: 전체유급근로자 계층 구분

	3 **투입요소**(Lnw, Lw, K)
α_{nw}	0.574***[0.086]
α_w	0.507***[0.136]
α_k	-0.559***[0.054]
β_{nw}	0.065***[0.016]
β_w	0.026* [0.014]
β_k	0.050***[0.003]
$\beta_{nw,w}$	-0.030 [0.029]
$\beta_{nw,k}$	-0.042** [0.008]
$\beta_{w,k}$	-0.035*** [0.011]
Log Likelihood	-335.491
R2	0.696
F-value	F(9, 350) = 108.4
N. of Obs	360

주: 1) [ ]는 robust 표준오차
2) ***. **. *는 각각 1%, 5%, 10% 통계적 유의수준을 의미

〈표 4-3-5〉에 의하면, 사회적기업의 노동 한계생산성은 739만원 수준이다. 인증유형별로 보면 일자리제공형이 836만원이고 혼합형은 480만원이다. 전체적으로 노동의 한계생산성은 1인당 연평균 임금보다 훨씬 낮은 수준을 기록하고 있다. 1인당 약 1,887만원이 임금으로 지급되는데 노동 한계생산성은 임금의 42% 수준에 불과하다. 인증유형별 임금 대비 노동의 한계생산성은 일자리제공형이 전체 평균에 근접한 44%이고 혼합형은 28% 수준이다. 이로 인해 전체 사회적기업에서는 임금과 노동 한계생산성의 격차가 약 1,094만원이 발생하고 혼합형은 1,205만원에 이르는 것으로 파악되었다.

표 4-3-5. 사회적기업 인증유형별 한계생산성 및 임금

		전체 (360)	일자리제공형 (256)	혼합형 (32)
ϵ	γ_L	0.151	0.144	0.187
MP_L 및 W_L	MP_L(천원)	7,931	8,361	4,802
	W_L(천원)	18,871	18,891	16,861
	MP_L/W_L	0.42	0.44	0.28
	W_L-MP_L(천원)	10,940	10,530	12,059

주: 1) ( )는 사회적기업 수
2) 임금(WL)은 취약계층에게 제공되는 평균임금자료를 이용하였고 MPL과 비교하기 위해 연평균임금 (월평균×12)으로 환산

〈표 4-3-6〉에서는 유급근로자를 비취약계층 유급근로자와 취약계층 유급근로자로 세분화하여 한계생산성을 추정한 결과이다. 사회적기업 전체적으로는 비취약노동의 생산탄력성이 0.103이고 취약노동은 이보다 더 낮은 0.069를 기록하여 취약노동의 생산탄력성이 전반적으로 비취약노동의 생산탄력성보다 낮음을 보여준다. 전체 사회적기업의 한계생산성은, 비취약노동이 1,433만원이고 취약노동은 583만원 정도이다. 각 부문별 한계생산성을 해당 부문의 임금과 비교하면, 비취약노동과 취약노동의 한계생산성은 동 부문 임금 대비 각각 67%와 35% 수준을 기록하고 있다.

세부 유형별로 보면, 일자리제공형 사회적기업에서는 임금대비 한계생산성이 비취약계층은 대략 2/3 수준을, 취약계층은 1/3 수준을 보이고 있다. 동일 지표에 대해서 혼합형은 비취약계층이 44%, 취약계층이 20%를 기록하고 있다. 임금과 한계생산성 격차에 있어서 일자리제공형 사회적기업은 비취약계층이 약 630만원이고, 취약계층은 1,088만원이다. 취약계층에서 훨씬 높은 차이가 발생하고 있다. 반면, 혼합

표 4-3-6. 사회적기업 인증유형별 한계생산성: 전체유급근로자 계층 구분

		전체 (360)	일자리제공형 (256)	혼합형 (32)
ϵ	γ_{nw}	0.103	0.087	0.126
	γ_{w}	0.069	0.074	0.071
MP_L 및 W_L	MP_{nw}(천원)	14,334	15,684	8,122
	MP_{w}(천원)	5,831	6,350	3,053
	W_{nw}(천원)	21,462	21,982	18,595
	W_{w}(천원)	16,592	17,230	15,024
	MP_{nw}/W_{nw}	0.67	0.71	0.44
	MP_{w}/W_{w}	0.35	0.37	0.20
	$W_{nw}-MP_{nw}$(천원)	7,308	6,298	10,473
	$W_{w}-MP_{w}$(천원)	10,761	10,880	11,971

주: 1) ( )는 사회적기업 수
2) 비취약계층과 취약계층의 임금(W_{nw}, W_{w})은 각 계층의 평균 임금자료를 이용하였고 $W_{nw}(W_{w})$는 $MP_{nw}(MP_{w})$과 비교하기 위해 연평균임금(월평균×12)으로 환산

형은 비취약계층이나 취약계층 모두 임금과 한계생산성의 격차가 1,000만원을 상회하고 있고 수치적으로 근접한 수준이다.

최종적으로 〈표 4-3-7〉에서는 취약계층이 노동시장에서 배제되어 정부의 복지지원체계에만 의존할 때 투입되는 지원금을 E1으로 설정하고, 취약계층이 사회적기업에 참여하여 발생하는 임금과 한계생산성 간의 격차를 E3로 설정하여 E1과 E3를 비교한다. 사회적기업의 취약계층 구성(장애인, 고령자, 저소득자) 분포(〈표 4-3-2〉)를 고려하여 도출하고 이를 취약계층별 정부복지지원금(월간)에 곱하여 월간 E1 규모를 추산한다. E3는 〈표 4-3-7〉의 맨 마지막 줄에 이미 계산된 내용이다. E3가 연간 단위로 계산된 점을 감안하여 연간 E1과 비교를 한다.

전체 사회적기업의 E1은 1,098만원~1,177만원으로 E3(1,076만원)를 소폭 상회하는 것으로 추산되었다. 이는 취약계층이 노동시장에서 구조적으로 배제되는 시나리오에서 정부가 지출해야 하는 복지지원금규모가 취약계층이 사회적기업의 생산활동 참여시 정부가 지출해야 하는 지원금보다 큼을 의미한다. 유형별로 구분하여 살펴보면, 일자리제공형의 경우에 E3가 E1에 비해 7만원~90만원 적은 것으로 나타났다. 반면에 혼합형은 E3(1,197만원)가 E1(1,158만원~1,232만원)의 중간 위치에 놓인 것으로 나타나 대소를 판명하기는 어렵다.

전체적으로 E1과 E3의 차이가 크지 않기 때문에 단정적으로 말하기는 어렵지만 취약계층의 노동소외를 해소하기 위한 사회적기업의 목적이 일정 부문 지지받을 수 있음을 시사한다. 이는 한국의 사회적기업이 취약계층을 생산활동에 참여시키는 경우에 정부가 부담해야

표 4-3-7. 사회적기업 노동통합 가치 평가

(단위: 만원)

		전체 (360)	일자리제공형 (256)	혼합형 (32)
취약 계층 비율	장애인	0.662	0.643	0.818
	고령자	0.183	0.227	0.037
	저소득자	0.148	0.130	0.144
E1 & E3 (만원)	E1 (월간)	91.5~98.1	91.3~98.2	96.5~102.7
	E1 (연간)	1,098.1~1,177.3	1,095.1~1,178.3	1,158.4~1,232.0
	E3 (연간)	1,076.1	1,088.0	1,197.1

주: 1) 취약계층비율은 〈표 4-3-2〉의 취약계층근로자 수에서 기타 근로자 수를 제외한 수분모로 재설정하여 계산하였고 이를 E1 추산 시 가중치로 이용

2) E1 추산시 각 취약계층별 복지지원금액(단위: 만원)은 〈표 4-3-1〉을 근거로 장애인은 100.3~107.3만원, 고령자는 71.1~81.8만원, 저소득자는 81.8을 적용

하는 재정지원의 규모가 취약계층이 노동시장에서 배제될 때 순수하게 복지지원을 통해 취약계층을 지원할 때 보다 그 규모가 작은데 근거한다.

4. 한국 사회적기업의 노동통합 가치 평가 함의

본 장에서는 취약계층이 직면하는 시나리오를 두 가지로 상정하였다. 첫 번째는 노동시장에서 구조적으로 배제되어 노동소외 상황에서 정부의 복지체계에 전적으로 의존하는 경우이다. 두 번째는 이들이 사회적기업의 생산활동에 참여하여 노동통합의 가치가 실현되고 인건비를 받는 상황이다. 상호배타적인 두 시나리오에서 정부가 부담해야 하는 지원금 규모를 비교함으로써 사회적기업의 노동통합가치를 간접적으로 평가해 보았다.

사회적기업이 추구하는 가치 중에는 민주적 거버넌스 구축, 노동통합 등의 정량화하기 어려운 내용이 포함되어 있다. 그동안 사회경제적 수익률 관점에서 부분적으로 사회적기업의 가치를 담아내려고 여러 시도가 있었지만, 노동통합에 대해서는 담론 수준에 머물러 있었다. 본장에서는 노동통합의 관점에서 어떻게 사회적기업의 가치를 정량화할 수 있는지를 고민한 내용을 담았다.

구체적으로는, 사회적기업의 주 구성원이 장애인, 고령자, 저소득자인 점을 고려하여 이들 취약계층이 근로에 참여하지 않을 때 받을 수 있는 복지수령액(E1)을 추산하였고, 취약계층이 사회적기업에 참여하는 경우에는, 임금과 노동의 한계생산성 차이(E3=W-MPL)를 정부가 지원한다는 가정하에 E1과 E3의 대소 비교를 통해 사회적기업의 노동통합 가치를 평가하고자 하였다.

분석결과, 사회적기업의 생산활동에 참여하는 각 계층의 한계생산성을 임금과 비교해 보면, 비취약계층근로자의 한계생산성은 임금의 67%를, 취약계층근로자의 한계생산성은 임금의 35% 수준인 것으로 나타났다. 취약계층의 한계생산성은 임금 보다 낮아 E3가 양(+)값으로 나타났다. 그러나 E3의 크기는 취약계층이 노동시장에서 배제되고 전적으로 정부의 복지지원에 의존할 때 정부가 지출해야 하는 E1보다는 소폭 낮았다. 이는 사회적기업을 통한 취약계층의 생산활동 참여가 노동통합이라는 사회경제적 가치를 창출하는데 일정 부문 기여함을 시사한다. 특히, 노동통합과 직결된 일자리제공형 사회적기업에서는 이러한 주장이 크게 설득력을 얻는다. 다만, E1과 E3의 차이가 전반적으로 크지 않고 사회적기업을 인증유형별로 세분화해 보면, 유형에 따라 상이한 결과가 나오기 때문에 사회적기업 전체를 대상으로 이를 일반화하기는 어렵다.

한편, 본 장의 결과를 통해 한국의 사회적기업을 일-복지 연계 관점에서 해석할 필요가 있다. 여기서 말하는 '일'은 단순한 생계도구에 그치지 않고 사회적 활동으로서의 일로, 경제적 측면뿐만 아니라 사회적 측면에서도 조명을 받을 수 있는 일을 말한다. 사회적기업이 활성화되면서 취약계층의 근로를 복지와 연계시키려는 움직임이 있었고 근로연계복지, 생산적 복지 등의 용어가 화두가 되기도 하였다. 하지만, 대부분 이론 또는 담론수준에서 논의가 진행되었고 심지어는 곡해되는 부분도 있었다. 그런 의미에서 본 장에서 소개된 내용은 기존의 용어 및 개념과 구분하여 노동통합 관점과 '일-복지 연계' 차원에서 연구 결과를 해석하고자 하였다. 취약계층이 사회구조적 요인에 의해 노동시장에서 배제되기 보다는 노동시장에 참여함으로써 얻을 수 있는 가치는 개인의 효용 차원에서 뿐만 아니라 사회의 효용 차원에서 논해볼 필요가 있다. 사회적기업 생산활동을 통해 노동시장에 참여하는 근로 취약계층은 금전적 혜택뿐만 아니라 무형의 가치(빈곤 지위의 변화, 일상생활의 만족, 건강상태의 개선, 사회활동 참여 등 일종의 사회적 가치)를 누릴 수 있다(김범규·남용현, 2012; 유태균·윤성원, 2012; 백옥미, 2014). 취약계층의 노동소외 시 정부가 지불해야 할 비용보다 취약계층이 사회적기업의 생산활동에 참여할 때 감당해야 하는 비용이 적다는 점에서 사회적기업의 노동통합 가치는 지지를 받을 수 있고, 이는 사회적 배제를 축소시키는 효과로도 풀이할 수 있다.

정책적으로 중장기적 관점에서 사회적기업의 노동통합 가치를 확대하고 지속가능성을 제고시키기 위해서는 E3(임금과 생산성의 격차)를 줄이는 노력이 필요하다. 사회적기업의 생산활동 참여하고 있는 취약계층이 받는 임금은 최저임금 수준이다. 따라서 비용 측면이 아니라 생산성 향상을 통해 E3를 줄여나가는 방법이 강구되어야 한다. 우선 사회적기업 생산 제품의 판로확보가 진행된다면 생산액과 매출액 차이를 줄여 생산성을 증대할 수 있다. 또한, 생산과정에서 취약계층의 노동한계생산성을 제고하기 위한 노력도 병행되어야 한다. 사회적기업에 종사하고 있는 취약계층에는 장애인 비중이 높다. 이들을 대상으로 단기간에 생산성을 높이기는 어렵겠지만. 중장기 관점에서 현직교육훈련(on the job training) 프로그램을 시행한다면 취약계층의 고용안정을 담보하고 생산성 제고에도 기여할 수 있을 것이다.

끝으로, 본장에서 제시한 방법이 사회적기업의 노동통합 가치를 평가하는 유일한 수단이 될 수는 없다. 다만, 사회적기업이 도출하고 있는 무형적 가치 내지 누락된 가치를 드러내고자 한 점은 높이 평가받을 수 있다. 아울러 사회적기업의 지속가능성을 객관적으로 검토해 볼 수 있는 진단 도구로 활용 가능하고 일-복지 관점에서 사회적기업이 어떠한 역할을 감당할 수 있는지에 대한 정책적 함의도 제공할 수 있다. 아무쪼록 본 연구가 사회적기업에 대한 새로운 인식 제공 및 사회적기업의 향후 나아가야 할 방향에 대한 시금석이 되기를 바란다.

참고문헌

고용노동부 (2016). 『2016년도 (예비)사회적기업 재정지원사업 업무매뉴얼』.

고용노동부, 한국사회적기업진흥원. 연도별 『사회적기업 성과분석』 보고서.

곽선화 (2009). “07 인증 사회적기업의 성과분석과 과제”. 『사회적기업연구』, 2(1), pp.37-65.

곽선화, 문홍석 (2010). 『사회적기업 3주년 성과분석』. 고용노동부.

김범규, 남용현 (2014). “장애인의 취업 상태 변화에 따른 일상생활 만족도에 미치는 영향 요인 연구”. 『장애와 고용』, 24(3), pp.67-98.

김종수 (2009). “문화영역 사회적기업의 역할”. 『행정언어와 질적연구』, 1(1), pp.97-120.

김태열, 김현경, 우민숙, 전홍규 (2010). 『협동조합도시 볼로냐를 가다』. 그물코.

백옥미 (2014). “노년기 노동시장 참여변화 궤적과 삶의 만족도”. 『보건사회연구』, 34(4), pp.241-263.

우명동 (2019). “포용적 성장을 위한 지방재정의 역할”. 2019 대한민국 국가비전회의 II 발표자료. 국가균형발전위원회.

유태균, 윤성원 (2012). “공공부조 수급자의 자활사업 참여 이후 삶에 관한 탐색적 고찰”. 『사회복지정책』, 39(1), pp.85-108.

이영범, 박성우, 남승연, 정무권 (2012). “근거이론을 통한 사회적기업의 지속발전 모형에 대한 연구”. 『한국사회와 행정연구』, 22(4), pp.355-387.

이해진 (2019). “사회적경제 조직의 지속가능성과 협력 네트워크 조직의 관계 - 중앙정부, 지자체, 시민사회단체를 중심으로”. 『사회적경제와 정책연구』, 9(1), pp.57-89.

장영란, 홍정화, 차진화 (2012). “사회적기업의 성과 및 지속가능성에 영향을 미치는 요인에 대한 연구”. 『회계정보연구』, 30(2), pp.93-94.

정갑영, 김동훈 (2019). “사회적 자본 지수의 계측”. 『한국경제포럼』, 12(1), pp.1-26.

채종헌, 이종한 (2009). 『지속가능발전을 위한 사회적 기업의 역할과 활성화 방안에 관한 연구』. 연구보고서 2009-26. 한국행정연구원.

최석현, 조창현, 정무권 (2012). “사회적기업의 지속가능성을 위한 지역사회자본 형성전략에 대한 이론적 고찰”.『한국거버넌스학회보』, 19(1), pp.125-151.

최윤미, 류정현, 이상훈, 박한림, 오헌석 (2015). “사회적기업가정신의 구성요소와 형성과정에 관한 연구”.『HRD 연구』, 17(1), pp.189-221.

최지혜, 이찬영 (2019). “한국 사회적기업의 노동통합 가치 평가: 생산함수 및 노동의 한계생산성 추정에 기초하여”.『한국경제연구』, 37(2), pp.5-35.

한국노동연구원 (2014).『사회적기업의 유형별 심층사례 연구』.

한국사회적기업진흥원 (2015).『2014 사회적기업 성과분석』.

한국사회적기업진흥원. ‘사회적기업 자율경영공시’ 자료.

Bacq, S. & Janssen, F. (2011). “The Multiple Faces of Social Entrepreneurship: A Review of Definitional Issues Based on Geographical and Thematic Criteria”. *Entrepreneurship & Regional Development*, 23, pp.373-403.

Cameron, J. (2009). “Experimenting with economic possibilities: Ethical economic decision-making in two Australian community enterprises”. in Amin, A. (ed.). *The Social Economy. International Perspectives on Economic Solidarity*. Zed Books, pp.92-115.

Defourny, J. & Nyssens, M. (2010). “Conception of Social Enterprise and Social Entrepreneurship in Europe and United States: Convergences and divergences”. *Journal of Social Entrepreneurship*, 1, pp.32-53.

Emerson, J., Wachowicz, J., & Chun, S. (2000). “Social Return on Investment: Exploring Aspects of Value Creation in the Nonprofit Sector”. In The Box Set: Social Purpose Enterprise and Venture Phianthropy in the New Millennium, 2, pp.130-173.

Kerlin, J. A. (2013). “Defining Social Enterprise across Different Contexts: A Conceptual Framework based on Institutional Factors”. *Nonprofit and Voluntary Sector Quarterly*, 42, pp.84-108.

Picciotti, A. (2017). “Towards Sustainability: The Innovation Paths of Social

Enterprises". *Annals of Public and Cooperative Economics*, 88(2), pp.233-256.

Polanyi, K. (2001). *The Great Transformation. The Political and Economic Origins of Our Time*, Beacon Press, Boston, second edition (originally published 1944, Farrar and Rinehart).

Ridley-Duff, R., Seanor, P., & Bull, M. (2016). "Leadership, social and ecoentrepreneurship". in R. Ridley-Duff, R., Seanor, P., & Bull, M. (eds.). *Understanding Social Enterprise. Theory and Practice, Sage*. London, pp.203-224.

Tracey, S. & Anne, B. (2008). *Insights Sustainable Development Linking Economy, Society, Environment: Linking Economy, Society, Environment*. OECD Publishing.

인터넷 자료

안산시민햇빛협동조합 홈페이지 (http://www.ansansolar.kr/).

안산녹색환경지원센터 환경뉴스 (http://www.agec.or.kr/sub05/sub02.php?option=&keyword=&id=1260&page=1&mode=read).

SAPENet(2018.08.11.). 세계 속 사회적 경제, "이탈리아의 협동조합이 마피아의 영토에서 지속 가능한 농업을 펼치다" (http://icoop.coop/?p=7992285).

집필 저자 소개

이찬영

미국 아이오와 주립대학교 경제학박사(노동경제학)
(현) 전남대학교 경제학부 교수
대표실적
“한국사회적기업의 노동통합 가치 평가: 생산함수 및 노동의 한계생산성 추정에 기초하여”, 한국경제연구 37(2), 2019. (공저)
“한국 사회적기업의 고용창출 효율성 분석”, 한국경제연구 34(3), 2016. (공저)
“한국 사회적기업의 경제적 성과와 사회적 성과의 효율성 분석”, 산업경제연구 28(4), 2015. (공저)

최지혜

전남대학교 경제학박사(공공경제학)
(현) 전남대학교 지역개발연구소 학술연구교수
대표실적
“사회적 재투자의 결정요인 분석 : 사회적기업의 지속가능성 관점에서”, 사회적경제와 정책연구 10(2), 2020. (공저)
“한국사회적기업의 노동통합 가치 평가: 생산함수 및 노동의 한계생산성 추정에 기초하여”, 한국경제연구 37(2), 2019. (공저)
“사회적기업에 대한 정부재정지원의 고용 창출 효과: 사회적일자리와 자체 고용에 대한 일자리창출을 중심으로”, 사회적경제와 정책연구 9(2), 2019. (공저)

우명동

고려대학교 경제학박사(재정학)
(현) 성신여자대학교 명예교수
대표실적
『재정연방주의와 정부 간 재정관계』, 성신여자대학교출판부, 2019.
“포용적 성장과 지방재정: 사회의 지속가능성과 정부 간 재정관계를 중심으로”, 한국지방재정논집, 24(1), 2019.
“제4차 산업혁명과 공공부문의 역할 -사회의 지속가능성을 중심으로-”, 재정정책논집, 20(1), 2018.